# Technik des Rennfahrens
## Der Weg zum Erfolg

Ross Bentley
# Technik des Rennfahrens
## Der Weg zum Erfolg

**HEEL**

## Über den Autor:

Ross Bentley lebt ganz allein für den Motorsport. Neben seiner inzwischen 25-jährigen Karriere als Rennfahrer hat er sich um praktisch alle Aspekte dieses Sports gekümmert. Er weiß also genau, was den perfekten Rennfahrer ausmacht. Ross Bentley hat sich auch einen Namen als Trainer von Rennfahrern gemacht. Die Liste der verschiedenen Serien, in denen er an den Start gegangen ist, reicht von Formel Ford über Trans Am, seriennahen Sportwagen, Prototypen bis zu Indy-Cars. Die von ihm trainierten Fahrer haben in allen Klassen Siege errungen.

Sein Ziel ist es, Rennfahrer in perfekte Rennfahrer zu verwandeln und die Champions der Zukunft zu formen.

**Impressum**

HEEL Verlag GmbH
Gut Pottscheidt
53639 Königswinter
Telefon 0 22 23 / 92 30-0
Telefax 0 22 23 / 92 30 13
Mail: info@heel-verlag.de
Internet: www.heel-verlag.de

Für die deutsche Ausgabe: © 2006 HEEL Verlag GmbH, Königswinter

Der Originaltitel „Speed Secrets 1 + 2" erschienen bei:
MBI Publishing Company
729 Prospect Avenue,
PO Box 1
WI 54020-0001
USA

© 1998 Ross Bentley

Alle Rechte, auch die des Nachdrucks, der Wiedergabe in jeder Form und der Übersetzung in andere Sprachen, behält sich der Herausgeber vor. Es ist ohne schriftliche Genehmigung des Verlages nicht erlaubt, das Buch und Teile daraus auf fotomechanischem Weg zu vervielfältigen oder unter Verwendung elektronischer bzw. mechanischer Systeme zu speichern, systematisch auszuwerten oder zu verbreiten.

Alle Angaben ohne Gewähr!

Übersetzung ins Deutsche: Walther Wuttke
Lektorat: Franz Helling
Titelfoto: Pressestelle Marlboro
Satz und Gestaltung: Grafikbüro Schumacher, Königswinter
Druck und Verarbeitung: Westermann-Druck, Zwickau

Printed in Germany

ISBN-10: 3-89880-642-1
ISBN-13: 978-3-89880-642-8

# Inhalt

| | Danksagungen | 6 |
|---|---|---|
| | Vorwort von Craig T. Nelson | 7 |
| | Einleitung | 8 |
| **Teil 1** | **Der Wagen** | **12** |
| Kapitel 1 | Hinter dem Lenkrad | 13 |
| Kapitel 2 | Bedienungselemente | 18 |
| Kapitel 3 | Schalten | 23 |
| Kapitel 4 | Fahrwerk und Aufhängungen | 29 |
| Kapitel 5 | Rennwagendynamik | 39 |
| Kapitel 6 | Fahren am Limit | 63 |
| **Teil 2** | **Die Strecke** | **65** |
| Kapitel 7 | Kurventechnik | 66 |
| Kapitel 8 | Streckenkunde | 89 |
| Kapitel 9 | Fehler machen | 94 |
| Kapitel 10 | Rennen im Regen | 98 |
| Kapitel 11 | Rennen fahren, Überholen und Fahrerfeld | 103 |
| Kapitel 12 | Verschiedene Wagen, verschiedene Techniken? | 108 |
| Kapitel 13 | Flaggen und Offizielle | 109 |
| **Teil 3** | **Der Fahrer** | **110** |
| Kapitel 14 | Der perfekte Rennfahrer | 111 |
| Kapitel 15 | Lernen | 129 |
| Kapitel 16 | Mentales Programmieren | 135 |
| Kapitel 17 | Sensorische Erfahrungen | 142 |
| Kapitel 18 | Der Grenzbereich | 153 |
| Kapitel 19 | Schneller fahren | 159 |
| Kapitel 20 | Der Fahrstil | 164 |
| Kapitel 21 | Training und Test | 166 |
| Kapitel 22 | Qualifying | 169 |
| Kapitel 23 | Das Rennen | 171 |
| Kapitel 24 | Der Fahrer als Leistungssportler | 175 |
| Kapitel 25 | Siegen | 179 |
| **Teil 4** | **Die Ziellinie** | **180** |
| Kapitel 26 | Das Renngeschäft | 181 |
| Kapitel 27 | Kommunikation, Daten und Aufzeichnungen | 191 |
| Kapitel 28 | Sicherheit | 195 |
| Kapitel 29 | Fallstudien | 201 |
| Kapitel 30 | Wichtige Adressen und Ansprechpartner | 216 |
| | Anhang | 219 |

## *Danksagungen*

Der schwierigste Teil beim Schreiben dieses Buches war die Entscheidung, wem ich hier an dieser Stelle für Rat und Unterstützung danken soll. Jeder, mit dem ich während meiner Laufbahn als Rennfahrer in Kontakt kam, hat mich in irgendeiner Weise beeinflusst. Ich denke es ist fair, dass ich hier nur diejenigen nenne, die mich wirklich nachhaltig geprägt haben in meinem Leben.

Mein erster Dank gilt meiner Familie für ihre Unterstützung und Ermutigung während meiner gesamten Laufbahn. Alles in Sachen Verantwortung, Fair Play und harter Arbeit habe ich von meinen Eltern gelernt – Werte, ohne die niemand seinen Weg in diesem Sport machen wird. Wie sehr ich diese Vorbildrolle zu schätzen weiß, wird nach der Lektüre dieses Buches hoffentlich verständlich.

Viele Freunde haben mir im Laufe der Jahre geholfen und mich unterstützt. Auch wenn es unmöglich ist, jeden Einzelnen zu erwähnen, sie alle werden es wissen, wer gemeint ist und wie sehr ich ihre Unterstützung schätze. Freundschaften, das habe ich im Motorsport begriffen, sind immer das Wichtigste.

Ich habe eine Menge von anderen Menschen gelernt. Dank also an alle Instruktoren, mit denen ich zusammengearbeitet habe und die ihr Wissen mit mir geteilt haben, ebenso an alle Mechaniker, Ingenieure und jeden meiner Teamkollegen, mit denen ich verbunden war. Von allen findet sich etwas in diesem Buch wieder.

Mancher Gedanke in diesem Buch geht auf Ronn Langford, meinem „Coach", zurück. Durch Ronn habe ich gelernt, kontinuierlich an meiner Leistungssteigerung zu arbeiten. Und er ist ganz nebenbei auch noch ein großartiger Freund.

Einige Weggefährten aus der Rennszene, denen ich viel zu verdanken habe, sollen besonders hervorgehoben werden: Tom Johnston, Dale Coyne, Craig T. Nelson und Lee Payne – vielen Dank an euch.

Mir war es vergönnt, mit drei Menschen zusammenzuarbeiten, die zu den Besten im Motorsport gehören. Niemand weiß mehr über Sicherheitsausrüstungen als Kendall Merrill, und von Jeff Braun habe ich innerhalb von zwei Minuten mehr über Stoßdämpfer erfahren, als in meiner gesamten Karriere. Dank an beide für ihren dementsprechenden Einfluss auf dieses Buch.

Die dritte Persönlichkeit ist Michael Gue, dem wohl besten Teammanager im gesamten Rennbereich. Dank dafür, dass ich ein wenig an seinem Wissen teilhaben konnte.

Ich bedanke mich bei James Weaver, Dr. Brock Walker, Bruce McCaw und Danny Sullivan für ihre Beiträge und Kommentare zu diesem Buch. Ihre Unterstützung ist mir eine besondere Ehre.

Und schließlich gilt mein Dank meiner Frau Robin, meiner größten Hilfe, meinem treuesten Fan, meiner besten Trainerin, meiner steten Vertrauten, der guten Seele des Ganzen. Ohne sie wäre ich nicht da, wo ich heute bin.

# Vorwort

Irgendwann kurz vor der 1995er Rennsaison der International Motor Sports Association (IMSA) suchten Teammanager Dan Clark, selbst einer der Fahrer des Screaming Eagles World Sports Car Teams und ich nach einem Copiloten, der mit uns das Cockpit beim 24-Stunden-Rennen von Daytona teilen sollte. Dan schickte mir Videoaufnahmen von vier Kandidaten. Sie unterschieden sich hinsichtlich des Alters, ihrer Erfahrungen und der finanziellen Forderungen, aber alle vier waren echte Profis, wirklich gut.

Ich hatte mir bereits zwei Bänder angesehen, das dritte lief. Schon nach den ersten vier Minuten rief ich Dan an. Dieser Kerl ist fantastisch! Sieh Dir nur seine Hände an – fast bewegungslos. Ich hielt das Band zuerst für eine Zeitlupe. Da war keine Anstrengung erkennbar, er fuhr mühelos, ruhig und überlegen. Sein Spice mit Chevy-Motor war ein Rennwagen, der keinen Fehler verzieh, der dem Fahrer auf schwierigen Strecken wie Daytona alles abverlangte, wo man alles geben musste. Man hätte also einen sehr aufgeregten Fahrer erwarten können, der mit einem schwer zu beherrschenden Wagen kämpfen musste. Doch bei diesem Fahrer davon keine Spur. Der Mann verrichtete gelassen seine Arbeit. Er schaltete präzise ohne Hektik. Es legte einen astreinen Job hin. Er holte das Beste aus einem Wagen heraus, den andere Fahrer bei Höchstgeschwindigkeit für kaum beherrschbar hielten. Dabei war er nicht nur flott unterwegs, er war richtig schnell.

Dieser Pilot war niemand anders als Ross Bentley. Er sollte mein Teamkollege werden, später mein Instruktor und Mentor. Als Teammitglied teilte Ross seine Erfahrungen auf allen Gebieten mit uns. Seine Kenntnis der Strecken war oft genug von unschätzbarem Wert. Er wusste genau, wo man bei entsprechender Erfahrung die eine oder andere Zehntelsekunde gewinnen konnte.

Viele der elementaren Erkenntnisse, die er mir und den anderen Piloten vermittelte, finden sich in diesem Buch. 99 Prozent des Wissens, das notwendig ist, einen Rennwagen auf der Strecke am Limit zu fahren und das Rennen zu gewinnen. Das eine Prozent, das Ross verschweigt, ist eure Sache. Er wird euch nicht alles sagen. Vielleicht muss er ja irgendwann einmal gegen euch antreten.

Craig T. Nelson
*Rennstall-Besitzer und Fahrer, Screaming Eagles Racing Team*
*Malibu, Kalifornien*

# *Einleitung*

Was zeichnet einen Sieger im Motorsport aus? Was unterscheidet ihn vom Rest des Feldes? Warum gewinnen einige Piloten häufiger als andere? Wo liegt das Geheimnis der Siege in Folge?

Diese Fragen sind schwer zu beantworten. Wer die universelle Lösung für alle Fälle hätte, wäre bald ein reicher Mann!

Nun, ich bin weder reich, noch kann ich von mir sagen, alle Antworten parat zu haben. Ich habe allerdings das Handwerk als Rennfahrer von der Pike auf gelernt – wie andere auch. Ich habe als Instruktor und Coach Tausende von Männern und Frauen in den verschiedenen Teilbereichen unterrichtet. Ich habe vom Streckenrand, im Fernsehen, im Beifahrersitz und vor allem im Cockpit gesehen und erlebt, was funktioniert und was nicht.

Ich habe viel Zeit damit zugebracht, die Techniken, den Stil und die Aktionen mehrerer der größten Fahrer aller Zeiten zu analysieren. Außerdem hatte ich das Glück, gegen einige von ihnen anzutreten und konnte sie so aus erster Hand erleben. Ich bin Rennen gegen Fahrer aller Klassen gefahren und mit vielen verschiedenen Rennwagen. Das war sehr lehrreich. Und ich habe einige Rennen gewonnen.

Nicht nur von anderen Piloten habe ich viel im Sport gelernt, auch von Rennstallbesitzern, Ingenieuren, Mechanikern, Instruktoren, von Freunden und Verwandten. Tatsächlich ist viel von dem, was bei mir den Erfolg ausmacht, das Ergebnis von Gesprächen und Beobachtungen. Davon will ich so viel wie möglich weitergeben.

Ich bin während meiner Karriere viele Wagen gefahren, die nicht wirklich renntauglich waren. Die Teams waren ohne Zweifel großartig. Aber es fehlte an Geld. Dieses Handykap zwang mich, mich auf meine fahrerischen Qualitäten zu besinnen und half mir später, wenn ich einen renntauglichen Boliden steuern durfte.

Wegen der häufigen technischen Schwächen waren meine Ergebnisse nicht immer so gut, wie ich es gerne gesehen hätte. Manch einer stellte deshalb meine Fähigkeiten in Frage. Das hat mich allerdings nie wirklich gestört. Ich war, wie viele meiner Konkurrenten und gegnerischen Teams, von mir überzeugt. Die da Zweifel an meinem Können säten, und vielleicht auch eure Fähigkeiten anzweifeln werden – sind meist diejenigen, die meinen selbst es besser zu können, wenn man sie nur ließe. Ich habe sie immer aufgefordert, es zu beweisen. Es ist aber nicht so, dass irgendjemand einfach vorbeikommt und denen ein Rennwagen-Cockpit anbietet. Das war bei mir übrigens auch nicht so und wird bei euch nicht anders sein. Ich musste hart dafür arbeiten, um dorthin zu gelangen, wo ich heute bin, und bei euch wird es ebenso sein.

Die Lektion besteht einfach darin, die eigenen Fähigkeiten richtig einzuschätzen. Lasst euch nicht von anderen Leuten sagen, wie viel oder wenig Talent ihr besitzt. Tatsächlich kann überschwängliches Lob genauso zerstörerisch wirken wie Kritik. Bei jedem Erfolg auf der Karriereleiter müsst ihr hungrig bleiben. Wer sich selbst für großartig hält, arbeitet möglicherweise weniger hart. Wie bei vielen anderen Dingen ist die Ausgewogenheit auch in der Selbsteinschätzung eines der Erfolgsgeheimnisse, wie die absolute Ehrlichkeit sich selbst gegenüber.

Für den beständigen Erfolg braucht es mehr, als Talent zum schnellen Fahren. Ein Rennfahrer kann nicht ohne das komplette Drumherum erfolgreich sein: den besten Wagen, das beste Team, die nötigen Finanzen, einen vernünftigen Trainingsplan und so manches mehr.

All das vorausgesetzt kommt es dann darauf an, die Grenzen auszureizen und jederzeit am Limit zu fahren. Davon handelt dieses Buch.

Eine genaue Analyse macht deutlich, dass hier nur drei Faktoren entscheidend sind: der Wagen, die Strecke und man selbst, der Fahrer. Das ist auch die Reihenfolge, in der die meisten Rennfahrer ihr Ziel zu siegen angehen. Sie investieren Tausende von Dollar, um den Wagen schneller zu machen: Motorteile, die neuesten Stoßdämpfer und manches mehr. Sie verbringen Stunden damit zu analysieren, wo sich die Ideallinie auf der Rennstrecke befindet, suchen nach den besten Kurvenwinkeln, nach dem optimalen Bremspunkt am Ende der Geraden. Nur selten, wenn überhaupt, denken sie dabei an den wichtigsten Faktor – sich selbst als Fahrer.

Ist das die richtige Vorgehensweise? Ich glaube es nicht. In den meisten Fällen bringt ein optimaler Fahrer mehr, als einen aufgerüsteter Wagen. Der wichtigste Faktor ist der Fahrer, die letzte Kontrollinstanz im Cockpit.

Dieses Buch ist zwar konventionell aufgebaut – zuerst der Wagen, der Fahrer am Ende –, doch ich werde jedes Kapitel aus der Sicht des Piloten betrachten. Im Kapitel eins zum Beispiel werde ich nicht verraten, wie man Federn oder Flügelwinkel einstellt, um einen übersteuernden Wagen zu beherrschen. Es gibt viele hervorragende Bücher, die das beschreiben. Das hier ist ein Fahrerbuch: Ich werde erklären, wie der Fahrer selbst den Wagen zum Übersteuern bringt, auf welche Reaktionen er achten muss und wie er das Auto wieder abgefangen kann, um schneller zu fahren.

Im zweiten Teil, die Strecke, geht es um deren Analyse, auch hier zur persönlichen Leistungssteigerung. Dabei stehen die Ideallinien, die Streckenoberflächen und die Fahrtechniken im Mittelpunkt, um sich den anderen Piloten gegenüber durchzusetzen.

Im dritten Teil, der Fahrer, erkläre ich die physischen und psychischen Qualitäten, die einen Sieger ausmachen. Meiner Meinung nach ist das der wichtigste Teil des ganzen Buches.

Schließlich im vierten Teil, die Ziellinie, behandle ich alle anderen für den Sieg relevanten Aspekte.

Viele Piloten orakeln von der „geheimen Ideallinie" durch eine Kurve oder den „geheimen Kniffen", mit denen sie ihrem Wagen den letzten Schliff geben. Ich bin mir nicht sicher, ob es solche Geheimnisse gibt. Siege sind im Allgemeinen das Ergebnis von Zielstrebigkeit, Motivation, Talent, Erfahrung, systematischer Vorbereitung und einigem mehr. Da gibt es keine Geheimnisse.

Was ich hier allerdings als Schlüsselerkenntnisse vermittele, mag manch einem vielleicht als Geheimnisse erscheinen. Sich an sie im richtigen Moment zu erinnern und sie zu nutzen, hilft beim Weg aufs Siegertreppchen. Ich habe sie als „Erfolgsgeheimnisse" hervorgehoben.

Nachdem ich den ersten Entwurf dieses Buches fertig hatte, habe ich mich noch einmal an die Schreibmaschine gesetzt und versucht, einige persönliche Erlebnisse einzufügen, die das Ganze etwas verständlicher machen sollten. Dann bat ich einige Freunde und Bekannte, die ich verehre, um weitere Beiträge: den 1996er GT-Weltmeister James Weaver, Dr. Brock Walker von Trac Tec (der herausragende Experte in Sachen Cockpit-Sicherheit), Bruce McCaw (Besitzer des PacWest Rennstalls) und Danny Sullivan, 1985 Sieger bei den Indy 500 und 1988 PPG IndyCar-Champion. Vielen Dank. Ihre persönlichen Kommentare und Ansichten sind außerordentlich wertvoll.

Einen Rennwagen zu steuern, lernt niemand aus Büchern, sondern mittels handfester Erfahrungen. Doch die Buchlektüre legt die theoretischen Grundlagen. Wer schon einmal hinter einem Lenkrad gesessen hat, wird das Buch schneller begreifen. Wer die Theorie verstanden hat und sie entsprechend vor dem ersten Start verinnerlicht, wird aufmerksamer und sensibler mit seinen Erfahrungen umgehen. Was nichts anderes bedeutet, als dass man viel schneller lernt, sich dem Grenzbereich zu nähern. Wer dieses Buch liest, kann sich jahrelanges eigenes Experimentieren ersparen.

Rennfahrer unterschieden sich bislang besonders in einem Aspekt von anderen Sportlern: Sie haben nur selten einen persönlichen Trainer. Das verstehe ich nicht. Vielleicht liegt das an den hohen Kosten, die der Sport sowieso schon verursacht. Die zusätzlichen Gelder für einen Coach gelten als Verschwendung und die meisten Piloten investieren ihre Mittel (fälschlicherweise) lieber in die Aufrüstung ihrer Autos. Allerdings werden Trainer in jüngster Zeit zu einem gewohnten Anblick. In den vergangenen Jahren hatte ich selbst Gelegenheit, mit einigen Piloten als solcher zusammenzuarbeiten. Die Ergebnisse waren immer überraschend gut. Ich empfehle daher jedem, sich seinen eigenen Fahrtrainer zu leisten, sobald dies möglich ist. Bis dahin soll dieses Buch der persönliche Coach sein. Benutzt es. Lest es nicht einfach und stellt es dann ins Regal zurück. Nehmt es immer wieder zur Hand, um die Erinnerungen aufzufrischen, wenn ihr eine weitere Stufe der Karriereleiter erklommen habt.

Ich hoffe, dieses Buch wird Einsteigern lange Zeit eine wichtige Hilfe sein. Einige der Tipps scheinen auf den ersten Blick möglicherweise zu kompliziert, bis die Grundlagen begriffen sind und das fahrerische Können im Detail verfeinert wird. Ich hoffe, dass das Buch seinen Lesern zu einem vernünftigen Start in die Welt des Motorsports verhilft und auch später gern zur Hand genommen wird.

Der erfahrene Rennfahrer kennt sicherlich viele der Informationen. Er wendet die Techniken wahrscheinlich sogar selbst an, weiß aber nicht genau warum. Daher sollten auch die Erfahrenen dieses Buch lesen und darüber nachdenken. Es ist überraschend zu sehen, wie ein neuer Blickwinkel zum entscheidenden gedanklichen „Aha" und zu einem ungeahnten Geschwindigkeitsschub auf der Strecke führen kann.

Dieses Buch ist also für den Anfänger genau so gedacht, wie für den erfahrenen Piloten, der bereits ein gewisses Niveau erreicht hat und glaubt, schneller geht nicht mehr. Ich will die Argumente und die Hintergründe liefern, damit jeder durch die beständige Analyse der eigenen Erfahrungen systematisch schneller werden kann. Und ich will den Weg auf das Siegerpodest weisen, in jeder Rennliga und jeder Wagenklasse. Das ist das eigentliche Ziel.

## TEIL 1

# Der Wagen

Im ersten Teil des Buches geht es um die grundlegende Beherrschung eines Rennwagens und den Weg, sich an den Grenzbereich heranzutasten. Ich werde euch helfen, die Dynamik des Fahrzeugs zu verstehen, seine Reaktionen, während ihr euch im Grenzbereich bewegt. Dazu kommt das elementare Wissen über Radaufhängung und Fahrwerksfunktionen.

Es sei daran erinnert, dass ich diese Themen stets aus dem Blickwinkel des Fahrers betrachte. Ein Ingenieur ist nicht in der Lage, diese Dinge so zu erklären, wie ich es mache. Ihm ist wichtig, dass alle technischen Details genau stimmig sind. Ich möchte das vereinfachen, sodass es für den Menschen hinter dem Lenkrad Sinn macht. Was ich sage, ist keinesfalls falsch. Ich möchte daraus nur keine exakte Wissenschaft machen. Mir geht es darum, dass ein Fahrer seinen Wagen versteht und dessen Verhalten im Fall der Fälle dem Ingenieur beschreiben kann. Die meisten guten Ingenieure verlangen vom Piloten keine technischen Definitionen. Sie fordern eine detaillierte Erklärung, wie sich der Wagen verhält. Es geht also darum, so präzise wie möglich zu beschreiben, was der Wagen tut und nicht warum. Das zeichnet einen guten Fahrer aus.

## Kapitel 1
# Hinter dem Lenkrad

Wer einen Rennwagen gut fahren will, sei es bei einem Formel-Rennen oder im Mittelfeld einer Amateurveranstaltung, der muss gut sitzen. Darauf kommt es in erster Linie an. Bequemlichkeit ist notwendig, um nicht übermäßig schnell zu ermüden und dadurch Konzentrationsprobleme zu bekommen. Viele Rennen wurden schon verloren, weil der Pilot wegen eines schlecht angepassten und daher unbequemen Sitzes die Konzentration verlor.

Als ich meine ersten Rennen fuhr, hieß es, ein gut angepasster Sitz könne eine halbe Sekunde pro Runde wert sein. Nach vielen Jahren im Motorsport bin ich davon fest überzeugt.

Ich erinnere mich an zwei Rennen während meiner Karriere, bei denen ich mehrere Plätze nur wegen der Sitze zurückfiel. Sie bereiteten mir solche Probleme und Schmerzen, dass ich nicht vernünftig fahren konnte. Das erste war ein Rennen in Portland, Oregon, wo der Rahmen brach und sich der Sitz hin und her bog und wackelte. Ich brauchte so viel Kraft, meinen Körper in einer stabilen Position zu halten, dass ich mich nicht mehr auf das Fahren konzentrieren konnte. Das zweite Rennen war 1993 in Long Beach, Kalifornien. Der eingebaute Sitz bot meinem Rücken einfach keinen ausreichenden Seitenhalt. Nach 30 Runden hatte ich mir einen Nerv in meiner Hüfte eingeklemmt und mein rechtes Bein wurde vollkommen taub.

Die Sitzkonstruktion in einem Rennwagen und die korrekte Sitzposition des Fahrers sind weitaus wichtiger, als die meisten von uns glauben. Vor allem am Anfang einer Karriere wird dem zu wenig Aufmerksamkeit geschenkt. Viele Fahrer sind bei den Vorbereitungen auf ihre ersten Rennen so in die Motor- und Fahrwerksmodifikation des Wagens vertieft, dass sie dem Sitz keine Aufmerksamkeit widmen.

Es ist wichtig, sich in einem Wagen wohl zu fühlen. Ist das nicht der Fall, kostet es beim Fahren physische und auch psychische Energie. Ein schmerzender Körper beeinträchtigt die Konzentrationsfähigkeit.

Die Top-Piloten des Formelrennsports investieren bis zu zehn Stunden in die korrekte Anpassung des Sitzes und arbeiten dann noch das ganze Jahr weiter an seiner Verbesserung.

Dr. Brock Walker: „Der Körper des Fahrers hat nur drei Berührungspunkte mit dem Wagen: Sitz, Lenkrad und Pedale. Seine optimale Position in einem ver-

nünftigen Sitzsystem entscheidet darüber, mit wie viel Beherrschung und Feingefühl er Lenkrad und Pedale bedienen kann. Fester Halt und Bewegungsfreiheit innerhalb des Wagens führen direkt zu konstanten und schnelleren Rundenzeiten."
Der Sitz vermittelt viele Rückmeldungen des Wagens. Wer in einer funktionalen und individuell angepassten Sitzschale sitzt, hat auch mehr Feingefühl für die verschiedenen Erschütterungen und die Fliehkräfte. Und das benötigt man, um das Verhalten des Wagens richtig zu erfassen.

Empfehlenswert ist eine Sitzposition, die dem Körper so viel Kontakt mit dem Wagen bietet wie nur möglich. Das heißt, im Sitz sitzen und nicht darauf und für so viel seitlichen Halt wie möglich sorgen. Gleichzeitig muss man die Arme frei bewegen können.

Der Fahrer sollte so aufrecht wie möglich ohne eingezogene Schultern sitzen und das Kinn anheben. Natürlich ist eine möglichst tiefe Sitzposition die beste. Das ist für ihn die effektivste Art und Weise, einen Rennwagen zu steuern. In dieser Haltung ist er entspannt und hat gleichzeitig auch den besten Überblick.

Das Lenkrad muss sich ohne umgreifen um 180 Grad drehen lassen. Dafür umfassen die Hände den Kranz in der „Zwölfuhrposition". Der Ellenbogen sollte leicht angewinkelt und der Rücken nicht nach vorne gebeugt sein. Überprüft das mit fest angezogenen Gurten. Viele Piloten sitzen zu weit hinten mit fast waagerecht ausgestreckten Armen hinter dem Lenkrad. So fehlt es an ausreichender Hebelkraft, um reaktionsschnell zu lenken und ermüdet sehr.

Wer so im Wagen sitzt, sollte den Schalthebel bequem erreichen. Unter Umständen muss der Schalthebel entsprechend angepasst werden.

Dr. Brock Walker: „Lenkrad, Schalthebel oder Pedale dürfen niemals die Haltung des Fahrers diktieren, sondern umgekehrt, seine Ergonomie bestimmt die Anordnung der Bedienelemente. Zunächst die Konzentration auf den Fahrerplatz – und dann alles andere danach ausrichten."

Der Fahrer muss die Pedale bei einer leichten Beugung des Knies voll durchtreten können. Das ist die am wenigsten ermüdende Beinhaltung. Die Betätigung der Pedale erfolgt über das Fußgelenk und nicht durch das ganze Bein.

Wann immer möglich empfehle ich einen maßgeschneiderten Sitz, also eine individuelle Anfertigung durch ein darauf spezialisiertes Unternehmen. Notfalls kann man sich seinen Sitz mit Schaumstoff aber auch selbst passend machen. Dies ist die einfachste Möglichkeit, die Leistungswerte deutlich zu verbessern. Gut geeignet ist Zweikomponentenschaum, den es in spezialisierten Läden zu kaufen gibt und der sich leicht bearbeiten lässt. Am besten geht das mit einem großen Plastiksack, man zwischen sich und den Sitz legt und in den der Schaum eingesprüht wird. Zur Vorsicht sollte alles ringsum akribisch mit Plastikfolie abgedeckt werden, weil der Schaum sich praktisch nicht mehr entfernen lässt. Ist das Ganze trocken, wird die Plastikumhüllung entfernt und der überstehende Rest abgeschnitten. Die so entstandene Sitzschale sollte mit einem feuerresistenten Material überzogen werden. Sie ist später gut auch als Form für einen Karbon- oder Kunstfasersitz nutzbar.

Dr. Brock Walker erinnert sich: „Im Frühjahr 1996 traf ich während einer Zwischenlandung auf dem Weg nach Asien Buddy Laziers Vater in Long Beach. Er bat mich um Hilfe für Buddy beim Bau eines Spezialsitzes für das in einigen Wochen in Indianapolis startende Rennen. ‚Ein Spezialsitz', dachte ich mir – das ist wohl die Untertreibung des Jahres. Einige Wochen zuvor war Buddy in Phoenix in einen schlimmen Unfall verwickelt gewesen. Zahlreiche Brüche in der Lendenwirbelsäule hatten ihm ziemlich zugesetzt. Und wenn ich zahlreiche sage, meine ich tatsächlich auch zahlreiche.

Ich flog also nach Indianapolis. Um einen passenden Sitz für Buddy zu bauen, musste ich mir etwas einfallen lassen. Buddy konnte nach herkömmlichem Verständnis im Wagen weder sitzen noch liegen. Das ganze Team war gespannt, als ich das Cockpit besichtigte. Dann war harte Arbeit angesagt. Als wir endlich fertig waren, blieben die Zweifel, ob wir Buddys Problem wirklich gelöst hatten. Ich musste einige Tage vor dem Rennen abreisen. Beim Abschied saß Buddy mit geschlossenen Augen in seinem Sitz. Das war ein gutes Omen, doch seine gesundheitlichen Probleme würden trotz alledem mit hinter das Lenkrad steigen. Tatsächlich gab ich Buddy im günstigsten Falle fünfzig, vielleicht sechzig Runden. Schließlich litt er unter starken, ja lähmenden Schmerzen.

Wie wir alle wissen, Buddy gewann dieses Rennen in Indianapolis. Dank der Bordelektronik kennen wir alle Daten seines Wagens und seiner fahrerischen Leistung und können sie mit Siegen vergleichen. Der Computer zeigt uns eindeutig, dass Buddy an diesem Tag unschlagbar war.

Seitdem wurde viel über den Spezialsitz dieses 1996er Rennens berichtet. Er ist letztlich der Grund dafür, dass die Sitze im aktuellen Motorsport endlich die gebührende Aufmerksamkeit finden. Akribische Vorbereitung, großes Talent, perfekte Technik und ein wenig Glück müssen vorhanden sein, um ein solches Rennen zu gewinnen. An diesem Tag war der Spezialsitz das Tüpfelchen auf dem i. Wie Buddy sagte: ‚Für Brock und mich war das der Beweis, dass der Sitz das am meisten unterschätzte Teil eines Rennwagens ist.'"

Ein veränderter, modifizierter Sitz zeigt seine wahren Qualitäten erst auf der Strecke, die uns wirklich vertraut ist. Wann immer ich glaubte, einen perfekten Sitz zu haben, bekam er erst nach diesen Testrunden seinen allerletzten Feinschliff. Dies gilt es zu bedenken, bevor viel Zeit und Geld in einen Sitzbezug investiert werden. Am besten warten, bis der Sitz sich auf dieser ultimativen Prüfstrecke bewährt hat.

Es ist ohnehin ratsam, auf jede übermäßige Polsterung zu verzichten. Sie wird den Fliehkräften nicht standhalten und die Folge ist eine ruinierte Passform des

Sitzes. Ganz abgesehen davon, dass eine dicke Polsterung das Feingefühl behindert. Der Fahrer muss die Vibrationen des Wagens spüren. Wer auf eine Polsterung nicht gänzlich verzichten will, sollte höchstens eine dünne Schicht hochdichten Gummis verwenden.

Dr. Brock Walker: „Der Sitz sollte wie ein perfektes Werkzeug funktionieren. Er ist wesentlich mehr als nur ein bequemer Platz für den Fahrer im Wagen. Dieses Arbeitsgerät unterliegt exakt messbaren Parametern. Dazu gehören Faktoren wir Gewicht, Materialkombinationen, Flexibilität und Drehmomente. Hinsichtlich der auf den Fahrer einwirkenden Belastungen sprechen wir von der anatomischen Fliehkraftverteilung, den Maximalfliehkräften und den dauerhaft zu ertragenden Fliehkräften. Deren Wirkung soll der Sitz minimieren und die Blutzirkulation des Piloten unterstützen. Schließlich kennen wir auch die Fliehkräfte, die bei einem Aufprall frei werden. Um Schutz, Komfort und Positionierung des Piloten im Cockpit zu optimieren, bedarf es deshalb maßgenau verarbeiteter Materialien. Im Allgemeinen werden sie unter Berücksichtigung der medizinisch-gesundheitlichen Besonderheiten des Fahrers ausgewählt und eingesetzt. So benötigt ein Pilot, der bereits Fuß- oder Rückenverletzungen erlitten hat, entsprechende Stützvorrichtungen. Ausschlaggebend bei der Entwicklung und beim Bau des Sitzes, für sein letztendliches Design, sind die Körpermaße, die Haltung und die Fahrgewohnheiten des Piloten. Selbst die Art und Länge der Rennen sowie der Streckentyp beeinflussen das Ganze. Ist das Instrument Sitz nach diesen Parametern gestaltet, wird das Ergebnis eine entscheidende Verbesserung der Fahrzeugbeherrschung sein. Und am Ende stehen schnellere Rundenzeiten."

Am besten betätigt ein Rennfahrer die Pedale mit seinen Ballen. Sie bilden den kräftigsten und gleichzeitig feinfühligsten Teil des Fußes. Wird das Kupplungspedal nicht benutzt, gehört der Fuß auf eine eigens dafür gedachte Stütze daneben. So ist es möglich, sich bei starkem Bremsen und schnellen Kurvenfahrten abzufedern. Einige Chassis sind jedoch so eng, dass es fast unmöglich ist, ein solches Hilfspedal zu montieren. Jede noch so kleine Abstützmöglichkeit ist die Mühe wert. Ist es tatsächlich nicht machbar, muss der Sitz umso mehr Halt bieten. Der Sitz sollte so eingestellt sein, dass die Oberschenkel eine feste Auflage haben und bei starkem Bremsen ein Abtauchen des Fahrers unter den Gurt verhindert wird.

Wer sich in den Wagen setzt, muss zuvor unbedingt dafür sorgen, dass die Pedale und auch seine Schuhsohlen trocken sind. Viele Fahrer sind vor allem in Kurven verunglückt, weil sie mit ihren nassen Schuhen von den Pedalen gerutscht sind. Am besten macht ein Teamkollege die Sohlen trocken, bevor der Fahrer in das Cockpit steigt. Ich erinnere mich noch gut an mein erstes Formel-1-Rennen im kanadischen Montreal. Es regnete in Strömen. Ich staunte nicht schlecht, dass sich Fahrer auf einem Karren zu ihren Wagen bringen ließen, um von dort direkt ins Cockpit zu schlüpfen. So vermieden sie aber nasse Füße. Andere Fahrer hatten einen Plastikschutz über ihre Rennschuhe gezogen.

Die Sicherheitsgurte schützen nicht nur im Falle eines Unfalls, sie geben dem Körper auch während des Rennens Halt. Deshalb gehören nur die besten Sicherheitsgurte in den Wagen und entsprechend sorgsam sind sie auch zu pflegen. Nur so bieten sie dem Körper zuverlässigen und sicheren Schutz. Sie sauber zu halten und regelmäßig auf Schäden zu prüfen, versteht sich von selbst. Optimal eingestellt sind sie, wenn der Körper festen Halt hat, aber nicht eingeschnürt wird. Vor allem Schultergurte lockern sich gern während des Rennens oder straffen sich. Ihre Verstellbarkeit auch während des Rennens ist also ein Muss. (Mehr über Gurte in einem späteren Kapitel.) Außerdem sollte eine Helmsicherung selbstverständlich sein.

Wichtig ist, dass die Teile des Überrollbügels, mit denen man bei einem Überschlag in Berührung kommen könnte, durch hochdichten Schaumstoff gesichert sind. Es ist schon erschreckend, wie heftig auch ein fest angegurteter Körper im Falle eines Unfalls hin und her geschleudert wird. Einige Fahrer schlugen sogar mit den Köpfen auf das Lenkrad.

Schließlich gilt unsere Aufmerksamkeit der Belüftung des Cockpits. Die Lufteinlässe sind direkt auf den Kopf des Fahrers zu richten. Im Cockpit eines Rennwagens kann es extrem heiß werden, klar, dass sich das negativ auf die Leistung auswirken kann.

## Kapitel 2

# Bedienungselemente

Beim Kampf um die Höchstgeschwindigkeit muss ein Rennfahrer mit wenigen Elementen auskommen – Lenkrad, Schalthebel, Armaturen, Kupplungs-, Brems- und Gaspedal und vielleicht noch Rückspiegel. Jede Betätigung sollte reibungslos, beherrscht und mit Bedacht vonstattengehen.

Häufig genug erlebe ich Rennfahrer, vor allem im abgeschlagenen Teil des Feldes von Amateurrennen, die wie wild mit den Armen durch das Cockpit rudern, gewaltsam den Gang reinwürgen, das Lenkrad ruckartig in eine Kurve reißen und gleichzeitig wild auf die Pedale eintreten, um möglichst schnell zu sein. Meistens rutscht der Wagen dann quer durch die Kurven. Das mag ihnen selbst schnell vorkommen und vielleicht auch so aussehen, doch das täuscht. In Wirklichkeit verliert der Wagen seine Balance und die Traktion und er wird dadurch letztendlich langsamer. Wer ruhig und ohne Hektik fährt ist schneller unterwegs. Auch wenn man sich noch so schnell im Kreis dreht, kommt man nicht vorwärts.

*ERFOLGSGEHEIMNIS NR. 1:*
*Je seltener der Fahrer die Bedienungselemente betätigt,*
*desto geringer ist die Möglichkeit eines Irrtums.*

Lenkung, Schaltung und alle Pedale eines Rennwagens erfordern Leichtigkeit und Gefühl – nicht blinde Hast und rohe Gewalt.

*ERFOLGSGEHEIMNIS NR. 2:*
*Je besonnener sich der Fahrer im Wagen bewegt, desto*
*schneller wird der Wagen.*

Ein normaler Rennwagen hat vier Instrumente, die im Auge haben muss, wer alles aus dem Auto herausholen will: Anzeigen für die Drehzahl, für Druck und Temperatur des Motoröls sowie für die Wassertemperatur. Der Drehzahlmesser ist dafür da, das Limit zu erreichen und die anderen Anzeigen, dass der Motor dabei nicht schlapp macht. Möglicherweise finden sich im Cockpit weitere Anzeigen für den Benzindruck, die Abgastemperatur, ein Amperemeter, die Turboanzeige und so weiter.

Die Instrumente sind so anzuordnen, dass sie mit einem Blick erfasst und abgelesen werden können. Bewährt hat sich, die verschiedenen Anzeigen um den

Drehzahlmesser herum zu gruppieren und deren roten Bereich bei der Zwölfuhrstellung beginnen zu lassen. So sind sofort und gleichzeitig der Schaltzeitpunkt und die kritischen Temperatur- und Druckwerte erkennbar. Dabei geht es weniger um die detaillierten Werte als vielmehr um heikle Veränderungen. Nur ein blendfreier Einbau der Instrumente sichert die optimale Ablesbarkeit.

Einfache Instrumente sind eigentlich noch immer die besten, doch verfügen die modernen Rennwagen heute über digitale Anzeigen, die über alle nur denkbaren Daten informieren. Heute ist es möglich, während der Fahrt die aktuelle Rundenzeit, Höchst- und Minimalgeschwindigkeiten an den verschiedensten Punkten der Strecke angezeigt zu bekommen oder vielfältige andere Informationen abzurufen, die zu einer besseren Einschätzung des Rennens beitragen können. Die Gefahr ist nur, dass dabei leicht die Konzentration auf die Strecke verloren geht.

Ich selbst sehe am liebsten am Ende einer Kurve auf den Drehzahlmesser, um festzustellen, wie gut ich an diesem Punkt gewesen bin. Er ist meine Selbstbestätigung. Ich bestimme außerdem einen Punkt auf der Strecke und überprüfe meine Drehzahl. Wenn ich dort 50 Umdrehungen mehr als bei der vorangegangenen Runde habe, weiß ich, ich bin besser geworden. Zusätzlich versuche ich mindestens einmal pro Runde auf der Geraden einen Blick auf die Instrumente zu werfen.

Für den Notfall verlasse ich mich auf die Warnlampen. Warn- oder auch „Idiotenleuchten" geben in kritischen Motorsituationen Alarm. Aber wenn sie leuchten, ist ein Wert bereits über- oder unterschritten, der Öldruck also unter das Minimum gesunken oder die Wassertemperatur hat die kritische Stufe bereits überschritten. Dann ist es also schon passiert. Deshalb behalte ich auch die Instrumente im Blick, aber eben, wenn es vom Rennverlauf her passt – also am besten auf der Geraden.

**Bremspedal**
Beim Bremsen sollte man das Pedal entschlossen und kräftig treten und dann mit Gefühl wieder freigeben. Je gefühlvoller die Bremsen betätigt werden, desto stabiler liegt der Wagen auf der Straße. Je stabiler der Wagen, desto leichter ist das Limit erreichbar. Der dreifache Formel-1-Weltmeister Jackie Stewart erklärte einmal das Geheimnis seiner Siege damit, dass er den Fuß mit mehr Gefühl wieder von der Bremse nahm als seine Konkurrenten. Schwer zu verstehen, oder? Doch das erlaubte ihm, die Kurven mit einer leicht höheren Geschwindigkeit anzufahren, da sein Wagen besser in der Balance war. Also offensichtlich muss das Bremspedal mit Gefühl getreten und wieder losgelassen werden. Das ist letztlich eine Frage der Übung – wobei es vor allem auf den flüssigen Ablauf der Bewegungen ankommt.

### *ERFOLGSGEHEIMNIS NR. 3:*
### *Das Bremspedal zügig treten und mit Gefühl wieder loslassen.*

Diese Technik lässt sich leicht jeden Tag im normalen Straßenverkehr üben. Denkt jedes Mal, wenn ihr bremst an das Wort „Druck" und beim Loslassen der Pedals an das Wort „Gefühl". Übt das so lange, bis diese Technik zur Gewohnheit wird.

**Bremsen mit dem linken Fuß**
Auf den in den USA verbreiteten Ovalkursen ist diese Technik unverzichtbar. Bei anderen Rennstrecken ist sie weit weniger verbreitet. In der Praxis verzichten die meisten Fahrer dort auf diese Technik, obwohl sie bei einigen schnellen Kurven, in denen nicht zurückgeschaltet werden muss, von Vorteil wäre. Sie ist auch für Fahrer von Turbo-Rennwagen hilfreich. Der rechte Fuß bleibt auf dem Gas, um die Drehzahl zu halten und das Turboloch zu vermeiden. Allerdings fordert diese Art der Verzögerung ihren Tribut von den Bremsen, man darf es also nicht übertreiben.

Das Bremsen mit dem linken Fuß spart Zeit – Zeit, die sonst nötig wäre, um den Gasfuß auf die Bremse und wieder zurück zu bewegen. Doch das Bremsen mit dem linken Fuß verlangt nach dem gleichen Feingefühl, das man mit dem rechten Fuß im Laufe vieler Jahre erworben hat.

Wer das Bremspedal mit dem linken Fuß tritt und das Gas dabei leicht zurück nimmt, vermeidet das Abtauchen der Frontpartie. Das verringert gleichzeitig die Auswirkungen der dynamischen Achslastverteilung, sodass der Wagen ausgeglichener bleibt und über eine bessere Traktion verfügt. (Mehr darüber in Kapitel 5)

Beim Bremsen mit dem linken Fuß begehen viele Fahrer den Fehler, leicht auf der Bremse stehen zu bleiben, wenn sie schon aus der Kurve heraus beschleunigen. Das führt nicht nur zu Zeitverlusten, es kann gleichzeitig auch die Bremsen überhitzen. Wer will das schon? Achtet also darauf – und vermeidet es.

**Gaspedal**
Geht immer gefühlvoll mit dem Gaspedal um. Wie bei der Bremse tritt man auch das Gaspedal zügig herunter und nimmt den Fuß gefühlvoll wieder zurück. Wenn man ruckartig auf das Gaspedal tritt und es ebenso abrupt wieder freigibt, wird der Wagen unruhig und verliert an Traktion. Je lockerer der Fahrer mit dem Gaspedal umgeht, desto ausgeglichener ist der Wagen, was sich wiederum positiv auf die Traktion und die Geschwindigkeit auswirkt.

## *ERFOLGSGEHEIMNIS NR. 4:*
### *Das Gaspedal ist kein reiner Ein-/Ausschalter.*

Wer bei einer Kurvenausfahrt kurz nach dem Beschleunigungsvorgang wieder vom Gas herunter muss, hat zu früh oder zu viel Gas gegeben. Locker und geschmeidig mit dem Gaspedal umzugehen, erfordert viel Zeit und Training. Nur durch Übung entwickelt sich das Gefühl dafür, wie schnell und wie viel Gas man geben muss.

Der Wechsel zwischen Gas- und Bremspedal muss schnell vonstatten gehen. Deshalb sollte der rechte Fuß immer auf einem der beiden Pedale stehen. Ihn auf dem Boden abzusetzen bringt Zeitverlust. Niemals im Leerlauf fahren.

**Lenkrad**

Das Lenkrad wird fest, aber unverkrampft in den Positionen neun und drei Uhr gehalten. Wer will kann die Daumen auf den Speichen ablegen. Wer während des gesamten Rennens die gleiche Handhaltung beibehält, weiß in der Kurve instinktiv, welcher Lenkradeinschlag nötig ist und wo sich der Geradeauslauf befindet. Wie wichtig das sein kann, merkt man erst, wenn sich der Wagen mal gedreht hat und die Orientierung verloren geht.

Mit dieser Handhaltung kommt man durch alle Kurven, ohne umzugreifen. Das Ergebnis ist ein runderes und harmonisches Lenken. Höchstens bei einigen großen seriennahen Tourenwagen muss man in engen Haarnadelkurven die Stellung der Hände wechseln. Dann heißt es bereits vor der Kurve die entsprechende Position einnehmen (zum Beispiel sieben und ein Uhr bei einer Rechtskurve), um die Biegung gleichmäßig zu durchfahren.

Bei Kurvenfahrten wenden beide Hände die gleiche Kraft auf. Während die eine Hand zieht, sollte die andere leicht drücken. Beide Hände bleiben immer, außer bei Schaltvorgängen, am Lenkrad. Kleinere Lenkkorrekturen können aus dem Handgelenk erfolgen und dürfen nicht mit dem ganzen Arm vorgenommen werden. Alle Lenkvorgänge erfolgen leicht und harmonisch und niemals abrupt, sodass die Kurve in einem flüssigen Bogen durchfahren wird.

Denkt einmal nach. Wann immer die Reifen in einem Winkel zum Straßenbelag stehen, verlieren sie Geschwindigkeit. Ist logisch, oder? Doch was bedeutet das in der Praxis? Wie kann man durch eine Kurve fahren, ohne die Räder einzuschlagen? Am besten man denkt voraus, plant den Weg durch die Kurve, so dass das Lenkrad so wenig wie möglich bewegt werden muss und die Kurve so gerade wie möglich

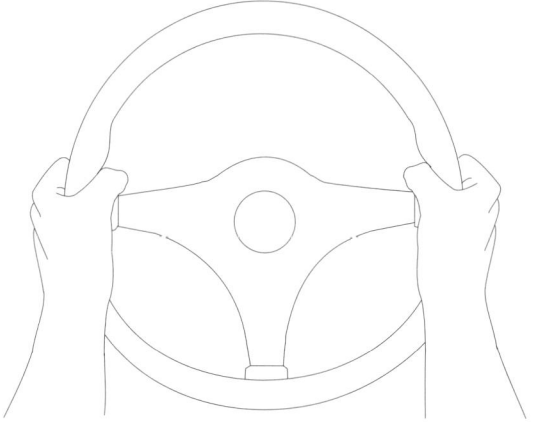

*Die korrekte Lenkradhaltung: die rechte Hand bei drei, die linke Hand bei neun Uhr.*

durchfahren werden kann. Wenn die Reifen in der Kurve quietschen, muss der Lenkeinschlag leicht zurückgenommen werden.

### ERFOLGSGEHEIMNIS NR. 5:
### Je weniger ein Fahrer das Lenkrad bewegt, desto schneller seine Fahrt.

Ist man in der Kurve drin, muss das Lenkrad so schnell wie möglich wieder gerade ausgerichtet werden. Also gilt es, die gesamte Kurvenfläche für die Durchfahrt zu nutzen. Bei Kurvenfahrten die Räder so gerade wie möglich zu halten, lässt sich auch auf öffentlichen Straßen trainieren. Natürlich unter Beachtung der Straßenverkehrsordnung!

### ERFOLGSGEHEIMNIS NR. 6:
### Lenkradeinschlag so gering wie möglich halten.

**Spiegel**
Spiegel sind für Rennfahrer eine überaus wichtige Sache. Sie müssen gut einsehbar sein. Beim Rennen ist es genauso wichtig zu wissen, was hinter und neben dem Rennwagen passiert, wie die Ereignisse vor dem Cockpit im Auge zu haben. Nur wenn die Spiegel exakt eingestellt sind, weiß der Fahrer zu jeder Zeit, wer sich um ihn herum befindet und kann von einem Gegner nicht überrascht werden. Die genaue Einstellung erfordert also Zeit. Wenn die Spiegel vibrieren, sind sie nutzlos.

### ERFOLGSGEHEIMNIS NR. 7:
### Stellt die Spiegel so exakt ein, dass ihr genau seht, was um euch herum passiert.

Dennoch sollte ein Fahrer den Blick nicht ständig im Spiegel haben. Einige Kollegen haben sich dadurch schon in überaus kritische Situationen gebracht. Das war vermeidbar, hätten sie die Spiegel einfach ignoriert. Ich habe Fahrer erlebt, die sind von der Strecke geflogen, während sie in den Spiegel sahen!

Jedes Mal, wenn ich auf eine Gerade komme, werfe ich einen Blick in die Spiegel. Wenn ich sie richtig eingestellt habe und beide Streckenseiten einsehen kann, muss ich meinen Kopf nicht bewegen und verringere so die Gefahr, von einem Gegner überrascht zu werden.

Die Spiegel bei einigen Formel-Boliden sind im Laufe der Jahre immer winziger geworden. Glücklicherweise sind jetzt wohl die Grenzen erreicht. Wer einen solchen Minispiegel benutzt, sollte sicherstellen, dass es sich zumindest um ein konvexes Exemplar handelt, sodass ausreichende Sicht nach hinten und auf die Seiten gewährleistet ist.

# Kapitel 3

# Schalten

Die Beherrschung der korrekten Schalttechnik wird häufig als unnötig angesehen. Viele Fahrer meinen, dass sie nur die Gänge so schnell wie möglich „hineinhauen" müssen, um schnell zu sein. Falsch! Tatsächlich spart man damit nur minimal Zeit, die genau so schnell wieder verloren geht, wenn man sich in der Hektik nämlich verschaltet. Jeder Schaltvorgang sollte reibungslos und flüssig ablaufen und deshalb mit viel Feingefühl vorgenommen werden.

**ERFOLGSGEHEIMNIS NR. 8:**
**Sanft und mit Feingefühl schalten.**

Führt den Schalthebel so gefühlvoll wie möglich. Ein Gangwechsel ist perfekt, wenn er im Bewegungsfluss des Wagens unbemerkt bleibt. Die Topfahrer schalten mit erstaunlicher Gelassenheit und völlig entspannt.

Vor allem Herunterschalten will gekonnt sein. Eine Technik, die nicht jeder begreift. Hier werden die meisten Fehler gemacht. Ohne die richtige Schalttechnik ist es unmöglich, das Potenzial eines Wagens auszuschöpfen. Die Kunst des Herunterschaltens verlangt Geschicklichkeit und viel Übung. Einmal begriffen ist sie einer der Schlüssel zu Spitzenzeiten.

Warum wird heruntergeschaltet? Viele Fahrer versuchen, damit den Wagen zu verzögern. Wieder falsch! Der Motor soll den Wagen beschleunigen, nicht abbremsen. Tatsächlich verliert der Wagen an optimaler Bremsverzögerung und Balance durch diesen Fehler. Rennfahrer und gute Straßenfahrer schalten vor einer Kurve herunter, um am Ende der Kurve den richtigen Gang und die optimale Drehzahl zur Beschleunigung zur Verfügung zu haben.

Noch einmal: Den Wagen keinesfalls durch Herunterschalten abbremsen. Ich kann dies gar nicht oft genug betonen. Dafür sind die Bremsen da. Zu viele Fahrer machen das immer wieder falsch. Dabei bringen sie den Wagen aus der Balance und schränken die Wirksamkeit der Bremsen ein. Wenn die Bremsen schon voll greifen und dann noch die Motorbremse hinzukommt, entsteht nämlich die Gefahr blockierender Hinterräder. Außerdem entsteht zusätzlicher Verschleiß am Motor. Also zuerst bremsen, und dann herunterschalten.

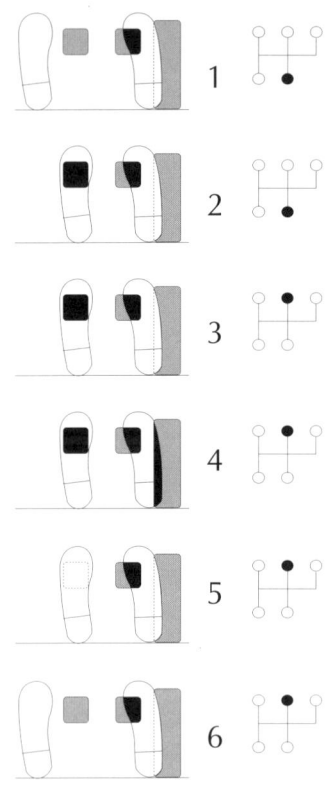

Hacke und Zehen im Einsatz: 1. Beim Beginn des Bremsvorgangs ist ein Teil des Ballens des rechten Fußes auf dem Bremspedal, während ein Teil des Fußes auf dem Gaspedal bleibt. 2. Der linke Fuß tritt während des Bremsens auf die Kupplung. 3. Nun wird in den nächst niedrigen Gang geschaltet (in diesem Fall vom vierten in den dritten Gang). 4. Mit herunter getretenem Kupplungspedal wird weiter gebremst und gleichzeitig mehrmals kurz auf das Gaspedal getreten. 5. Nun wird die Kupplung frei gegeben, während weiter gebremst wird. 6. Der linke Fuß geht in Ruhestellung während weiter gebremst wird.

## ERFOLGSGEHEIMNIS NR. 9:
### Erst bremsen – dann herunterschalten.

Die Schwierigkeit beim Rennen ist es, gleichzeitig herunterzuschalten und dabei voll auf die Bremse zu gehen. Und das alles möglichst ruckelfrei, damit der Wagen nicht ausbricht. Wenn ihr einen Gang herunterschaltet, den Fuß auch noch sofort vom Kupplungspedal nehmt und gleichzeitig stark bremst, wird sich die Nase des Wagens absenken, sein Gleichgewicht geht verloren und die Antriebsräder können blockieren.

Am besten erhöht man während des Herunterschaltens noch einmal die Drehzahlen, indem man ganz kurz aufs Gaspedal tritt. So werden die Umdrehungen des Motors mit denen der Antriebsräder in Einklang gebracht. Der Trick bei der Sache besteht allerdings darin, dies mit dem dabei gleichzeitig auf der Bremse stehenden rechten Fuß zu tun. Dafür muss man die „Hacke-Zehen-Technik" des Herunterschaltens beherrschen. (Siehe auch Illustration auf dieser Seite) Um ein erstes Gefühl für diese Technik zu bekommen, sollte man es zunächst bei stehendem Motor versuchen. Danach kann man auf der Straße oder der Rennstrecke üben.

Auf diese Weise Zwischengas zu geben, soll die Drehzahl des Motors mit den Getriebeumdrehungen im niedrigeren Gang in Übereinstimmung bringen. Das muss ohne Orientierung am Drehzahlmesser funktionieren, um den Blick nicht unnötig von der Strecke zu nehmen. Die richtige Dosierung ist also eine Frage der

Übung und Erfahrung. Gibt man zu wenig Zwischengas, blockieren die Räder beim Einkuppeln, gibt man zu viel, beschleunigt der Wagen ungewollt. Und während des gesamten Manövers muss der Druck auf das Bremspedal konstant gehalten werden.

Am besten lässt man den Motor im Leerlauf etwas höher drehen als nötig, wählt den gewünschten Gang und lässt die Kupplung schnell kommen, wenn die Drehzahlen sinken. Das Ganze verlangt nach Übung – viel Übung. Anfangs weiß man nicht, was man zuerst tun soll. Doch bei ausreichender Übung geht das in Fleisch und Blut über.

Um mit dieser „Hacke-Zehen-Technik" klarzukommen, müssen die Pedale entsprechend eingestellt sein. Das voll durchgetretene Bremspedal sollte etwas erhabener direkt neben dem Gaspedal liegen. Es bedarf einiger Anstrengungen, die Pedale im Rennwagen auf die Bedürfnisse des Fahrers einzustellen. Aber das muss sein. Bei seriennahen Modellen sind sicher aufwendigere Modifikationen nötig. Auf keinen Fall darf das Bremspedal durch Verbiegen oder durch nachträglich angebrachte Erhöhungen verändert werden, um es nicht in seiner Festigkeit und Funktion zu beeinträchtigen.

Es gibt keinen erfolgreichen Rennfahrer, der die „Hacke-Zehen-Technik" nicht ständig einsetzt. Das lässt sich auch im Straßenverkehr üben und ist überhaupt die einzig wahre Fahrtechnik.

Als ich 17 Jahre alt war, sparte ich jeden Cent, um mir meinen Traumwagen – einen 1969er Lotus Elan – zu kaufen. Leider war er schon sehr mitgenommen oder besser gesagt schon schrottreif. Aber mit diesem Wagen lernte ich viel über das Thema Fahren. Jeden Tag fuhr ich nur aus Spaß stundenlang durch die Gegend und übte dabei Schalten, vor allem die „Hacke-Zehen-Technik" beim Herunterschalten. Mein Ziel war es, so flüssig zu schalten, dass meine Mitfahrer es gar nicht mehr spürten. Das ist vielleicht der Grund, warum ich heute so feinfühlig mit Schaltungen umgehe.

Nun haben wir das Wie erörtert, jetzt kann also das Wann folgen. Zuerst Herunterschalten. Erinnert euch an das Erfolgsgeheimnis Nr. 9 „Erst bremsen, dann herunterschalten". Wer das nicht befolgt, wird den Motor überdrehen.

Überlegt: Wenn ihr bei maximaler Drehzahl im vierten Gang unterwegs seid und ohne Verzögerung in den Dritten schaltet, jault der Motor auf. Und erinnert euch auch daran, dass Herunterschalten nicht zum Verzögern taugt, es sei denn, die Bremsen haben sich verabschiedet.

Das Herunterschalten sollte vor dem Einlenken in die Kurve abgeschlossen sein. Immer wieder beobachte ich Fahrer, die beim Einlenken in die Kurve noch beim Herunterschalten sind. Wenn der Fahrer dann die Kupplung kommen lässt (meistens ohne Einsatz der „Hacke-Zehen-Technik"), blockieren die Antriebsräder und das Ende vom Lied ist ein Dreher. Den Schaltvorgang also vor der ersten Bewegung am Lenkrad komplett abschließen.

Wer beim Hochschalten das Optimum aus dem Motor herausholen will, muss dessen Charakteristik genau kennen. Bei einigen Motoren kann es sinnvoll sein, bereits vor dem Erreichen des roten Bereichs zu schalten. Die Gänge werden also immer so gewählt, dass der Motor im optimalen Drehmomentbereich läuft. Betrachten wir einmal die Illustration auf dieser Seite. Ausgehend von einem Drehzahlabfall von 2000 Umdrehungen bei einem Schaltvorgang, sinkt die Drehzahl beim Gangwechsel beispielsweise vom Ersten auf den Zweiten von 7000 auf 5000 Umdrehungen. Die Grafik zeigt aber, dass die Drehmomentkurve bei 5000 Umdrehungen bereits wieder nach unten geht.

Wenn man stattdessen nun bei 6000 Umdrehungen schaltet, die Drehzahl demnach auf 4000 abfallen würde, beschleunigt der Motor anschließend im Bereich des maximalen Drehmoments optimal auf seine maximale Leistung. Tatsächlich arbeitet ein Motor am besten in dem Drehzahlbereich zwischen dem Drehmoment- und dem Leistungshöhepunkt. Das garantiert die maximale Beschleunigung.

Ich spreche mehr über Drehmoment als über Leistung. Wie heißt es so schön: „Leistung verkauft Autos, Drehmoment gewinnt Rennen." Drehmoment bringt Beschleunigung, die PS halten sie.

Redet mit dem Motorenhersteller oder studiert die Drehmomentverlaufskurve, um die optimalen Schaltpunkte zu ermitteln. Das bringt den Erfolg.

Wer das flüssige Herunterzuschalten zum richtigen Zeitpunkt beherrscht, kann versuchen, Gänge auszulassen, anstatt sich durch die gesamte Schaltkulisse zu arbeiten. Es ist also durchaus möglich, vom fünften direkt in den zweiten Gang zu gehen. Dafür braucht es allerdings ein Gefühl für das richtige Timing und die Bremsen müssen wesentlich stärker zum Einsatz kommen. Bei einigen Wagen mag es das Getriebe gar nicht, wenn Gänge

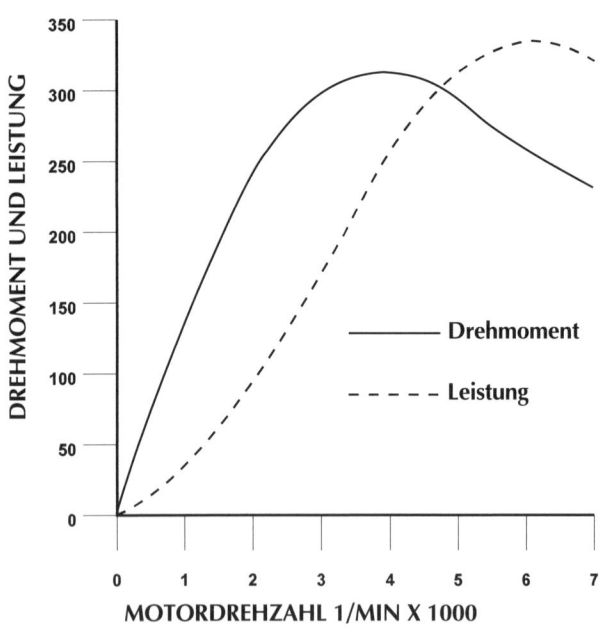

*Drehmoment- und Leistungskurve*

ausgelassen werden. Die richtige Drehzahl ist schwer abzupassen und man kann nicht sauber und ohne Schwierigkeiten herunterschalten. Dann also besser auf das Überspringen von Gängen verzichten.

Grundsätzlich gilt, je weniger sich ein Fahrer hinter dem Lenkrad bewegt, desto schneller ist er auf der Strecke. Jeder Schaltvorgang birgt das Risiko eines Fehlers in sich, der den Wagen ins Schlingern bringen kann. Schaltet also so wenig wie möglich. Je weniger vor allem vor Kurven heruntergeschaltet wird, desto geringer die Wahrscheinlichkeit eines Fehlers. Außerdem kann sich der Fahrer dann wesentlich besser auf das Bremsen konzentrieren.

Wer kennt heute schon noch das Zwischenkuppeln? Ich weiß, dass dies bei den modernen Rennwagen, die in den vergangenen fünfzehn bis zwanzig Jahren gebaut wurden, eigentlich auch nicht mehr notwendig ist. Trotzdem kann es bei einigen Rennwagen mit Renngetrieben durchaus von Vorteil sein.

Was ist Zwischenkuppeln eigentlich? Dabei wird die Kupplung bei jedem Gangwechsel zwei Mal betätigt. Nehmen wir das Herunterschalten. Angenommen, man nähert sich also im vierten Gang einer Kurve und bremst ab. Dann tritt man auf das Kupplungspedal und schaltet in den Leerlauf, kuppelt wieder ein und gibt kurz Zwischengas. Anschließend tritt man die Kupplung ein weiteres Mal, schaltet vom Leerlauf in den dritten Gang und lässt die Kupplung erneut kommen. Fertig.

Das Zwischenkuppeln sorgt im Allgemeinen für weichere Übergänge zwischen den einzelnen Gängen. Bei unsynchronisierten Renngetrieben erleichtert es den Gangwechsel generell. Seriennahe Tourenwagen verfügen über synchronisierte Getriebe, sodass Zwischenkuppeln nicht notwendig ist. Doch sollte die Synchronisation bereits einmal Verschleißerscheinungen zeigen, könnte man durch Zwischenkuppeln das Leben des Getriebes durchaus auch in diesem Falle verlängern.

Manch einer fährt schon jahrelang Rennen, ohne diese Technik jemals anzuwenden. Doch ein guter Rennfahrer sollte auf jeden Fall wissen, wie es funktioniert. Bei Langstreckenrennen kann dies den Verschleiß verringern. Ansonsten ist es eher eine Frage der persönlichen Neigungen.

Bei einem Renngetriebe ist es durchaus möglich, auch ganz und gar auf die Kupplung zu verzichten. Das verlangt allerdings viel Praxis, um den Moment abzupassen, in dem die Drehzahlen des Motors und des Getriebes absolut übereinstimmen. Der Vorteil dieser Schalttechnik liegt in der Zeiteinsparung. Ihr Nachteil ist die zusätzliche Beanspruchung des Getriebes, die unter Umständen bis zu einem Totalausfall im Rennen führen kann. Und außerdem kann man sich dabei auch schon mal irren. Dennoch sollte jeder Rennfahrer auch diese Technik beherrschen, schließlich kann auch die Kupplung im Rennen versagen.

Mehr und mehr Rennwagen verfügen heute über sequenzielle Getriebe, bei denen sich der Schalthebel immer in der gleichen Position befindet. Man bewegt ihn zum Gangwechsel lediglich nach vorne oder hinten. Bei diesen Getrieben ist es unmöglich, einzelne Gänge zu überspringen. Hier wird immer der Reihe nach von Gang zu Gang geschaltet. Diese Getriebe lassen sich auch ohne zu kuppeln schalten. Beim Hochschalten nimmt man den Fuß vom Gas, wie bei einem herkömmlichen Getriebe, und legt mit dem Schalthebel den nächsten Gang ein. Das Herunterschalten funktioniert genauso, nur dass man kurz Zwischengas gibt.

Während meiner gesamten Laufbahn habe ich immer mit Kupplung geschaltet – einmal bei Sprintrennen und mit Zwischenkuppeln bei Langstreckenrennen, um das Getriebe zu schonen. Doch als ich die ersten Rennen mit sequenziellen Schaltungen gefahren bin, wurde mir schnell klar, dass die sich ohne Kupplung wesentlich schneller schalten lassen. Ich brauchte einige Runden, bis ich mich daran gewöhnt hatte, doch dann gab es für mich nichts anderes mehr. Bei konventionellen Getrieben setze ich allerdings nach wie vor die Kupplung ein.

# Kapitel 4

## Fahrwerk und Aufhängungen

Die Geheimnisse der Abstimmung von Fahrwerk und Radaufhängungen zu kennen und ihre Auswirkungen auf das Fahrzeugverhalten zu begreifen, gehört zu den Pflichten eines Fahrers. Es gibt viele gute Bücher, die sich ausführlich mit der Rennwagendynamik beschäftigen, und die man als Fahrer unbedingt gelesen haben muss. Wer gewinnen will, kommt um dieses Thema nicht herum.

Ich will an dieser Stelle nicht so tief in die Materie eindringen, sondern lediglich einen Überblick über die wichtigsten Dinge bei der Abstimmung von Fahrwerk und Aufhängungen geben. Ich hoffe, ich wecke damit das Interesse an einer intensiven Beschäftigung mit diesen Fragen.

### Sturz

Der Radsturz ist die Neigung der Räder. Bei einem nach innen geneigten Rad spricht man von einem negativen Sturz, neigt es sich nach außen, handelt es sich um einen positiven Sturz. Der jeweilige Sturzwinkel wird in Grad gemessen.

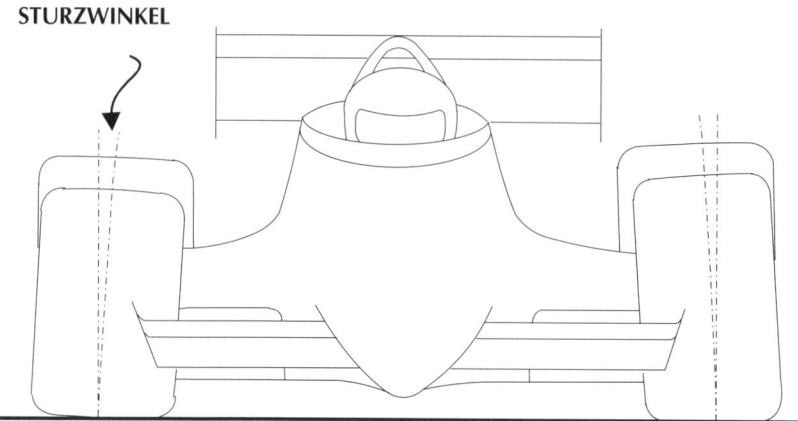

*Der Sturzwinkel definiert die Neigung der Räder bei der Frontansicht des Wagens. Die Abbildung zeigt einen negativen Winkel.*

Es ist wichtig, dass ein Reifen möglichst auf seiner gesamten Breite Kontakt mit der Fahrbahn hat. Ist der Sturz eines Reifens zu groß, verliert ein Teil der Oberfläche diesen Kontakt und die Traktion verringert sich deutlich. Daher muss die Aufhängung so eingestellt werden, dass der Reifen auch bei Federungsbewegungen möglichst viel Kontakt zur Strecke behält und dass vor allem die Reifenhaftung in den Kurven maximiert wird.

Fährt der Wagen durch eine Kurve, drücken die Fliehkräfte ihn zur Kurvenaußenseite hin. Die Flanken der außen laufenden Reifen neigen sich dabei ebenfalls nach außen und es würde ein positiver Sturzwinkel entstehen. Gleichzeitig neigen sich die Flanken der inneren Reifen nach innen und bilden einen negativen Sturzwinkel. Ziel ist es, die Reifenaufstandsfläche der jeweils äußeren Räder bei Kurvenfahrten so breit wie möglich zu halten, also letztlich zu erreichen, dass sie unter der größeren Belastung einer Kurvenfahrt einen Sturz von null Grad einnehmen. Deshalb werden die Radaufhängungen meistens auf einen negativen Sturzwinkel voreingestellt. Die beste Lösung findet sich meist erst nach zahlreichen Abstimmungsfahrten: ein optimaler Sturzwinkel, der höchste Kurvengeschwindigkeiten erlaubt.

**Nachlauf**
Der Nachlaufwinkel ist für den Rückstellmechanismus des Lenkrads verantwortlich. Wenn der Wagen beispielsweise auf einer Geraden die Spur hält, ohne dass sich die Hände am Lenkrad befinden, liegt das am Nachlauf. Nachlauf nennen

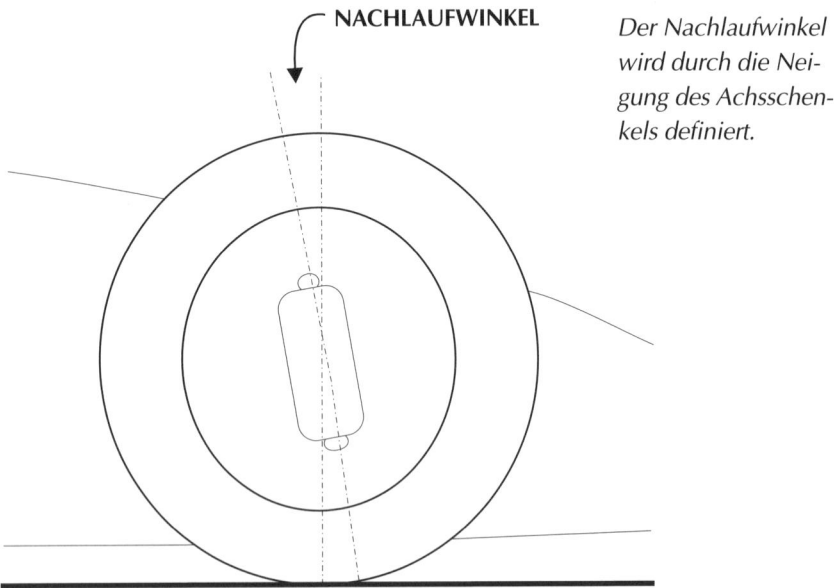

*Der Nachlaufwinkel wird durch die Neigung des Achsschenkels definiert.*

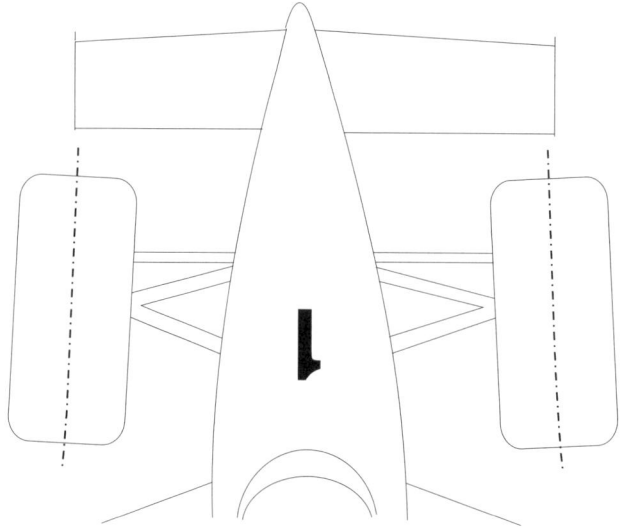

*Der Spurwinkel ist der Winkel der Räder in der Aufsicht.*

wir den Neigungswinkel des Achsschenkels. Bei einem positiven Nachlauf neigt sich der Achsschenkel nach hinten. Dadurch befindet sich der tatsächliche Schwerpunkt des Rades hinter dem Steuerpunkt. Ein negativer Nachlauf wird niemals eingesetzt.

Je positiver der Nachlauf ist, desto stärker wird sich das Lenkrad selbst zentrieren – ein durchaus erwünschter Effekt. Aber je positiver der Nachlauf eingestellt ist, desto mehr Kraft wird auch nötig, um das Lenkrad gegen den vom Nachlauf ausgehenden Druck zu bewegen. Es muss also ein Kompromiss gefunden werden.

Der Nachlauf beeinflusst bei jedem Lenkradeinschlag auch den Sturz der Vorderräder. Je positiver der Nachlauf eingestellt ist, desto negativer wird der Sturz an der äußeren Reifenflanke bei Kurvenfahrten. Das muss bei der Suche nach der optimalen Nachlaufeinstellung berücksichtigt werden. Unter Umständen kann für flüssige Kurvenfahrten ein stärkerer Nachlauf besser sein, als eine optimale Sturzeinstellung. Hier hilft wirklich nur auszuprobieren, um sein eigenes Optimum zu finden.

**Spur**
Von Spur nennen wir den Winkel der Räder zur Fahrzeuglängsachse in der Draufsicht. Wir unterscheiden Vor- und Nachspur. Vorspur bezeichnet den Zustand, wenn die vorderen Flanken der Räder enger beieinanderstehen als die hinteren Flanken. Nachspur ist das genaue Gegenteil – die vorderen Flanken stehen weiter auseinander als die hinteren. Die Spur kann an den vorderen Achsen jedes Wagens eingestellt werden. An den hinteren Achsen geht das nur bei Wagen mit Einzelradaufhängung.

Die Spur spielt beim Geradeauslauf eine ebenso bedeutende Rolle, wie beim Handling und entscheidet, wie schnell der Wagen auf das erste Einlenken in eine Kurve reagiert. Im Allgemeinen führt eine vordere Vorspur zu einem anfänglichen Untersteuern. Ein vorderes Nachspuren hat ein anfängliches Übersteuern zur Folge (mehr über Unter- und Übersteuern im folgenden Kapitel).

Vor der Einstellung einer Nachspur an den Hinterrädern kann ich nur warnen – sie führt zu instabilem Fahrverhalten und zu plötzlichem Ausbrechen des Wagens.

**Ackermann-Lenkung**
Das in der Innenseite der Kurve laufende Rad durchmisst einen engeren Radius als das Außenrad. Um die Reibung des inneren Rades zu verringern, muss es also stärker als das äußere eingeschlagen werden. Durch die Aufhängungsgeometrie der Achsschenkellenkung kann das weitgehend ausgeglichen werden. Diese Einstellung wird auch Ackermann-Lenkung genannt.

Nun sind einige Rennwagen von vornherein mit einer so genannten Anti-Ackermann-Lenkung gebaut oder aber später entsprechend modifiziert worden. Hier wird also der engere Radius vernachlässigt und damit einkalkuliert, dass das innen liegende Rad mit zu wenigen Umdrehungen gewissermaßen durch die Kurve geschoben wird. Dahinter steht die Überlegung, dadurch eine gewisse einseitige Bremswirkung zu erzielen, allerdings ohne die Reifenoberfläche durch die erhöhte Reibung zu beschädigen.

Andere Rennwagen besitzen auch eine übertriebene Ackermann-Geometrie, durch die das Kurveninnenrad noch stärker als nötig in die Kurve eingeschlagen wird. Beide Varianten haben ein verbessertes Kurvenverhalten zum Ziel.

**Eigenlenkverhalten und Lenkstöße (Bump Steer)**
Unebenheit auf der Strecke oder Karosserieschwingungen verursachen vertikale Federungsbewegungen. Folge können die ungewollte Änderung der Spureinstellung der Vorderräder und ein daraus resultierendes Eigenlenkverhalten des Wagens sein. So eine auch „Bump Steer" genannte Fahrcharakteristik wird manchmal auch bewusst als Notpflaster in Kauf genommen, um Handlingprobleme zu übertünchen. Sie machen den Rennwagen aber im Allgemeinen vor allem im Heckbereich sehr instabil und sollten besser vermieden werden.

**Eintauchen der Fahrzeugfront**
Beim Bremsen neigt die Frontpartie des Wagens dazu, einzutauchen. Die Geometrie der Aufhängung sollte so ausgelegt sein, diese Tendenz zu verringern. Meistens ist dies bereits Teil der Fahrzeuggrundkonfiguration und es muss nur ein wenig nachjustiert werden.

## Absenken des Fahrzeughecks

Wenn ein Rennwagen beschleunigt, neigt das Heck dazu, sich abzusenken. Wie beim vorderen Eintauchen während des Bremsens ist die Fahrwerksgeometrie von vornherein so ausgelegt, auch dies zu minimieren. Auch hier ist nur wenig Einstellarbeit notwendig.

## Bodenfreiheit

Unter Bodenfreiheit versteht man den Abstand zwischen der Straßenoberfläche und dem jeweils tiefsten Punkt des Wagens. Hier können vorne und hinten durchaus unterschiedliche Werte gewählt werden. Meistens ist die Front niedriger als das Heck. Die Einstellung der Bodenfreiheit beeinflusst vor allem das Handling.

Im Allgemeinen wird man eine möglichst geringe Bodenfreiheit wählen, bei der das Fahrwerk knapp über der Fahrbahnoberfläche liegt. Je niedriger der Wagen auf der Strecke kauert, desto besser wird meistens die Aerodynamik. Auch die Absenkung des Schwerpunkts macht sich positiv bemerkbar.

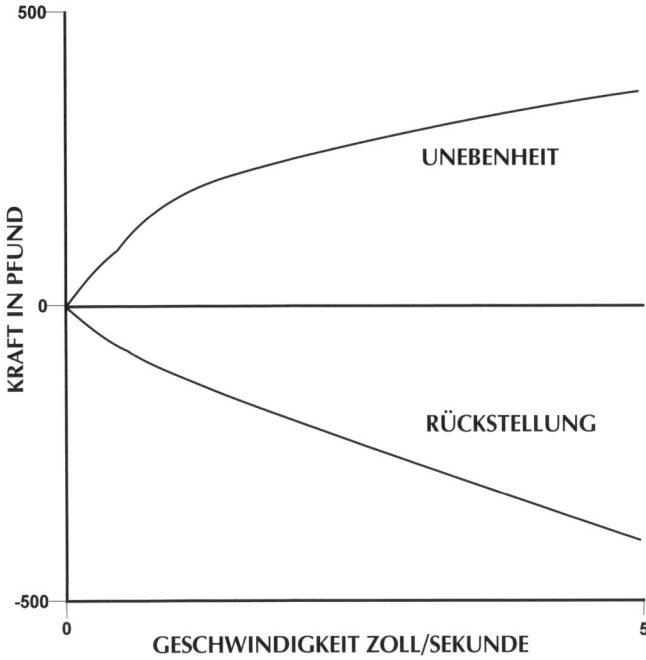

*Ein Stoßdämpferprüfstand zeigt die Kräfte, die auf den Stoßdämpfer einwirken in Abhängigkeit zu der Geschwindigkeit, mit der er bewegt wird. Man muss lernen, diese Daten zu interpretieren und mit seinen eigenen Fahreindrücken zu vergleichen.*

### Federhärte

Die Federhärte bestimmt das Ansprechverhalten der Federn. Beeinflusst wird dies durch ihren Durchmesser, die Länge und die Zahl der Windungen.

Die optimale Federhärte zu finden, gehört zu den wichtigsten Aufgaben bei der Abstimmung eines Rennwagenfahrwerkes. In den meisten Fällen wird es ein Kompromiss sein. So soll die Federung vorn und hinten weich genug sein, um die Unebenheiten der Strecke wegzubügeln, gleichzeitig aber hart genug, dass der Wagen nicht aufsetzt, wenn er darüber fährt.

Weitere Faktoren wie beispielsweise der Fahrstil des Piloten, der erforderliche Abtrieb, das Gewicht des Wagens, die Streckenführung und der Zustand der Piste beeinflussen die Einstellungen.

Die größte Bedeutung kommt wahrscheinlich der Abstimmung zwischen Front und Heck zu. Im Allgemeinen werden im Heck die weicheren Federn eingesetzt, um den Reifen den Aufbau einer maximalen Traktion zu ermöglichen und kompensiert werden dann eventuelle Probleme mit härteren Frontfedern.

### Radrate

Unter dem Begriff Radrate versteht man die in Kilogramm je Zentimeter gemessene Kraft, die nötig ist, ein Rad vertikal zu bewegen. Abhängig ist sie von der Fahrwerksgeometrie, der Federpositionierung und der Federhärte. Die Radrate kann sich auch bei gleicher Federungshärte vorne und hinten allein aufgrund der unterschiedlichen Lastenverteilung durchaus unterscheiden.

### Stabilisator

Die Stabilisatoren verhindern, dass sich das Fahrzeug bei Kurvenfahrten ungewollt zur Seite neigt. Mit Hilfe der Stabilisatoren kann der Wankwiderstand vorne und hinten verändert werden, um das Handling des Wagens zu modifizieren. Bei vielen Rennwagen lassen sich die Stabilisatoren vom Cockpit aus während des Rennens den verschiedenen Bedingungen anpassen.

Die Einstellung des Stabilisators gehört zu den schnellsten und einfachsten Möglichkeiten der Fahrwerksabstimmung. Daher ist es empfehlenswert, den Wagen wirklich einmal bei wechselnden weichen und harten Stabilisatoreinstellungen zu testen, um die unterschiedlichen Effekte kennen zu lernen. Um den vorderen Grip zu verbessern, stellt man im Allgemeinen den vorderen Stabilisator weich und den hinteren hart ein. Um den Grip im Heck zu erhöhen und das Übersteuern einzuschränken, empfiehlt es sich den hinteren Stabilisator weicher und den vorderen härter einzustellen. Doch nicht immer wird auf Anhieb der erwartete Effekt erzielt, seid also auf Überraschungen gefasst.

Bevor ich mit der Einstellung des Wagens beginne, mache ich meistens einen Test, indem ich den Frontstabilisator von ganz weich auf ganz hart durchreguliere und das Gleiche mit dem Exemplar im Heck wiederhole. Dabei registrie-

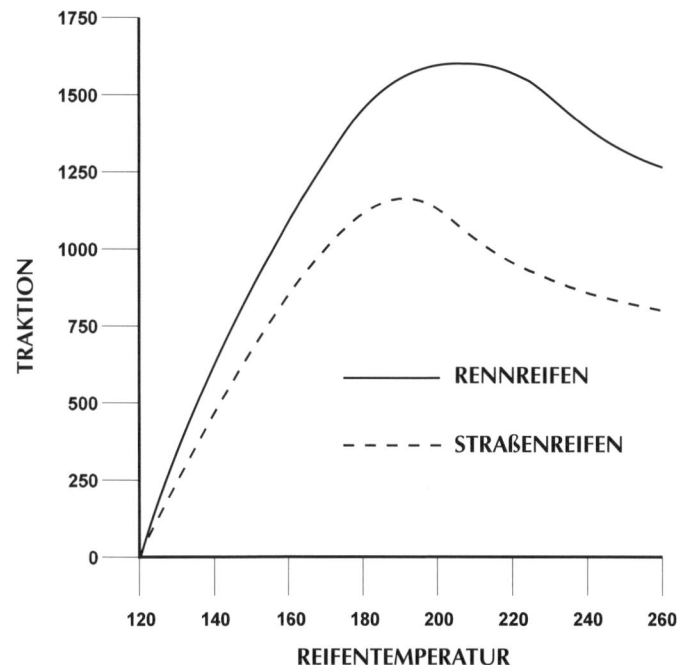

*Reifentemperatur in Relation zur Traktion.*

re ich die Veränderungen im Handling. Das hilft meinem Ingenieur bei der Suche nach einer optimalen Fahrwerkskonfiguration.

## Wanksteifigkeit
Unter Wanksteifigkeit versteht man die Widerstandsfähigkeit des Wagens gegen alle Tendenzen des sich Neigens, Aufschaukelns oder Schlingerns, die im Zusammenwirken von Federn und Stabilisatoren gewährleistet wird. Die Verteilung der dämpfenden Kräfte zwischen Front und Heck wird in Prozenten ausgedrückt. Im Allgemeinen erhöhen wir den Wankwiderstand, um die Lenkungsbalance des Wagens zu verfeinern. Die Regulierung des Wankwiderstandes an der Fahrzeugfront und am Fahrzeugheck durch die Einstellung der Federhärten und des Widerstandes der Stabilisatoren unter Berücksichtigung der Lastenverteilung ist die üblichste Vorgehensweise zur Verbesserung der Straßenlage eines Rennwagens.

## Stoßdämpfer
Die Stoßdämpfer haben die Aufgabe die Schwingungen der Federn zu dämpfen und auszugleichen und die durch die Straße verursachten Auf- und Abbewegungen des Fahrwerkes abzubauen. Der Schwingungsdämpfer begrenzt also die Bewegungen der Federn.

Die Kräfte wirken in beide Richtungen. Kompression im Moment des Stoßes und Ausdehnung als Reaktion darauf (siehe Grafik S. 31). Der Schwingungsdämpfer begrenzt sowohl das Ausschlagmaß der Schwingungen als auch deren Geschwindigkeit. Sind die Federn des Wagens weich eingestellt, werden die Stoßdämpfer heftig reagieren.

Man kann auch die Schwingungsdämpfer benutzen, um das gesamte Handling des Wagens der Streckensituation anzupassen – die Frage ist immer, wie reagiert der Wagen auf welche Veränderungen. Während die Federn und die Stabilisatoren die Stärke der Fahrzeugschwingungen und ihre Verteilung zwischen Bug und Heck bestimmen, sind die Stoßdämpfer maßgebend dafür, wie schnell sich die Schwingungen wieder legen.

Während der IndyCar-Saison 1993 kämpften wir bei unserem Wagen mit dem Problem des Untersteuerns. Bei jedem Rennen untersteuerte der Wagen am Kurvenanfang, nachdem ich eingelenkt hatte und bevor ich wieder aufs Gas gehen konnte. In Portland erkannten wir, dass der Wagen sich problemlos lenken ließ, solange ich voll auf der Bremse stand und das Fahrzeug am Bug unter vollem Druck stand. Doch sobald ich die Bremsen löste, begann das Untersteuern. Daher verstärkten wir die vorderen Stoßdämpfer, sodass die Frontpartie beim Bremsen nicht mehr so stark eintauchen konnte und sich danach entsprechend weniger aufrichtete. Das löste zwar nicht alle Probleme, brachte aber eine deutliche Verbesserung.

Die Stoßdämpfer sind ein weiteres wichtiges Element bei der Fahrwerksabstimmung. Wie bei den Federn ist die Suche nach der optimalen Einstellung eine Geduldsangelegenheit. Man benötigt einige Erfahrung, um die perfekte Justierung zu finden.

**Radlast**
Wenn man die vier Reifen eines Fahrzeugs auf vier einzelne Waagen stellt, erhält man die Eckgewichte des Wagens. So lässt sich die Gewichtsverteilung zwischen vorne und hinten, links und rechts und auch das Gesamtgewicht bestimmen.

Auf einer Straßenrennstrecke sollten die rechten und linken Radlasten identisch sein. Bei so gut wie allen Mittelmotormodellen sind die hinteren Eckgewichte höher als die vorderen. Bei Rundrennstrecken wird das Fahrwerk häufig so modifiziert, dass die Gewichtsschwerpunkte auf einer Seite, manchmal auch auf nur einer Ecke liegen.

Die Eckgewichte spielen bei der Fahrwerksabstimmung eine recht bedeutende Rolle – aber unerfahrene Piloten übersehen dies häufig.

**Reifen**
Eines der effektivsten Mittel bei der Überprüfung und Optimierung der Fahrwerksabstimmung ist die „Lektüre" der Reifen. Die Temperatur gibt Auskunft da-

rüber, ob der Reifendruck stimmt, alle Abstimmungen korrekt sind, wie das allgemeine Handling des Wagens ist und (bis zu einem gewissen Maß) wie dicht ihr tatsächlich am Limit fahrt.

Alle Reifen sind für einen optimalen Temperaturbereich ausgelegt. Zwischen diesen Grenzwerten erzielt der Reifen seine maximale Haftung (wie die Illustration auf der Seite 33 zeigt). Darüber oder darunter verlieren die Reifen an Traktion. Werden sie zu lange oberhalb des optimalen Bereichs eingesetzt, neigen sie zu Blasenbildung und schnellem Verschleiß. Im Durchschnitt liegt die Temperatur für einen Straßenreifen zwischen 80 und 95 Grad, bei Rennreifen liegt der Bereich zwischen 95 und knapp 110 Grad.

Mit einem Reifenpyrometer lässt sich die Temperatur des Gummis genau ermitteln. Mit einer kleinen Nadel wird an drei Stellen in die Karkasse gestochen (innen, mittig und außen).

Die in der Box ermittelten Temperaturwerte stellen einen Durchschnittswert dar. Kommt der Wagen nach einer langen Geraden oder nach seiner Auslaufrunde in die Box, können die gemessenen Temperaturen schon in die Irre führen, weil sich die Reifen bereits abkühlen. Es ist daher wichtig, die Temperaturen so schnell wie möglich nach einer durchfahrenen Kurve zu ermitteln. Sie muss zudem so schnell wie möglich nach dem Halt festgestellt werden, weil die Reifen bereits nach einer Minute beginnen abzukühlen.

Der optimale Sturzwinkel lässt sich ebenfalls durch die Reifentemperaturen ermitteln. Er ist erreicht, wenn die Temperaturen an den Außen- und Innenflächen gleich sind. Ist die Temperatur auf der Innenseite deutlich höher als auf der Außenseite, liegt ein zu negativer Sturzwinkel vor. Die Innenseite erwärmt sich deshalb zu stark. Ist die Temperatur an der Außenseite höher, ist der Winkel zu positiv eingestellt.

Wenn die Temperatur in der Mitte der Lauffläche dem Durchschnitt der beiden anderen Werte entspricht, ist der Luftdruck korrekt. Ist die Temperatur in diesem Bereich zu hoch, liegt vermutlich ein zu hoher Luftdruck vor. Zu niedrige Temperaturen sind ein Hinweis auf einen zu niedrigen Luftdruck.

Stimmen die Temperaturen der Front- und Heckreifen überein, ist das Gleichgewicht des Wagens in Ordnung. Zeigen die Frontreifen eine höhere Temperatur als die Heckreifen, haben sie weniger Grip als die Reifen im Heck, was eine neue Einstellung der Federn, Stoßdämpfer oder Stabilisatoren notwendig macht. Natürlich gilt das auch andersherum.

Wenn die vier Reifen nicht im optimalen Temperaturbereich laufen, kann dies auch zwei ganz andere Ursachen haben: Entweder die Gummimischung ist den Fahrbahnbedingungen nicht angepasst oder die Fahrweise des Piloten lässt zu wünschen übrig.

Gewöhnt euch daran, die Reifen zu studieren. Wer die Reifenoberfläche in Beziehung zur Temperatur und dem eigenen Fahrgefühl zu interpretieren weiß und die notwendig Änderungen vornimmt, wird gegenüber seinen Gegnern eindeutig im Vorteil sein.

Die Oberfläche sollte ein möglichst gleichmäßiges Schwarz zeigen. Es sollten keine blanken Stellen vorhanden sein, die ein Zeichen für eine Überbeanspruchung wären. Auch wenn man den Wagen hart fährt – und dabei die Reifen voll einsetzt – sollte die gesamte Lauffläche eine leicht wellig gemaserte Oberflächenbeschaffenheit zeigen. Und zwar über das gesamte Rennen.

Noch ein paar Worte zum Umgang mit neuen Reifen. Wenn man mit einem neuen Satz Pneus auf die Piste fährt, muss man sie zunächst einfahren. Am besten macht man das (falls möglich) durch einige Schlangenlinien, um Produktionsreste abzufahren. Außerdem sollte man sich davor hüten, sie direkt in der ersten Runde zu zerstören, indem man durch die Kurven driftet oder die Räder durchdrehen lässt. Bringt sie stattdessen allmählich auf Betriebstemperatur, und ihr Grip wird länger vorhalten.

## Kapitel 5
# Rennwagendynamik

Je mehr ein Fahrer eins wird mit seinem Wagen, desto erfolgreicher wird er sein. Nehmt euch die Zeit, den Wagen in allen Details kennenzulernen und zu begreifen, welche Veränderungen welche Wirkung haben können. Auch wenn man nicht selbst am Wagen arbeitet, sollte man in der Lage sein, den Mechanikern oder Ingenieuren das Verhalten des Wagens zu beschreiben. Nur so sind optimale Resultate erreichbar. Wie bei allen anderen Aspekten des Motorsports darf man nicht aufhören, so viel wie irgend möglich zu lesen, in Gesprächen zu erfahren und zu lernen.

Bevor man umfangreiche Veränderungen an der Konfiguration des Wagens veranlasst, sollte man zunächst die Strecke genau kennenlernen und sich auf ihr zu Hause fühlen. Ich habe schon viele Piloten (mich selbst nicht ausgeschlossen) erlebt, die sich so stark auf die Verbesserung des Wagens konzentriert haben, dass sie darüber ihr eigenes Fahren vergaßen. Und wenn ihr Veränderungen veranlasst, dann jeweils nur eine. Wenn man mehrere gleichzeitig vornehmen lässt – wie will man dann wissen, welche den Unterschied macht?

Ich habe meinen ersten Formel-Ford-Rennwagen von einem Fahrer gekauft, der bereits seit mehreren Jahren Rennen fuhr. Ich wusste, in Sachen Fahrwerk und seiner Abstimmung war er dementsprechend erfahren. Also beschloss ich, mir nicht selbst Schwierigkeiten zu machen und während der gesamten ersten Saison keine Veränderungen daran vorzunehmen. Ich konzentrierte mich also zu hundert Prozent auf das Fahren des Wagens und nahm lediglich ein Feintuning der Fahrwerksaufhängungen vor. Erst in meinem zweiten Jahr als Rennfahrer traute ich mir einige tiefgreifendere Modifikationen zu, denn ich glaubte, nun genug zu wissen.

### Reifenhaftung

Im vorangegangenen Kapitel haben wir die Reifen aus der Perspektive der Fahrwerkseinstellung betrachtet. Nun wollen wir sie fahren. Um das Optimum aus den Reifen zu holen, muss man sie verstehen. Man kann den einen oder anderen Erfolg haben, ohne viel Grundlegendes über das Fahrwerk zu wissen. Doch man muss unbedingt begreifen, wie die Reifen arbeiten.

*ERFOLGSGEHEIMNIS NR. 10:*
*Wer nicht weiß, wie Reifen funktionieren,*
*wird nie Rennen gewinnen.*

Jede Kraft, die den Wagen und seine Leistung beeinflusst, wird durch die vier Reifen übertragen. Absolut alles. Daher sollte man wissen, wie die Reifen funktionieren und feinfühlig mit ihnen umgehen.

Es sind lediglich drei Faktoren die die Traktion ausmachen, die ein Reifen leisten kann. Der Erste ist der Reibungskoeffizient zwischen Reifen und Streckenoberfläche, der sich wiederum aus der Beschaffenheit der Straßenoberfläche selbst und der Gummimischung ergibt. Zweiter Faktor ist die Größe der Fläche mit der der Reifen den Asphalt berührt. Die so genannte Aufstandsfläche. Je größer der Kontakt zwischen Gummi und Streckenoberfläche, desto mehr Traktion ist vorhanden. Der dritte Faktor ist die vertikale Belastung des Reifens, die sich aus dem Gewicht des Rennwagens und dem aerodynamischen Abtrieb ergibt.

Reifen stellen nicht auf dem Höhepunkt ihrer Traktionsleistung von einem Moment auf den anderen ihren Dienst ein. Mitunter mag es so erscheinen, doch vorher gibt es deutliche Warnsignale. Bevor ein Reifen am Ende ist, verringert er spürbar den Kontakt zur Strecke.

Wegen der Elastizität des Gummis müssen Reifen ein gewisses Maß an Schlupf entwickeln, bevor sie ihr Maximum an Traktion aufbauen können. Die Bezeichnung für diese durch den Schlupf veränderte Seitenführung beim Durchfahren von Kurven wird Schräglaufwinkel genannt und in Grad gemessen. Je höher die Kurvenkräfte und die Geschwindigkeit, desto stärker laufen die Reifen im Vergleich zum Lenkeinschlag in eine leicht versetzte Richtung. Der Winkel zwischen dem Lenkeinschlag und der tatsächlichen Richtung der Reifen ist der Schräglaufwinkel (siehe die folgende Illustration). Beim Beschleunigen und Bremsen wird dieser Schlupf in Prozenten gemessen.

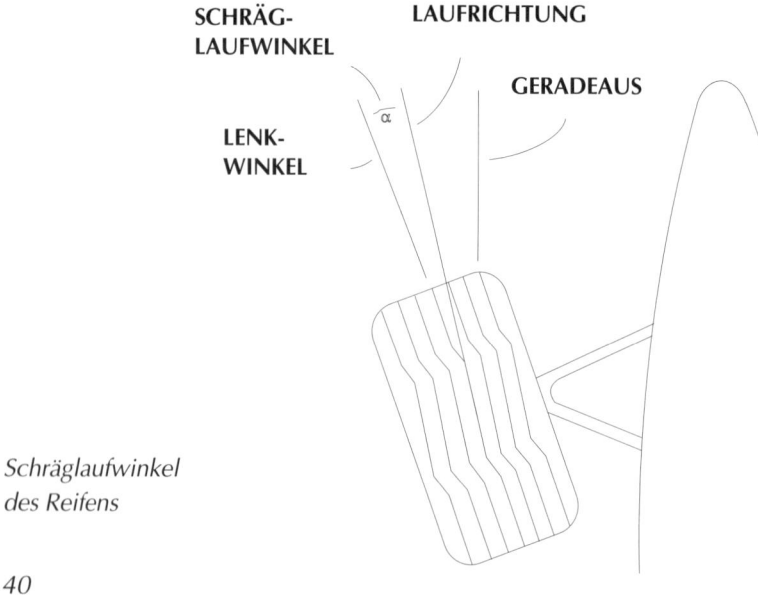

*Schräglaufwinkel des Reifens*

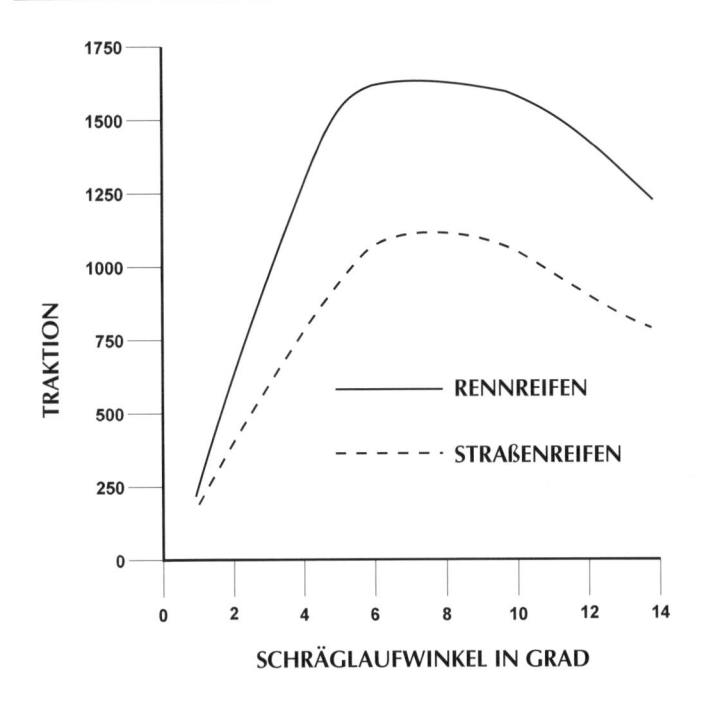

*Schräglaufwinkel in Relation zur Traktion*

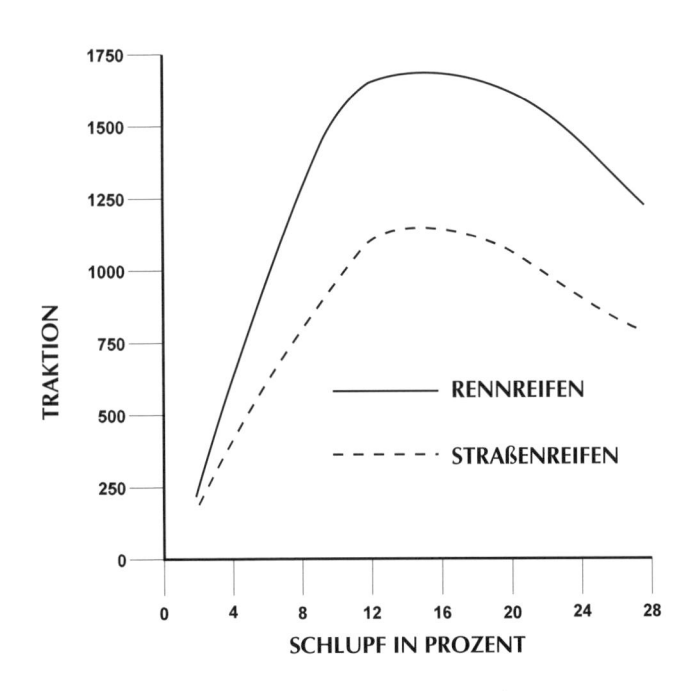

*Schlupfwinkel (in Prozent) in Relation zur Traktion.*

In welchem Bereich der Reifen seine maximale Traktion aufbaut und sie dann nach und nach auch wieder verliert, zeigt die Vergleichsgrafik „Schräglaufwinkel und Traktion". Dieser Bereich ist je nach Reifentyp verschieden, doch bleibt das Prinzip gleich. Erst bei seinem optimalen Schräglaufwinkel verfügt der Reifen über seine maximalen Traktionseigenschaften. Wenn die Kurvengeschwindigkeit oder der Lenkwinkel zunimmt, nehmen auch der Schräglaufwinkel und die Traktion zu, bis der Punkt erreicht ist, ab dem die Traktion sich wieder verringert.

Wie schnell ein Reifen diesen optimalen Bereich erreicht und wie schnell er in seiner Leistungsfähigkeit wieder nachlässt, hängt von der so genannten Progressivität ab. Ein zu progressiver Reifen benötigt längere Zeit, bis er seine maximale Haftung erreicht, und verliert auch nur allmählich seine Haftung. Dadurch liefert er nicht genug Rückmeldung und ist rutschig. Ein derartiger Reifen warnt den Piloten nicht, wenn er seine maximale Traktion erreicht hat und die Bodenhaftung verliert – er vermittelt einfach nicht genug Fahrgefühl. Mit einem solchen Reifen kann man nur schwer am Limit fahren, weil man nie genau weiß, wann man über die Strecke hinausschießt.

Typischerweise ist ein Straßenreifen progressiver als ein Rennreifen. Ein Rennreifen ist weit empfindlicher als ein Straßenreifen.

Eine trockene Piste mit maximaler Traktion und daher auch mit besten Voraussetzungen für maximale Beschleunigung, ebensolches Bremsen und höchste Kurvengeschwindigkeiten (bei maximalem Schräglaufwinkel) verlangt je nach Reifentyp nach einem Schlupf von drei bis zehn Prozent (siehe auch die entsprechende Grafik). Das bedeutet, dass der Reifen seinen maximalen Grip entwickelt, wenn ausreichend Schlupf aufgebaut ist.

Glücklicherweise verlieren die Reifen, auch wenn sie deutlich an Traktionsfähigkeit eingebüßt haben, nicht sofort und ohne Vorwarnung jegliches Haftpotenzial. Es geht vielmehr allmählich verloren. Also, selbst wenn ein Reifen keinen Schlupf mehr entwickelt, verfügt er noch über ein gewisses Restmaß an Grip.

Zum Nachdenken: Selbst wenn die Bremsen blockieren und der Wagen über die Strecke schleudert, wird er abgebremst. Zwar nicht so wirksam, als würden sich die Reifen noch drehen, doch er wird verzögert. Das Gleiche gilt bei Kurvenfahrten. Auch wenn der Wagen ins Rutschen gerät, verfügen die Reifen noch über Restgrip. Und solange sie noch Straßenkontakt haben, wird Geschwindigkeit abgebaut – und dann kommt der Moment, an dem sie wieder Grip aufbauen können.

Das ist der beruhigende Punkt: Es ist möglich, das Limit leicht zu überschreiten, ohne die Kontrolle vollkommen zu verlieren. In einem der folgenden Kapitel reden wir noch mehr über das Fahren am Limit.

## Beschleunigung

Beim Beschleunigen sollte man das Gaspedal zügig betätigen, aber nicht mit einem Schlag durchtreten. Noch einmal: Das Gaspedal ist kein Ein-/Ausschalter. Es sollte gefühlvoll eingesetzt werden; den Gasfuß in einer fließenden Bewegung nach unten drücken und wieder nachlassen – und das zwar schnell, aber nicht hektisch.

Wie bereits erwähnt haben die Reifen eine begrenzte Traktion – mit rund drei bis zehn Prozent Schlupf auf trockener Piste und etwas weniger bei nassem Asphalt. Überschreiten die Reifen diesen Prozentsatz, drehen die Räder durch und die Beschleunigung lässt nach. In diesem Fall nimmt man am besten den Fuß etwas vom Gas, bis Traktion und Beschleunigung wieder ihre maximalen Werte erreicht haben.

**Bremsen**

Die Bremsen sind bei modernen Rennwagen stärker ausgelegt als alle anderen Systeme. Mit anderen Worten kann der Wagen schneller verzögert als beschleunigt werden. Diesen Vorteil solltet ihr stets zu nutzen verstehen.

Wie bei der Beschleunigung kommt es auch beim Bremsen zu einem Schlupfwert von drei bis zehn Prozent. Das bedeutet, dass die Reifen um diesen Wert langsamer rollen, als es die aktuelle Fahrzeuggeschwindigkeit erfordern würde. Wenn man diesen Wert überschreitet, blockieren die Bremsen – 100 Prozent Schlupf – und der Wagen ist nicht mehr lenkbar. Bremsen an diesem Grenzbereich zum Blockieren wird auch „Stotterbremsen" genannt und ist die effektivste, schnellste und kontrollierteste Art der Verzögerung. Das verstehe ich unter maximalem Bremsen.

Ob der Bremsvorgang perfekt wird, hängt schon davon ab, wie der Fuß vom Gaspedal geht. Das Gas wird keinesfalls schlagartig, sondern zügig und flott zurückgenommen, um dann auf das Bremspedal zu treten, bis die maximale Bremsverzögerung also der Punkt des „Stotterbremsens" erreicht ist. Hat man das Limit überschritten und die Räder blockieren, gibt man das Bremspedal ein wenig frei, bis man merkt, dass sich die Räder erneut an der Traktionsgrenze drehen. Mit anderen Worten: Man muss den Druck auf das Bremspedal variieren und dabei das Feedback der Reifen, die auf das Chassis einwirkenden Kräfte und die Balance des Wagens für eine maximale Bremsverzögerung nutzen.

Wenn man sich einer Kurve nähert, tritt man gefühlvoll, fest und mit zunehmender Kraft auf das Bremspedal. Ist die Kurve erreicht, wird das Bremspedal losgelassen und der Fuß wechselt auf das Gaspedal, und zwar so, dass das vollständige Lösen der Bremsen nicht als Ruck spürbar wird. Zur Erinnerung: Warum war Jackie Stewart so erfolgreich? Weil er die Bremse leichtfüßig einsetzte.

Bremst man zu hart und die Fronträder blockieren, verliert man die Kontrolle über die Lenkung. In diesem Fall muss man die Bremse leicht lösen, um die Kontrolle über das Fahrzeug zurückzugewinnen. Bei diesem Vorgang kann es leicht zu so genannten Bremsplatten oder -auswaschungen kommen. Das passiert, wenn der blockierte Reifen ein Stück über den Asphalt rutscht und dadurch unrund wird. Bemerkbar macht sich das durch ein Unwuchtschlagen im Reifen oder mit starken Vibrationen im Fahrwerk.

Übt Bremsen auf der Straße. Stellt fest, ob ihr die Bremsen so beherrscht, dass ihr den Wagen ohne Ruck und fast unmerklich zum vollständigen Halten bringen könnt. Arbeitet daran, das Gefühl für die Bremsen zu verbessern. Ein gefühlvoller Umgang ist wichtig, vor allem, wenn es an Traktion fehlt.

Beim Bremsen muss man entschlossen vorgehen. Einige Piloten beginnen hart zu bremsen und lassen dann das Pedal sukzessive nach, andere gehen genau andersherum vor. Der Schlüssel zum Erfolg liegt im entschlossenen, festen Tritt auf das Pedal während des gesamten Bremsvorgangs.

Der FIA GT Weltmeister des Jahres 1996, James Weaver sagt dazu:

„Wie man vor allem am Anfang auf das Bremspedal treten sollte, hängt von einer ganzen Reihe von Dingen ab. Vor allem zwei Faktoren haben erheblichen Einfluss. Das ist zum einen das Material der Bremsbeläge und zum anderen der aerodynamische Abtrieb. Wenn man mit großem Heckflügel fährt, kann man vor allem bei hohen Geschwindigkeiten sehr stark bremsen. Wenn der Wagen nicht sehr gut verzögert, sollte man als Erstes den Heckflügel verstellen. Wenn beim Bremsen alles schief geht und man kein Vertrauen in den Wagen hat, wird man nie in der Lage sein, vernünftig eine Kurve anzufahren. Es ist dann so gut wie unmöglich, die Ideallinie zu treffen. Also erst die Bremse in Ordnung bringen und dann am Lenkverhalten arbeiten.

Das Material der Bremsbeläge ist sehr verschieden. Für Rundstreckenrennen benötigt man einen Belag mit hervorragendem Ansprechverhalten, geschmeidigem Zugriff und problemlosem Löseverhalten. Einige Beläge vermitteln den Eindruck zu hoher Temperaturanfälligkeit. Tritt man auf die Bremse, geschieht scheinbar erst einmal nichts. Erst mit zunehmender Verzögerung des Wagens verbessert sich dann auch die Wirksamkeit der Bremse, sodass man den Bremsdruck reduzieren muss. Das macht den Wagen schwer beherrschbar.

Bei Rennwagen ist ein Bremsbelag mit einem großen Temperaturbereich sowie gutem Ansprechverhalten sinnvoll, der die Scheiben nicht zu aggressiv packt. Bei den meisten Rennen bleibt wenig Trainingszeit, sodass man sich nicht mit einem superempfindlichen Belag herumschlagen möchte, der viel Einstellungsarbeit verlangt."

## ABS-Bremsen

Meiner Meinung nach ist die ABS-Bremse eines der wichtigsten Sicherheitselemente, das jemals für Serienwagen entwickelt worden ist. Allerdings kam es bisher kaum bei Rennwagen zum Einsatz. Warum? Die Antwort liegt im Regelwerk. Um Kosten zu sparen, ist diese Technik in den meisten Rennserien nicht gestattet. 1992 und 1993 setzten einige Formel-1-Teams ABS ein. Über die Vor- und Nachteile konnte man sich damals kein Urteil bilden, und von 1994 an war die Bremse wieder verboten.

Allerdings kommt ABS bei seriennahen Tourensportwagen zum Einsatz, und hier kann diese Bremse sowohl von Vor- als auch von Nachteil sein. Das Anti-Blockier-System ist eine wunderbare Sicherheitseinrichtung, denn es verhindert das Blockieren der Räder selbst bei stärkstem Bremsendruck. Das zahlt sich vor allem bei Langstreckenrennen aus, wo es auf den stabilen Rundlauf der Reifen ankommt und Unwuchten durch Bremsauswaschungen sehr hinderlich wären.

Andererseits gewöhnt sich mancher Fahrer wegen der mit dem System verbundenen Nachteile nur schwer an das ABS. Oftmals nämlich wird versucht, den Wagen bei einer Kurveneinfahrt über die Traktionsgrenze der Hinterräder hinaus in die Kurve driften zu lassen, und das ist mit ABS unmöglich.

Ich habe einmal ein paar Tage Testfahrten mit einer Serien-Corvette unternommen. Am ersten Tag war es noch trocken, am zweiten regnete es. Wir fuhren jeweils mit ein- und ausgeschaltetem ABS. Im Trockenen war ich ohne ABS mehr als eine halbe Sekunde schneller. Während dieser beiden Tage habe ich viel über die Vor- und Nachteile der ABS-Bremse begriffen.

Es ist wichtig, dass man auch in einem mit ABS ausgerüsteten Rennwagen ein Gefühl für die Bremse entwickelt. Gewöhnt euch an das pulsierende Bremspedal und denkt daran, dass es unmöglich ist, den Wagen in die Kurve driften zu lassen.

### Schräglaufwinkel

Und nun zum Schräglaufwinkel. Wenn ihr die Grafik „Schräglaufwinkel und Traktion" genau betrachtet, werdet ihr feststellen, dass der absolute Grenzbereich bei einem Schräglaufwinkel von sechs bis zehn Grad vorliegt. Nun stellen wir uns das Verhalten von vier verschiedenen Fahrern vor, um die beste Fahrweise anhand der Grafik zu ermitteln.

Angenommen unser erster Fahrer ist noch unerfahren und auf jeden Fall eher konservativ. Er durchfährt die Kurven mit einem konstanten Winkel von zwei bis fünf Grad. Wie man leicht auf der Grafik erkennen kann, haben die Reifen nicht ihre maximale Traktion erreicht. Fahrer Nummer eins fährt nicht am Limit und wird daher langsam unterwegs sein.

Fahrer Nummer zwei hat mehr Erfahrung und ist für seine etwas wildere Fahrweise bekannt. Er jagt den Wagen permanent über die Piste. Doch was bedeutet das? Nun, bei seinen Kurvenfahrten kommt er ständig auf einen Winkel von zehn Grad. Mit anderen Worten: Der Wagen driftet sehr stark. Das mag großartig aussehen, wenn der Wagen durch den gesamten Kurvenverlauf driftet, doch die Grafik zeigt, dass die Reifen in diesem Bereich ihre Traktion verlieren. Außerdem erhöht das Driften die Reifentemperatur, und sind die Pneus erst einmal überhitzt, werden sie weiter an Leistungsfähigkeit einbüßen.

Unsere beiden letzten Piloten fahren mit konstanten Winkeln von sechs bis zehn Grad durch die Kurven. Beide sind sehr schnell. Beide erreichen in etwa die gleiche Geschwindigkeit. Bei beiden sind die Reifen am Limit. Fahrer Nummer drei liegt bei seinen Kurvenfahrten am oberen Ende der Skala um neun bis zehn Grad, während Fahrer Nummer vier bei sechs bis sieben Grad liegt. Die Geschwindigkeiten sind zwar identisch, doch Fahrer Nummer drei driftet ein wenig mehr als Fahrer Nummer vier und heizt seine Reifen deutlich mehr auf.

Beide Piloten liegen anfangs an der Spitze des Feldes, doch im Laufe der Zeit werden die Reifen bei Fahrer Nummer drei sich aufheizen und er wird langsamer. Er wird sich am Ende über seine „nachlassenden Reifen" beklagen. Währenddessen hat der Sieger – Fahrer Nummer vier – einen Winkel von sechs bis sieben Grad bei seinen Kurvenfahrten gewählt und lobt nun den Reifenhersteller für den „großartigen Reifen" und sein Team für die „großartige Abstimmung".

Diese Beispiele sollen deutlich machen, wie sehr es darauf ankommt, gleichmäßig in einem möglichst geringen Schräglaufwinkel zu fahren, der aber zugleich ein Maximum an Traktion ermöglicht.

Auch wenn man es kaum glauben will, der Unterschied von zwei oder zwölf Grad beim Schräglauf schlägt sich in zwei bis drei km/h Geschwindigkeitsunterschied nieder. Man kann sich leicht vorstellen, wie viel Geschicklichkeit, Präzision und Übung notwendig ist, um den Wagen konstant in einem Winkel von sechs bis sieben Grad zu bewegen.

### *ERFOLGSGEHEIMNIS NR. 11:*
*Fahrt in einem möglichst geringen Schräglaufwinkel, der zugleich die maximale Traktion ermöglicht.*

Und jetzt werde ich mir selbst widersprechen. Manchmal muss man bewusst einen Driftwinkel am oberen Ende der Skala wählen. Wenn die Reifen für euren Wagen zu hart sind, weil sie vielleicht für einen anderen Typ entwickelt wurden, oder die Streckentemperatur sehr niedrig ist, fällt es schwer, die Reifen auf die optimale Betriebstemperatur zu bringen. In diesem Fall ist ein wenig mehr Driften durchaus angebracht, um so die Reifen zu erwärmen. Der potenzielle Sieger hat diese Zusammenhänge verinnerlicht, interpretiert die Temperaturverhältnisse entsprechend und passt dann seinen Fahrstil den Bedingungen an.

James Weaver: „Wenn ich den Wagen einstelle, arbeite ich am durchschnitt-

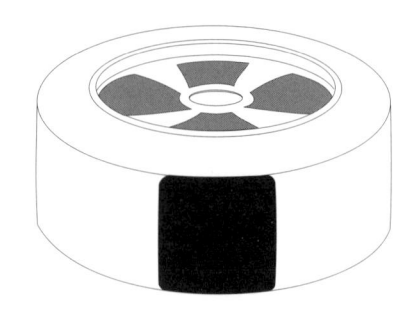

*Die Kontaktfläche des Reifens mit der Strecke.*

lichen Grip der Reifen, nicht an der Verbesserung ihres Maximums. Auf der Strecke ist man die meiste Zeit mit minimalem Grip unterwegs, und man wird schneller je mehr man dieses normale Niveau verbessert. Das ist die beste Strategie für ein Rennen. Im Training kann man mal eine Runde zaubern, indem man den Wagen nervös einstellt und die Kurven wirklich blitzschnell nimmt. In dieser Situation nutzt man dann den maximalen Grip neuer Reifen, fährt die Biegung so schnell wie möglich an, um sich dann aus der Kurve heraus driften zu lassen."

**Reifenaufstandsfläche**
Die vier Reifenaufstandsflächen sind die einzigen Kontakte, die den Wagen mit der Fahrbahn verbinden. Je größer die Fläche, desto mehr Traktion kann der Reifen aufbauen. Indem man die Reifenbreite vergrößert, steigt auch die Kontaktfläche. Doch leider wird die Reifengröße meistens von den Regeln genau definiert.

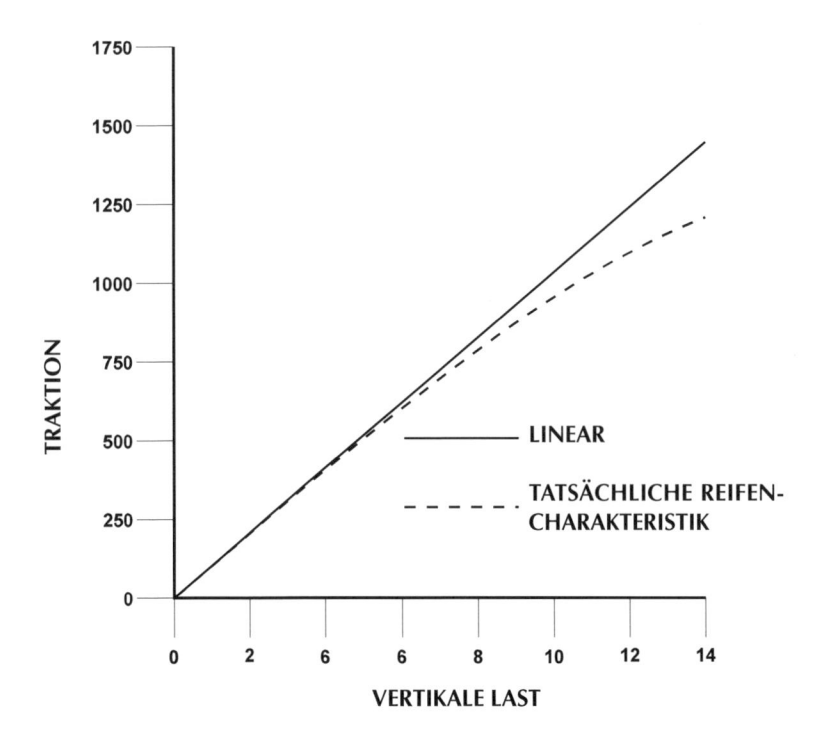

*Vertikale Last in Relation zur Traktion.*

## Vertikale Last

Die auf einen Reifen einwirkende Last wird nicht vom Regelwerk der Rennveranstalter erfasst, hat aber einen großen Einfluss auf die Reifenaufstandsfläche. Indem man diese Last vergrößert, steigt der Druck auf diese Fläche und damit gleichzeitig auch das Traktionslimit des Reifens, allerdings mit der Gefahr der Überlastung.

Bevor also zusätzliches Gewicht in den Wagen gepackt wird, um so zu mehr Traktion zu kommen, das Für und Wider abwägen. Ja, das zusätzliche Gewicht verbessert die Traktionseigenschaften der Reifen, doch gleichzeitig wächst auch deren Belastung. Tatsächlich sogar schneller als die Traktion zunimmt, wie die Grafik überzeugend darlegt. Die Folge ist eine Verschlechterung der Seitenführung und damit der Kurventauglichkeit. Deswegen ist ein leichter Wagen im Allgemeinen leichter beherrschbar als ein schwerer.

Doch es gibt zum Glück ja noch die Aerodynamik. Der Abtrieb vergrößert die vertikale Last, ohne die Reifen zu belasten. Daher verbessert der aerodynamische Abtrieb immer die Kurveneigenschaften eines Rennwagens.

*Bei ausreichender Balance ist die Traktion gleichmäßig auf alle vier Räder verteilt.*

Beim Beschleunigen verlagert sich die Last nach hinten und erhöht dort die Traktion der Reifen.

Beim Bremsen verlagert sich die Last nach vorne und erhöht dort die Traktion der Reifen.

Bei Kurvenfahrten verlagert sich die Last an die Außenseite und erhöht dort die Traktion, während sie sich bei den anderen Reifen verringert.

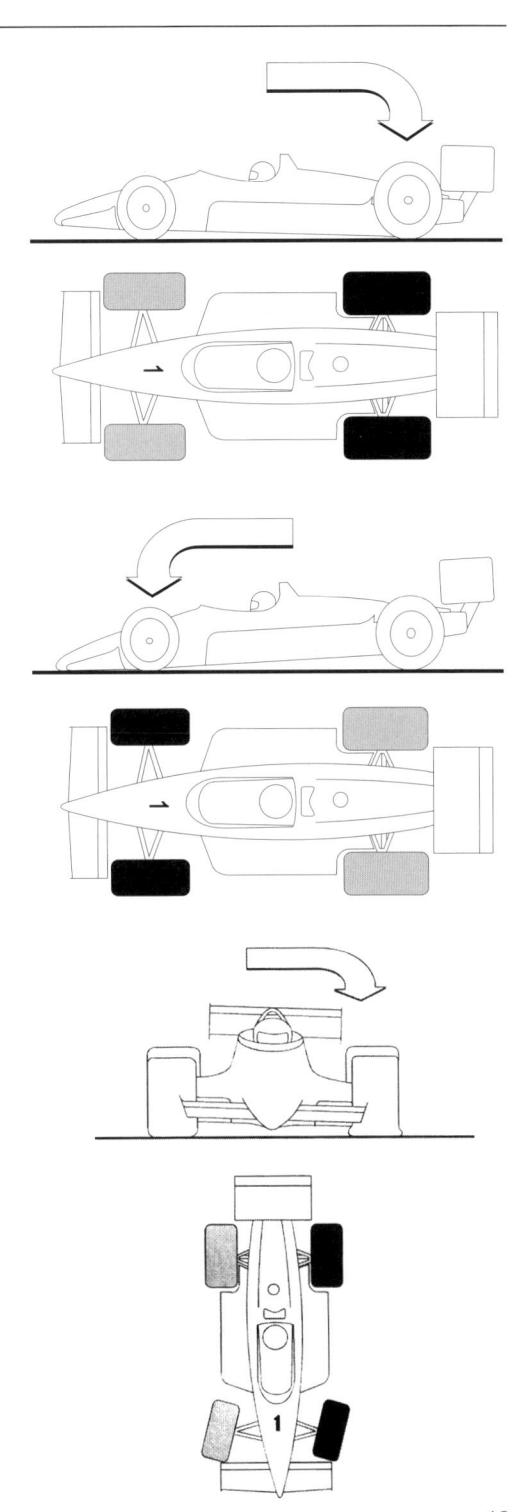

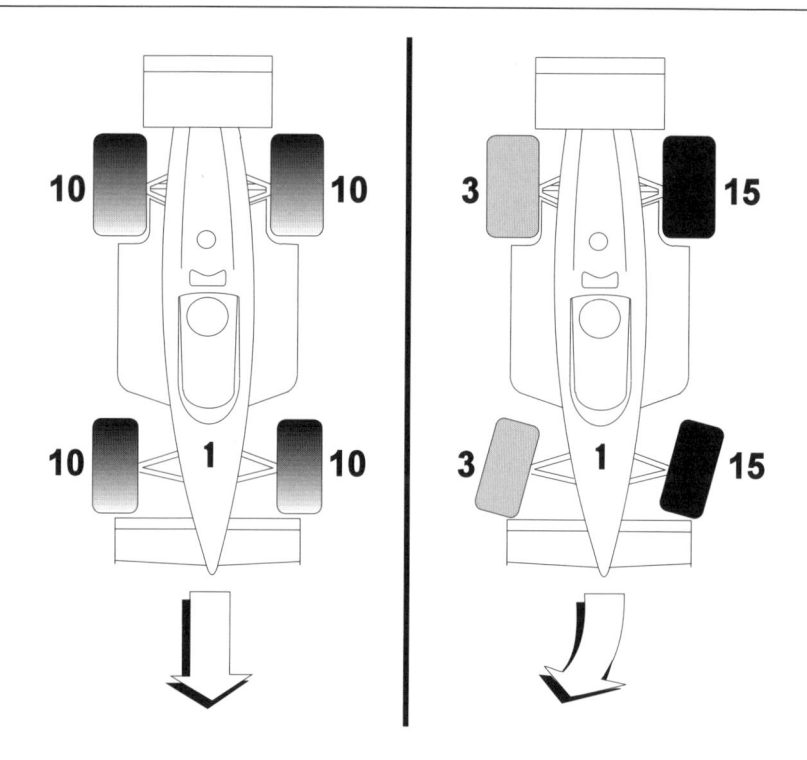

*Dieses Beispiel zeigt die Verteilung der Traktionseinheiten beim Lastentransfer. Je besser die Balance, desto mehr Traktion steht zur Verfügung, was sich wiederum in einer höheren Geschwindigkeit niederschlägt.*

## Gewichtsverlagerung

Einer der Schlüssel für das erfolgreiche Fahren an der Grenze der Leistungsfähigkeit eines Wagens ist seine technische Ausgewogenheit. In diesem Fall verstehen wir unter dieser Balance, die harmonische Verteilung des Gewichts des Wagens über alle vier Räder. Ein so konfigurierter Wagen maximiert die Traktion der Reifen. Je mehr Traktion ein Wagen aufweist, desto beherrschbarer ist er, und desto schneller kann man fahren.

Sicherlich ist allgemein bekannt, dass ein Wagen beim Beschleunigen im Heck einknickt. Das geschieht, weil ein Teil des Gewichtes nach hinten verlagert wird (siehe die entsprechenden Illustrationen). Beim Bremsen taucht der Wagen vorne ein – ein Teil des Gewichts hat sich nach vorne verlagert. In der Kurve verlagert sich das Gewicht zur Außenseite, der Wagen neigt sich dem entsprechend. Das Gesamtgewicht hat sich dabei nicht verändert, nur die Verteilung hat sich verändert.

Wenn der Wagen beschleunigt, und das Gewicht nach hinten verlagert wird, vergrößert sich die Kontaktfläche der hinteren Reifen und die Traktion in diesem

Bereich wird besser. Beim Bremsen geschieht das Gegenteil und die Traktion der Vorderreifen verbessert sich. Bei Kurvenfahrten verlagert sich das Gewicht zur Außenseite, was die Traktion dieser Reifen steigen lässt.

Jedoch – und das ist wichtig zu verstehen: Wenn die Gewichtsverlagerung zu einer Verbesserung der Traktion an zwei Reifen führt, verschlechtert sie diese gleichzeitig bei den beiden anderen. Unglücklicherweise hat dies einen allgemeinen Traktionsverlust zur Folge.

Ihr müsst und könnt die Vorteile dieser Gewichstverlagerungen zu euren Nutzen einsetzen.

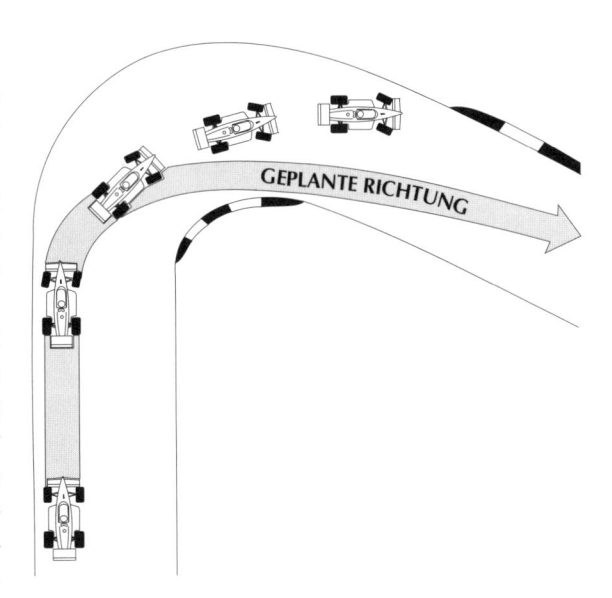

*Ein untersteuernder Wagen lässt sich nicht in die geplante Richtung bewegen, er „drückt" nach außen.*

## Traktionseinheiten

Wenn man die Traktion, über die jeder Reifen verfügt, einteilen würde, käme man zu Traktionseinheiten. Das nur zur Erklärung. Tatsächlich gibt es keine derartigen Einheiten.

Ein stehender oder mit konstanter Geschwindigkeit fahrender Wagen hat angenommen zehn Traktionseinheiten (siehe Grafik S. 48). Das ergibt insgesamt vierzig Einheiten, die den Wagen auf der Strecke halten. In der Kurve verlagert sich das Ge-

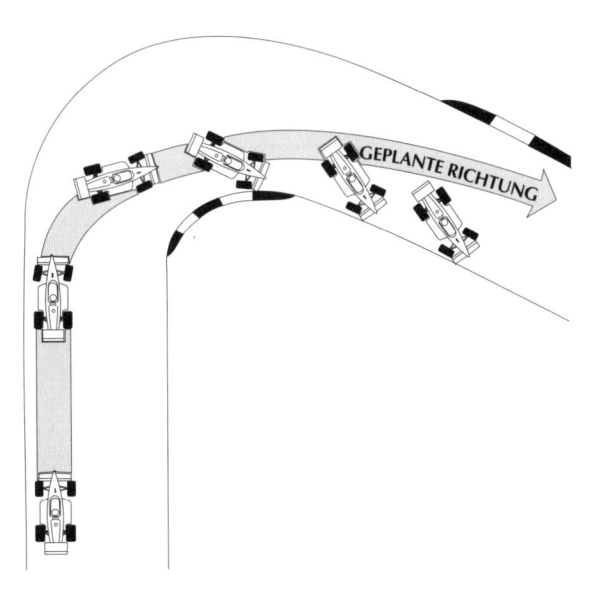

*Ein übersteuernder Wagen dreht sich mehr als gewünscht auf der geplanten Richtung. Er dreht ein.*

wicht auf die Außenseite, die vertikale Last der Reifen nimmt wie auch die Traktion zu, was fünfzehn Einheiten ergibt. Gleichzeitig verlieren die anderen Reifen an Last und Traktion und erreichen nur noch jeweils drei Einheiten. Insgesamt ergibt das 36 Einheiten, also weniger als vor der Kurve zur Verfügung standen.

Wie wir bereits gelernt haben, beeinflusst die vertikale Last die Traktion nicht in linearer Weise. Wenn die Last auf dem Reifen zunimmt, verbessert sich auch schon die Traktion, allerdings nicht parallel zur Last. Und umgekehrt bei abnehmender Last, verringert sich die Traktion schneller. Je größer die Gewichtsverlagerung, desto weniger Traktion erreicht der Wagen.

## Gleichgewicht

Es ist unmöglich, einen Wagen ohne Gewichtsverlagerungen zu fahren. Bei jedem Beschleunigen, Bremsen oder Kurvenfahrten kommt es dazu. Doch je geringer diese Gewichtsverlagerungen ausfallen, desto mehr Traktion kann der Wagen aufbauen.

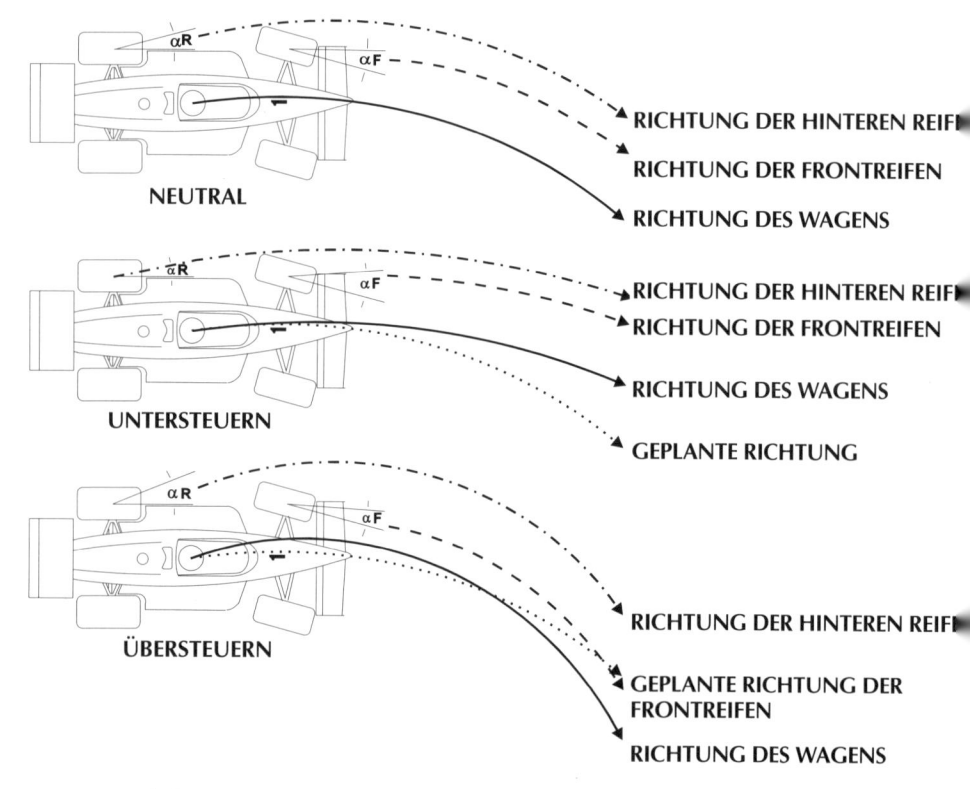

**NEUTRAL**
→ RICHTUNG DER HINTEREN REIFEN
→ RICHTUNG DER FRONTREIFEN
→ RICHTUNG DES WAGENS

**UNTERSTEUERN**
→ RICHTUNG DER HINTEREN REIFEN
→ RICHTUNG DER FRONTREIFEN
→ RICHTUNG DES WAGENS
→ GEPLANTE RICHTUNG

**ÜBERSTEUERN**
→ RICHTUNG DER HINTEREN REIFEN
→ GEPLANTE RICHTUNG DER FRONTREIFEN
→ RICHTUNG DES WAGENS

*Ein neutral abgestimmter Wagen hat vorne und hinten den gleichen Schräglaufwinkel. Beim Untersteuern ist der Schlupf vorne größer, und ein übersteuernder Wagen hat einen größeren hinteren Schlupf.*

Das Ziel muss also stets sein, den Wagen so zu bewegen, dass sich seine Massen möglichst gleichmäßig auf alle vier Räder verteilen. Mit anderen Worten: Sorgt für einen ausgewogenen Zustand! Wie? Indem ihr flüssig fahrt. Dreht das Lenkrad so langsam und wenig wie möglich. Wenn ihr das Lenkrad förmlich in eine Kurve reißt, neigt sich der Wagen stark und das Gewicht wird entsprechend verlagert. Wenn man eine Kurve ruhig anfährt, wird sich der Wagen nicht so stark neigen. Das Gleiche gilt auch für den Umgang mit Gas und Bremse.

Zu Erinnerung: Je größer die Gewichtsverlagerungen, desto weniger Traktion können die Reifen aufbauen. Und die wichtigste Rolle bei der Beherrschung der Gewichtsverlagerung und der Verbesserung der Traktion spielt der Pilot.

Gewichtsverlagerung und Gleichgewicht üben ihren Einfluss auch auf das Handling aus und tragen entscheidend zum Fahrverhalten (Untersteuern, Übersteuern beziehungsweise neutrales Verhalten) bei.

**Untersteuern**

Untersteuern nennt man den Effekt, bei dem die vorderen Reifen weniger Traktion besitzen als die hinteren und der Wagen trotz aller Korrekturversuche geradeaus in Richtung äußeren Bogen der Kurve schiebt. Untersteuern vergrößert also den gefahrenen Radius in der Kurve. Ursache sind eine zu starke Beschleunigung und die dadurch verursachte Gewichtsverlagerung auf die Hinterräder. So geht vorn die Traktion verloren.

Die meisten Piloten reagieren zuerst mit einem größeren Lenkradeinschlag. Macht dies auf keinen Fall! Dadurch wird das Problem nur verstärkt, denn die Reifen sind nicht für einen derart extremen Winkel ausgelegt. Die Reifen sollen mit ihrer gesamten Lauffläche Kontakt zur Fahrbahn haben und nicht nur mit den Seitenflanken. Ein solches Manöver würde also die Traktionsfähigkeit der Reifen weiter verringern.

Um ein Untersteuern in den Griff zu bekommen, muss man zunächst das Lenkrad kurz locker loslassen und gleichzeitig das Gas leicht zurücknehmen. So verringert sich die Geschwindigkeit und die Traktion der vorderen Reifen wird wieder besser. Ist die Traktion wieder aufgebaut und das Untersteuern unter Kontrolle gebracht, kann erneut leicht beschleunigt werden. Natürlich beeinträchtigt dieses Manöver die Geschwindigkeit auf der anschließenden Geraden. Also sollte man von vornherein mit Bedacht beschleunigen.

**Übersteuern**

Beim Übersteuern haben die hinteren Reifen weniger Traktion als die vorderen, das Heck beginnt nach außen zu driften, und die Front des Rennwagens steuert die Kurveninnenseite an. Der Wagen dreht sich mehr als vom Piloten gewünscht und verkleinert den in der Kurve durchfahrenen Radius.

Wenn man bremsend in eine Kurve einlenkt oder in einer Kurve vom Gas geht, wird das Gewicht nach vorne verlagert, das Heck wird leichter und Traktion geht verloren. Das Ergebnis: Übersteuern.

Wird ein Wagen mit Heckantrieb zu stark beschleunigt, kommt es ebenfalls zum Übersteuern. Dabei wird das Traktionsvermögen der hinteren Reifen ausschließlich für das Beschleunigen eingesetzt, sodass nichts mehr für die Kurvenführung übrig bleibt. Um diesen Effekt zu vermeiden, muss man rechtzeitig den Fuß vom Gas nehmen.

Man kann aber auch das Übersteuern zum eigenen Vorteil nutzen, indem man den Wagen bewusst zum Driften bringt und so den Radius der Kurve verkleinert. Zusätzlich nimmt man den Fuß leicht vom Gas, um noch mehr Traktion auf die Heckräder zu verlagern. Allerdings sollte man dabei ein plötzliches Bremsen vermeiden, weil dies unausweichlich zu einem Dreher führen wird.

**Neutrales Steuern**
Bei einem neutralen Steuerverhalten würden die vorderen und hinteren Reifen bei der gleichen Geschwindigkeit oder im gleichen Driftwinkel im gleichen Maße an Traktion verlieren. Dieser Zustand der Ausgewogenheit, auch „Vier-Räder-Drift" genannt, ist das Ideal, nach dem die Piloten suchen, wenn sie das Fahrwerk konfigurieren.

Ich liebe das Gefühl, wenn ich die Balance des Wagens mit dem Gaspedal kontrolliere und am Limit durch eine schnelle Kurve fahre. Beginnt der Wagen zu übersteuern, kontere ich durch verstärktes Beschleunigen, sodass zusätzlich Masse ins Heck verlagert wird. Einem Untersteuern begegne ich, indem ich leicht vom Gas gehe und so der Front ein wenig mehr Grip verschaffe. Wenn alles stimmt, haben alle Räder den gleichen Schlupf und der Wagen durchfährt die Kurve absolut neutral.

In der Praxis bevorzugen die meisten Fahrer in schnellen Kurven aus Gründen der Fahrsicherheit ein geringes Untersteuern. Bei langsamen Kurven hingegen setzen sie auf ein leichtes Übersteuern, um den Boliden problemlos durch die Kurve zu bringen.

**Schnelle Stabilisierung**
Wenn der Wagen seine Chassisbewegungen zur Gewichtsverlagerung abgeschlossen hat, ist er am stabilsten und kann dann am besten an seinem technischen Limit gefahren werden. Wie schnell dieser Effekt in einer Kurve eintritt, hängt zum einen von der Einstellung der Stoßdämpfer und zum anderen vom Fahrstil ab. Je schneller die Gewichtsbalance sich einpendelt, desto schneller stabilisiert sich der Wagen und um so schneller kann man dann die Grenzen ausreizen. Das schlägt sich in einer entsprechend höheren Geschwindigkeit nieder.

Warum? Man erinnere sich an die Traktionseinheiten. Während der Gewichtsverlagerung ist die Traktion der Reifen reduziert. Ist die Gewichtsverlagerung abgeschlossen und hat sich der Wagen stabilisiert, ist die volle Traktion verfügbar. Wenn man nicht für eine schnelle Gewichtsverlagerung sorgt, wartet man während der Kurvenfahrt auf die Stabilisierung des Wagens und die Traktion. Auch wenn man unruhig durch eine Kurve fährt, wird sich der Wagen nur schwer stabilisieren. Kurvenfahrten mit sich ständig ändernden Traktionswerten sind sehr schwer zu beherrschen.

Bevor man nun aber auf die Idee kommt, die Gewichtsverlagerung mit hektischen Aktionen voranzutreiben, sollte man sich noch einmal an die Traktionseinheiten erinnern. Wer den Wagen in die Kurve reißt, wird eine zusätzliche Gewichtsverlagerung provozieren, mit der Folge einer noch schlechteren Traktion. Das Ziel muss also sein, den Wagen so schnell wie möglich in der Kurve zu stabilisieren (die maximale Gewichtsverlagerung zu erreichen und zu halten), ohne zusätzliche Aufbauschwankungen zu verursachen. Das bedeutet zügigen, genauen und bewussten Umgang mit dem Wagen.

## Dynamisches Gleichgewicht

Bei der Suche nach der Balance des Wagens gibt es das von mir so genannte dynamische Gleichgewicht. Die wenigsten Wagen haben eine Gewichtsverteilung von 50/50. Die meisten Rennwagen mit Mittelmotor kommen auf eine Verteilung von 40 Prozent vorne und 60 Prozent im Heck, was eigentlich fast die perfekte Verteilung für einen Rennwagen ist.

Seriennahe Sportwagen mit Frontantrieb nähern sich im Allgemeinen einer Verteilung von 65 Prozent vorne und 35 Prozent hinten. Nur wenige Rennwagen erreichen tatsächlich eine 50/50-Verteilung.

Der Pilot muss durch seine Geschicklichkeit die ungleichmäßige Gewichtsverteilung kompensieren und ein neutrales Fahrverhalten, kein Über- oder Untersteuern, sicherstellen. Egal, ob das Gewicht in der Schnauze oder im Heck etwas höher ist, der Fahrer muss für einen dynamisch perfekt ausgeglichenen Wagen sorgen.

Nehmen wir einmal an, der Wagen hat eine Gewichtsverteilung von 40 Prozent vorne und 60 Prozent hinten und ist so ausgelegt, dass er im Grenzbereich zum Übersteuern neigt, absichtlich oder weil die richtige Fahrwerksabstimmung noch nicht gefunden wurde. Fährt man nun mit diesem Wagen durch eine 160-km/h-Kurve, weiß man genau, er könnte bei geringerer Übersteuerung schneller sein. Um das Übersteuern also zu verringern, ist eine Gewichtsverlagerung nach hinten nötig. Die wird durch leichtes Gasgeben erreicht. Das verändert die Gewichtsverteilung auf 35 Prozent vorne und 65 Prozent hinten, und das entspricht dann einem dynamischen Gleichgewicht.

## Bremskraftverteilung

Mit dem Wissen über die Gewichtsverteilung im Hinterkopf betrachten wir die Einstellung der Bremskraftverteilung. Die Bremskräfte verteilen sich nicht gleichmäßig auf alle vier Räder. Wegen der Gewichtsverlagerung nach vorne beim Bremsen übernehmen die vorderen Bremsen die Hauptlast. Die Bremskräfte verlagern sich nach vorne. Daher haben alle Fahrzeuge vorne größere Bremsen als hinten.

Deshalb wird man die Bremsen so einstellen, dass die vorderen eher blockieren als die hinteren. So schafft man stabilere Verhältnisse und registriert zudem besser, wenn der Wagen ins Rutschen gerät. Wenn die Vorderreifen die Haftung verlieren, merkt man das sofort in der Lenkung. Außerdem würde der Wagen ins Schleudern geraten, wenn die hinteren Bremsen zuerst blockieren.

Unterschiedliche Verhältnisse verlangen jedoch nach einer unterschiedlichen Verteilung der Bremskräfte. Bei Regen kann man die Verteilung ein wenig nach hinten verschieben (weniger Traktion verringert die Gewichtsverlagerung nach vorne). Einige Wagen verändern ihr Fahrverhalten auch, wenn der Benzinvorrat während des Rennens kleiner wird. In dieser Situation ist eine vom Fahrer einstellbare Bremskraftverteilung wünschenswert.

So gut wie alle Rennwagen haben diesen Mechanismus. Bei Serienwagen muss man allerdings mit der vom Hersteller vorgesehenen Verteilung leben.

## Aerodynamik

Die Aerodynamik spielt erst bei relativ hohen Geschwindigkeiten eine größere Rolle. Nur sehr erfahrene und sensible Piloten werden bei weniger als 100 km/h die Effekte der Aerodynamik spüren. Doch darüber zeigt die Aerodynamik ihre ganze Wirkung und beeinflusst das Fahrzeughandling. Daher empfiehlt es sich, so viel wie möglich darüber zu lernen, um die Auswirkungen richtig zu verstehen.

Einfach ausgedrückt beschäftigt sich der Pilot lediglich mit zwei Aspekten: Strömungswiderstand und Auftrieb (negativer wie positiver Auftrieb). Strömungswiderstand ist der Luftwiderstand des Wagens, der ihn langsamer macht. Auftrieb bezeichnet jenen Effekt, den die Luft auf den Gewichtsfaktor des Wagens hat. Positiver Auftrieb lässt Flugzeuge in die Lüfte starten. Negativer Auftrieb ist bei Fahrern besonders beliebt, weil er dafür sorgt, dass der Wagen den Kontakt mit der Strecke nicht verliert.

Die Aerodynamik kann das Gleichgewicht des Wagens beeinflussen und ihn entweder zum Unter- oder Übersteuern bringen. Mitunter untersteuert ein Wagen bei relativ geringer Geschwindigkeit und beginnt bei hohen Geschwindigkeiten zu übersteuern. Das Untersteuern ist in diesem Fall das Ergebnis der Fahrwerkseinstellung. Doch bei steigenden Geschwindigkeiten beeinflussen das Design der Karosserie (und falls vorhanden der Flügel) die Situation. Ein Fahrzeug mit größerem Abtrieb vorne als hinten, verfügt über mehr Traktion an den vorderen Reifen, was bei hoher Geschwindigkeit zum Übersteuern führt. Es ist wichtig, dass man den Unterschied zwischen Veränderungen im Fahrverhalten, die durch Fahrwerkseinstellungen und jenen, die durch die Aerodynamik verursacht werden, nachvollziehen kann.

Der Ausgleich zwischen Fahrwerk und Aerodynamik ist das letztendliche Geheimnis der Fahrwerksabstimmung. Viele Stunden verbringt man erst einmal damit, den Wagen für die langsamen Kurven zu optimieren. Dann kommt die Aerodynamik für die ultimative Abstimmung zwischen Auftriebskräften und Strömungswiderstand ins Spiel. Unglücklicherweise bedeutet mehr Abtrieb (höhere Kurvengeschwindigkeiten) eine geringere Geschwindigkeit auf der Geraden. Das Verhältnis von Ab- und Auftrieb ist immer ein Kompromiss.

James Weaver: „Bei Rundstreckenrennen kommt man nur sehr selten zu besseren Ergebnissen, wenn die Flügelstellung reduziert wird. Ein staunender Blick auf das Datenblatt offenbart, wie gering der Vollgasanteil ist. Die Einstellungen hinsichtlich der Aerodynamik sind also der wichtigere Faktor. Es ist einen Versuch wert, den Flügel zur Verbesserung der Renndynamik zu reduzieren. Doch wenn man noch immer nicht an seinen Konkurrenten vorbei kommt, sollte man auf die maximale Flügeleinstellung oder auf spätes Bremsen setzen. Wenn man gegen einen Wagen antritt, der einen geringeren Abtrieb als man selbst hat, kann es unmöglich sein, auf der Geraden nahe genug heranzukommen, um ihn auszubremsen. Doch wenn die Reifen nachlassen, kann sich diese Situation dramatisch zu unseren eigenen Gunsten ändern. Ich stimme meinen Flügelbesatz immer auf halbleeren Tank und Reifen ab, die ihren optimalen Grip bereits hinter sich haben. Je länger ein Rennen dauert, desto weniger Sinn macht es, mit wenig Heckflügel zu fahren. Da werde ich sehr vorsichtig."

Ein anderer wichtiger Faktor sind die Auswirkungen des vorausfahrenden Wagens auf das Handling und die Geschwindigkeit des Verfolgers. Wenn der führende Wagen sich gegen die Luft stemmt, kann der zweite Wagen von diesem Windschatten profitieren, schneller werden oder aber Sprit sparen, da weniger Gasgeben für die Geschwindigkeit nötig ist.

Es kommt noch ein anderer häufig vergessener Faktor ins Spiel. Rennwagen mit Flügeln benötigen einen ausreichenden Luftstrom für den Abtrieb. Wird diese Anströmung durch den vorausfahrenden Wagen beeinträchtigt, verringern sich auch die Kurvenqualitäten des folgenden Wagens. Daher sieht man immer wieder, wie sich ein Wagen schnell nähert, dann aber Schwierigkeiten hat zu überholen. Allein auf der Strecke ist er schneller, doch wenn der Luftstrom nachlässt, verliert er an Speed. Als Fahrer muss man sich dessen bewusst sein und darf nicht zu dicht auffahren, wenn man einem anderen Wagen folgt. Am besten ist es in diesen Fällen, sich etwas zurückfallen zu lassen, um dann den richtigen Augenblick abzupassen und auf der Geraden vorbeizuziehen.

Als ich das erste Mal einen Rennwagen fuhr, wollte ich nicht glauben, welchen Einfluss die anderen Wagen auf das Handling meines Boliden hatten. War ein Wagen vor mir, hatte ich nicht genügend Luftdruck, und mein Wagen untersteuerte. Setzte mir ein Wagen dicht nach, beeinflusste das ebenfalls die Strömungsverhältnisse des Heckflügels, und mein Bolide übersteuerte. Ich lernte ziemlich schnell, die Positionen der anderen Wagen zu registrieren und einzuschätzen, wie sie meinen Wagen beeinflussen würden. Das trifft übrigens nicht nur bei Rennwagen zu. Jeder Wagen benötigt Abtrieb und wird auf die eine oder andere Weise beeinflusst.

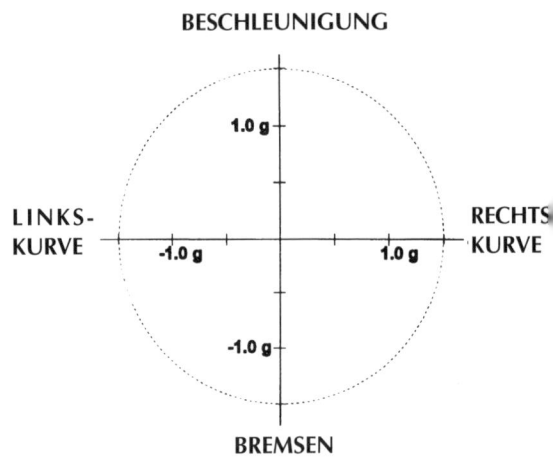

*Der Traktionskreis ist eine einfache Grafik, mit der die Fliehkräfte gezeigt werden, die auf einen Wagen einwirken. In diesem Fall liegt das theoretische Limit bei 1,5*

## Geschicklichkeit

Wie bereits mehrfach erwähnt, ist ein ausgeglichener Wagen einer der wichtigsten Aspekte beim Fahren. Immer wenn zwei Reifen ungleichmäßig rollen, verlieren sie Traktion. Daher will man so wenig Gewichtsverlagerung wie möglich haben. Doch wie? Indem man rund fährt. Je weniger abrupt man auf die Bremsen tritt, das Lenkrad bewegt oder das Gaspedal einsetzt, desto runder die Fahrt und je mehr Traktion steht dem Wagen zur Verfügung. In anderen Worten: Gebraucht die Traktionskräfte, die von den Reifen bereit gestellt werden, mit Gefühl.

Ihr habt gesehen, wie wichtig die Beherrschung der Gewichtsverlagerung ist, und wie ihr das erreichen könnt. Doch muss das auch mit äußerster Reibungslosigkeit erreicht werden. Wenn man das Lenkrad in eine Kurve reißt, wird sofort zusätzliches Gewicht auf die äußere Seite des Wagens verlagert, was wiederum die gesamte Traktion verringert. Man muss dann erst warten, bis sich das Gleichgewicht des Wagens wieder eingestellt hat, er wieder ausgeglichen ist, bevor man die Kurve mit maximal möglicher Geschwindigkeit nehmen und herausschleunigen kann. Das ist Zeitverschwendung.

*ERFOLGSGEHEIMNIS NR. 12:*
*Geschickt ist schnell.*

Der Wagen sollte die ganze Zeit so rund wie möglich gefahren werden. Trainiert das bei euren täglichen Fahrten. Tretet nicht das Gaspedal mit einem Schlag durch, sondern drückt es zügig herunter und nehmt den Fuß ebenso gleichmäßig auch wieder vom Gas. Tretet nicht brutal auf die Bremsen, sondern mit Gefühl, aber ohne Zögern bis zur höchsten Leistung. Reißt nicht am Lenkrad. Lasst die Hände sanft dem Ziel folgen, das die Augen vorgeben. Haut die Gänge nicht einfach rein, sondern schaltet leicht und mit Geschick.

Berücksichtigt, dass jeder Reifen nur über eine bestimmte Traktion verfügt. Wenn ihr diesen Punkt überschreitet, wird der Wagen rutschen oder schleudern. Je runder die Fahrweise, um so einfacher ist es, in diesen Traktionsbreichen zu bleiben. Mit anderen Worten: Wenn ihr euch einer Kurve nähert und das Lenkrad abrupt in deren Richtung reißt, in Panik auf die Bremse steigt, dann haben die Reifen keine Chance, ihre optimale Traktion aufzubauen. Schleudern oder Drehen ist dann die Folge.

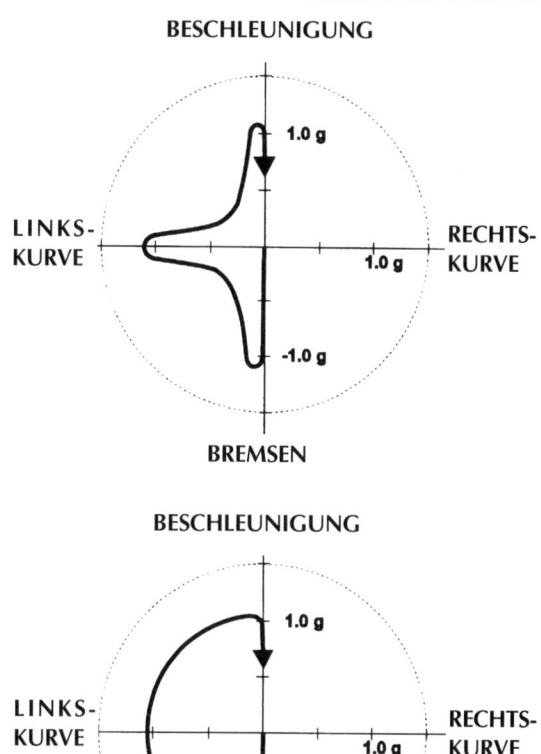

Diese beiden Grafiken beschreiben die zwei Arten, mit denen man eine Kurve durchfahren kann. In der Grafik oben bleibt ein Großteil der Reifentraktion ungenutzt. So wird Zeit verschwendet. Die untere Grafik zeigt die korrekte Art, diese Kurve zu durchfahren. Das volle Traktionspotenzial der Reifen wird genutzt.

Stellt euch den Traktionsgrenzbereich wie eine Schnur vor. Wenn man allmählich und gleichmäßig an beiden Enden zieht, benötigt man viel Kraft, um sie zu zerreißen. Wenn man kräftig zerrt, zerreißt sie mit wesentlich weniger Kraftaufwand – genau so verhält sich der Traktionsgrenzbereich eines Reifens.

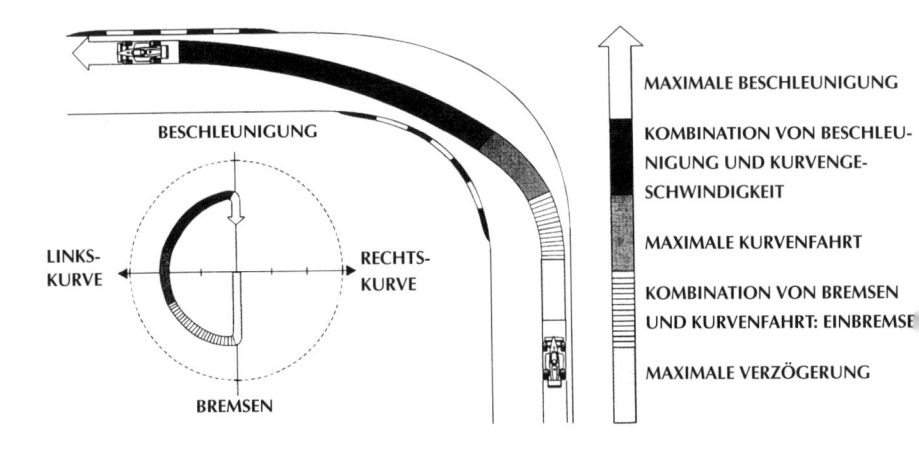

*Diese Illustration zeigt die Beziehung zwischen der Kurvenfahrt und der Traktionskreisgrafik.*

## ERFOLGSGEHEIMNIS NR. 13:
## Baut die Seitenführungskräfte des Reifens in Kurven allmählich auf.

Alles, was man hinter dem Lenkrad macht, muss gleichförmig ausgeführt werden. Dreht das Lenkrad so gleichmäßig wie möglich, wenn ihr in eine Kurve fahrt. So wird die Kurve rund. Beim Bremsen steigt man ebenfalls gleichmäßig auf das Pedal und tritt nicht mit Gewalt zu. Glaubt mir, wenn man die Bremse mit Gefühl herunterdrückt, wird man schneller und sicherer zum Stillstand kommen, als wenn man schnell mit voller Wucht auf das Pedal geht. Das gilt auch für den Umgang mit dem Gaspedal. Selbst wenn es noch so schnell gehen soll.

Es ist besser, gelassen zu sein als hektisch. Geschwindigkeit kommt mit der Übung – indem man gelassenes Fahren übt, natürlich. Es ist ein Fehler zu versuchen, schnell zu fahren, bevor man gelernt hat, rund zu fahren. Ihr werdet niemals richtig schnell werden, wenn ihr nicht zuerst gelernt habt, gelassen zu sein.

### In die Kurve einbremsen – Bremsen schleifen
Bei dieser Technik bremst man kontinuierlich, während man bereits in die Kurve einlenkt. Mit anderen Worten: Man bremst und lenkt gleichzeitig in die Kurve. Dafür gibt es einen speziellen Grund, der beim folgenden Thema Traktionskreis erläutert wird.

Den Schülern meiner Rennschule sage ich gerne spaßeshalber, mit schleifenden Bremsen zu fahren ist etwa so, als würde man durch einen dichten Wald rasen wollen. Ich bin mir sicher, niemand nimmt das wirklich ernst!

## Traktionskreis

Der Traktionskreis ist ein einfaches und anschauliches Mittel, um die Leistung eines Fahrers zu zeigen. Im Prinzip ist es eine Koordinatenanordnung, die von einem Datenerfassungssystem erstellt wird und in dem die Fliehkräfte dargestellt werden, die auf einen Wagen beim Bremsen, Beschleunigen und Kurvenfahrten einwirken.

Zunächst sollten wir die Maßeinheiten definieren: Ein g entspricht dem einfachen Gewicht des Wagens. Bei einem zwei Tonnen wiegenden Wagen wirken also zum Beispiel bei einer Kurvenfahrt, bei der ein g wirksam wird, Fliehkräfte in Höhe von zwei Tonnen.

Nun muss man bedenken, dass ein Reifen in alle Richtungen ziemlich gleiche Traktionsgrenzwerte erreicht, die bei allen Fahrzuständen, sagen wir einmal, bei 1,1 g liegen. Mit anderen Worten, die Kombination von Wagen und Reifen ist imstande, beim Bremsen, Kurvenfahren oder Beschleunigen 1,1 g zu verkraften, ehe der Wagen ausbricht und zu schleudern beginnt. Wird die Traktion des Reifens überschritten, beginnt der Wagen zu schlingern und wird langsamer, oder, wenn man die Kontrolle verliert, dreht er sich. Wenn man auf der anderen Seite aber nicht das ganze Potenzial des Reifens ausschöpft, wird man zu langsam sein.

Die Fliehkräfte werden aufgezeichnet, während man durch eine Kurve fährt. Ist die Fahrtechnik tadellos, folgt die Linie einem Kreis – eben dem Traktionskreis. Das ist der Beweis für die volle Nutzung des Reifenpotenzials.

Beim Übergang von einer Fliehkraftrichtung zur nächsten, also vom Bremsen zur Kurvenfahrt, gibt es zwei Möglichkeiten den Grenzbereich auszunutzen (wie die Grafiken auf S. 56 bis 58 zeigen). Man kann, wenn das Ende der Bremszone (wo man 1,1 g erreicht hat) erreicht ist, plötzlich die Bremsen lösen und in die Kurve einlenken (und so dort 1,1 g Kurvenfliehkraft aufbauen). Die zweite Möglichkeit besteht darin, die Bremsen allmählich frei zu geben, während man den Lenkwinkel ständig vergrößert. Dabei gehen die Phasen Bremsen und Kurvenfahrt fließend ineinander über.

Im ersten Fall befindet sich der Wagen einen kurzen Moment, vielleicht nur den Bruchteil einer Sekunde, in einem Bereich, in dem die Reifen nicht an ihrem Limit sind. Sie werden nicht mit ihrem vollen Potenzial genutzt. Das verschwendet Zeit, und sei der Moment noch so kurz, weil der Wagen nicht fließend vom Bremsen auf der Geraden in die Kurve gebracht wird. Das zweite Beispiel, das die kontinuierliche Kräfteverteilung zeigt, ist die wesentlich schnellere Fahrweise. Es ist zugleich auch die unspektakulärste Art Traktion aufzubauen, was, wie wir inzwischen wissen, größere Kurvengeschwindigkeiten erlaubt. Man muss also den Fuß langsam von der Bremse nehmen, wenn man in die Kurve einfährt.

Am besten ist, mit hundert Prozent des Traktionsbereichs (1,1 g) auf der Geraden zu bremsen, dann wird die Bremse allmählich gelöst und die beim Bremsen wirkenden Fliehkräfte werden durch die Kurvenkräfte ersetzt (neunzig Prozent Bremsen, zehn Prozent Kurvenfahrt; dann 75 Prozent Bremsen, 25 Prozent

Kurvenfahrt; fünfzig Prozent, fünfzig Prozent etc.), bis man das Limit erreicht hat und hundert Prozent der Traktion für die Kurve (1,1 g) nutzt. Beim Herausbeschleunigen kommt es ebenfalls darauf an, wieder abgestuft die volle Traktion der Reifen zu nutzen (neunzig Prozent Kurvenfahrt, zehn Prozent Beschleunigung; 75 Prozent Kurvenfahrt, 25 Prozent Beschleunigen; fünfzig Prozent Kurvenfahrt, fünfzig Prozent Beschleunigen etc.).

Der Schlüssel zum Traktionskreis ist das fließend und sauber ineinander übergehen von Bremsen, Kurvenfahrt und Beschleunigung. Wenn man den gesamten Bremsvorgang vor der Kurve abgeschlossen hat, verschwendet man einen Großteil der Traktionseigenschaften der Reifen und verliert auch noch Zeit. Ihr müsst am Limit fahren, indem sich die Brems-, Kurven- und Beschleunigungskräfte ausgleichen und überschneiden, um so die Reifen an ihrem Traktionsgrenzbereich am grafischen Rand des Traktionskreises zu halten. Das Ergebnis ist die schnellstmögliche Runde und möglicherweise ein Platz auf dem Siegerpodest.

Reifen haben eine begrenzte Traktion. Wenn ihr hundert Prozent der Traktion in der Kurve nutzt, bleibt kein Prozent mehr für das Herausbeschleunigen.

Der Traktionskreis zeigt, wie der Traktionsgrenzbereich des Reifens eingesetzt und aufgeteilt werden kann. Er zeigt, dass keine Reserve mehr für die Seitenführung in der Kurve vorhanden ist, wenn das Potenzial der Reifen allein für das Bremsen genutzt wird. Kurvenfahren heißt Bremsdruck verringern. Und wenn man die gesamte Traktion in der Kurve einsetzt, fehlt sie beim Herausbeschleunigen, bis das Lenkrad wieder in eine gerade Linie zeigt. Wenn man die ganze Traktion fürs Beschleunigen einsetzt, kann man nicht am Limit durch die Kurve fahren.

Am besten denkt man sich eine Verbindung zwischen Bremse, Gas und Lenkrad. Ein größerer Lenkwinkel verlangt nach weniger Druck auf Brems- oder Gaspedal. Mehr Pedaldruck bedeutet weniger Lenkwinkel. Ein zu großer Lenkwinkel verbunden mit zu großem Pedaldruck bringt die Reifen über ihr Traktionslimit.

Ein für die Bremskraft oder Beschleunigungskraft zu großer Lenkwinkel (oder umgekehrt) bedeutet, dass der Wagen den Grenzbereich verlässt und entweder über- oder untersteuert. Das kann dazu führen, dass man ein technisches Problem vermutet, obwohl es doch nur an der Fahrtechnik liegt, die die Reifen einfach überfordert.

In meiner ersten Rennfahrerschule brachte man mir bei, dass ich das Bremsen auf der Geraden vor der Kurve abschließen sollte, um danach in die Kurve einzulenken. In den darauf folgenden Jahren begriff ich nach und nach, wie man eine Kurve richtig anbremst. Als ich dann einige Jahre später schwere Rennwagen steuerte, musste ich meine Bremstechnik weiter verbessern. Ich habe nachts mit meinem Privatauto in einem leeren Industriegebiet geübt. Dafür musste ich nicht einmal schnell fahren. Ich habe einfach geübt, wie man sich in eine Kurve einbremst.

Der Traktionskreis zeigt überzeugend, dass es darauf ankommt, den Pedaldruck mit dem Lenkwinkel in Einklang zu bringen. Lernt, wie sich Bremsen, Kurvenfahrt und Beschleunigung überschneiden müssen, und ihr fahrt am Limit.

## Kapitel 6

# Fahren am Limit

Wir haben im letzten Kapitel gesehen, dass nur der ein Rennen als Sieger beenden wird, der die Reifen bis an ihre Traktionsgrenze belastet. Egal ob beim Bremsen, Kurvenfahren oder Beschleunigen, es gilt bis ans Limit zu gehen und zwar in jeder Situation. Das ist leichter gesagt als getan, doch eben genau das macht den Sieger aus. Bremst am Kurvenanfang bis die Reifen fast blockieren. Ist der Einlenkpunkt erreicht, Bremsdruck vermindern. Je stärker der Lenkeinschlag wird, desto geringer sollte der Druck auf das Bremspedal sein, bis der Fuß vollständig von der Bremse genommen wird. In dem Moment sollten die Reifen ihren maximalen Kurveneinschlag haben. Und wenn ihr dann das Lenkrad am Kurvenausgang in die Geradeausposition zurückdreht, wird beschleunigt, bis auf der Geraden wieder Vollgas erreicht ist (siehe Illustration).

**ERFOLGSGEHEIMNIS NR. 14:**
**Bremsen, durch die Kurve lenken und Beschleunigen müssen fließend ineinander übergehen.**

Gebremst werden muss bis fast zum Blockieren, dann erfolgt das Einlenken in die Kurve, in der ebenfalls mit maximal möglicher Geschwindigkeit gefahren werden sollte, um zuletzt mit voller Beschleunigung wieder auf die Gerade zu gehen. Diese drei Elemente müssen sauber ineinander übergehen, um insgesamt eine flüssige Kurvenfahrt wie aus einem Guss und mit maximaler Geschwindigkeit hinzulegen.

Ohne eine solche „runde Fahrweise" verliert der Wagen seine Balance, und seine maximale Leistungsfähigkeit wird nicht ausgenutzt. Stattdessen be-

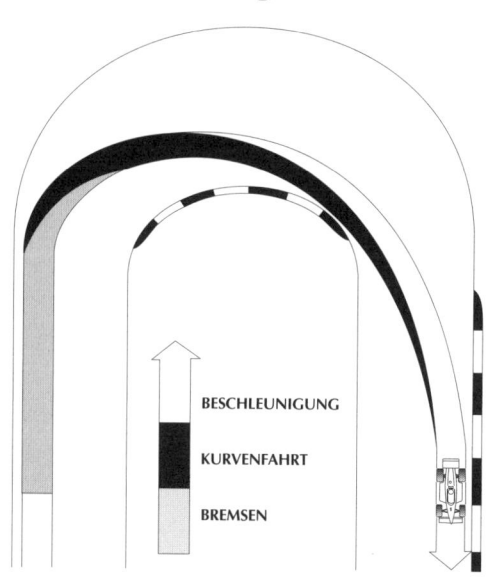

*Diese Illustration zeigt, wie sich Bremsen, Kurvenfahrt und Beschleunigung überschneiden.*

steht die Gefahr des Unter- oder Übersteuerns. Mit einer ausgewogenen Fahrweise hingegen lässt sich ein Unter- und Übersteuern bei höheren Geschwindigkeiten beherrschen und zum eigenen Vorteil einsetzen. Man erreicht dies, indem man den Wagen „mit den Füßen lenkt", also feinfühlig mit den Pedalen das Gleichgewicht des Fahrzeuges beeinflusst.

Ich erinnere mich, wie ich erstmals einen Wagen mit dem Gaspedal steuerte. Es war bei meiner ersten Runde in der Rennschule. Ich saß in einem Formel-Ford-Wagen und als ich eine lang gestreckte Kurve fuhr, nahm ich den Fuß vom Gas. Der Wagen begann zu übersteuern und drehte sich zum Kurveninnenrand. Ich gab ein wenig mehr Gas, er begann zu untersteuern und bewegte sich zum Kurvenaußenrand. Die ganze Zeit bewegte ich das Lenkrad nicht und war fasziniert, dass ich die Richtung allein mit dem Gaspedal ändern konnte. Ich hatte begriffen, welche Auswirkung die Gewichtsverlagerung auf den Wagen hatte – und wie ich diesen Effekt zu meinem Vorteil nutzen konnte.

Es bereitete mir immer viel Spaß, diese Technik im Westwood Motorsport Park in unseren Schul-BMWs zu demonstrieren. Dafür fuhr ich mit einigen Schülern an Bord durch Kurve 3 und drehte das Lenkrad ruckartig hin und her. Bei dieser Geschwindigkeit blieb das fast ohne Wirkung. Aber durch das Gaspedal konnte ich die Richtung des Wagens ändern, weil ich dadurch sein Gleichgewicht beeinflusst habe. Ich glaube, die Schüler haben das begriffen.

## Teil 2
# Die Strecke

Jede Rennstrecke hat ihre eigene, unverwechselbare Charakteristik. Es gibt Rennovale (kurze, lange und Superspeedways), fest errichtete, ausgebaute Rundstrecken und provisorisch in Innenstädten oder auf Flugplätzen für Straßenrennen hergerichtete Strecken und Pisten. Doch selbst zwei auf den ersten Blick ähnliche Strecken sind noch längst nicht identisch.

Wie gut man die Strecke kennt und auf ihr heimisch wird, spielt eine große Rolle.

In diesem Teil betrachten wir die Strecke in allen Details und zeigen, welche Bedeutung die Streckenkenntnis für das Fahren mit der maximal möglichen Geschwindigkeit hat.

## Kapitel 7

# Kurventechnik

Jeder Rennfahrer hat vor jeder Kurve immer die gleichen Ziele. Das ist leichter aufgeschrieben als realisiert. Es geht darum, sich so kurz wie möglich in der Kurve zu befinden und mit maximaler Geschwindigkeit aus ihr heraus zu beschleunigen, um auf der Geraden mit Höchstgeschwindigkeit zu fahren.

Um diese Ziele und die optimalen Rundenzeiten zu erreichen, muss man jedoch häufig Kompromisse eingehen und entweder Kurvengeschwindigkeit gegen Speed auf der Geraden eintauschen oder umgekehrt. Das hängt freilich wiederum von den unterschiedlichen Strecken und dem Potenzial des Wagens ab. Der Trick besteht darin, den idealen Kompromiss zu finden.

**Der Kurvenkompromiss**
Wie bereits im ersten Teil beschrieben, gehört es zu den Qualitäten eines Champions, den Wagen konstant an seinem Traktionslimit zu fahren, also Reifen, Fahrgestell und Motor alles abzuverlangen. Natürlich kann jeder Fahrer einen Wagen auf der Geraden mit Höchstgeschwindigkeit jagen. Dazu bedarf es nicht viel mehr, als Vollgas zu geben. Der Unterschied zwischen den Siegertypen und den weniger erfolgreichen Fahrern liegt aber eben darin, den Wagen auch beim Bremsen, in der Kurve und beim erneuten Beschleunigen auf die Gerade ans Limit zu bringen.

Die meisten Rennen werden dort entschieden, wo die Wagen am langsamsten sind – in den Kurven. Es ist wesentlich einfacher, auf der Geraden zu überholen als in einer Kurve. Je schneller man daher auf der Geraden ist, desto mehr Wagen kann man überholen oder sich einen Zeitvorteil verschaffen. Und so gewinnt man Rennen. Daher ist der wichtigste Erfolg bei Kurvenfahrten, die Geschwindigkeit auf der anschließenden Geraden zu maximieren.

Das besondere Geschick besteht eben darin, die höchste Geschwindigkeit und die ideale Linie durch eine Kurve zu finden und dadurch mit der optimalen Beschleunigung auf die Gerade zu kommen. So glänzen die wahren Champions.

Zum Sieg fähige Fahrer halten ihren Wagen während der gesamten Runden an dem am Traktionskreis orientierten Limit, auch wenn sich die Streckenbedingungen und der Zustand des Wagens ändern. So wirken beispielsweise wechselnde aerodynamische Kräfte auf das Fahrzeug ein. Mit zunehmender Geschwindigkeit wird der auf den Wagen einwirkende aerodynamische Abtrieb größer, was sich positiv auf die Kurvengeschwindigkeit auswirkt. Gleichzeitig verringern sich die Beschleunigungswerte bei wachsender Geschwindigkeit. Bei niedrigen Geschwindigkeiten in niedrigen Gängen hat der Motor wesentlich mehr Beschleunigungspotenzial als bei höheren Geschwindigkeiten. Da nämlich fehlt es dem Motor an Kraft, weiter zu beschleunigen. Daher verändert sich auch der Traktionskreis mit wachsendem Tempo. Bei hoher Geschwindigkeit wird der obere Teil des Kreises (die Beschleunigungskräfte) flacher und die Seiten (die Kurvenführungskräfte) dehnen sich aus. Der Pilot muss nun die Fähigkeit entwickeln, diese wechselnden Variablen zu begreifen und in jedem Moment aufs Neue zu ermitteln, wo gerade das Leistungslimit liegt, um den Wagen dann so nahe wie möglich in diesem Grenzbereich zu bewegen. Dabei hilft aber die Erfahrung.

Es gibt kein anderes Mittel, um schnell seine Runden zu drehen, als über die gesamte Zeit im Grenzbereich der Haftung durch die Kurven zu fahren, so wie es der Traktionskreis zeigt. Aber wie man durch die Kurven fährt, kann durchaus variieren, ebenso wie viel Zeit ihr an den verschiedenen Punkten des Traktionskreises zubringt. Zudem ist es von großer Bedeutung, welchen Weg man durch eine kritische Kurve wählt – es ist einer der Schlüssel, um schnell zu sein.

Eine der wichtigsten Fähigkeiten, die man erlernen muss, ist die Wahl des optimalen Zeitraumes, den man an bestimmten Punkten des Traktionskreises verbringt. Während ein Pilot zum Beispiel bei konstanter Geschwindigkeit die meiste Zeit im reinen Kurvenfahrbereich verbringt, kann ein anderer Fahrer mehr Zeit für den Brems- oder den Beschleunigungsbereich aufwenden, indem er einfach eine andere Linie durch die Kurve wählt. Beide Piloten fahren am Limit und doch kann der eine auf der idealen Kurvenlinie schneller sein, während der andere auf der Geraden mehr Geschwindigkeit entwickelt.

Der Trick besteht darin zu ermitteln, welcher Weg durch die Kurve die schnellste Rundenzeit bringt und nicht wie man am schnellsten eine bestimmte Kurve fahren kann. Wenn man die Kurve und die Gerade als zwei Seiten ein und desselben Problems betrachtet und sich nicht allein auf die Kurve selbst konzentriert, kommt man einem Sieg näher.

Um immer die optimale Linie zu finden, muss man die Eckwerte der Strecke, wie die Länge der Geraden vor und nach der Kurve, den Kurvenwinkel, die Radien auf der Innen- und Außenseite, die Neigung (positiv oder negativ) und den Reibungswert der Oberfläche berücksichtigen. Und dann kommen auch noch die Einflussfaktoren des Wagens ins Spiel: die Handlingeigenschaften, der aerodynamische Abtrieb, Beschleunigungs- und Bremspotenzial und so weiter. In anderen Worten: Die optimale Lösung unterscheidet sich von Kurve zu Kurve und in derselben Kurve von Wagen zu Wagen.

Nun ein kurzer Blick auf einige Grundlagen.

## Referenzpunkte

Um in seinem Fahren beständig zu sein, sollte man sich Referenzpunkte entlang der Strecke suchen, Punkte also, an denen man sich orientiert. Sie sind wichtig für die Konzentration. Je weniger Zeit man damit verbringt, den besten Bremspunkt immer wieder aufs Neue zu finden, desto intensiver kann man sich dem Wagen widmen und beobachten, wie er auf die Befehle reagiert.

Referenzpunkte können alles Mögliche sein: ein Riss im Asphalt, eine Stelle an den Randsteinen, eine Markierung an einer Mauer, ein Werbeplakat und so weiter. Der Punkt sollte jedoch permanent vorhanden sein und während des gesamten Rennens an einer Stelle bleiben.

James Weaver: „Ich benutze Referenzpunkte an beiden Seiten der Strecke, wenn ich überhole. Es ist zudem wichtig, im Regen mehrere Punkte zu haben, weil die Sicht dann ein großes Problem ist. Verlasst euch nicht allein auf euer Sehvermögen. Der Ton des Auspuffs verändert sich, wenn man an einer Mauer vorbeifährt oder an der Lücke in einer Baumreihe. Nutzt diese akustischen Hinweise bei Rennen mit schlechter Sicht. Und wenn sich das Geräusch ganz plötzlich verändert, blickt in den Spiegel, ob der Flügel noch vorhanden ist."

Die drei wichtigsten Referenzpunkte bei Kurvenfahrten sind in der Reihenfolge der Einlenk-, der Scheitel- und der Ausfahrpunkt (siehe Illustration). Das Ziel muss sein, diese Drei in einer sauberen, flüssigen Linie zu verbinden, und zwar zuerst optisch mit dem Blick und dann physisch mit dem Wagen.

Der Einlenkpunkt ist dabei wahrscheinlich der wichtigste Punkt, weil sich hier entscheidet, wie man den Rest der Kurve fährt, wie schnell man den Scheitel- und Ausfahrpunkt erreicht. An dieser Stelle wird zum ersten Mal in die Kurve gelenkt und hier wird definiert, wo ihr den Scheitelpunkt gesetzt habt.

Der Scheitelpunkt ist der Punkt in der Kurve, wo die in der Kurve laufenden Räder der Innenseite der Kurve am nächsten sind. Es ist auch der Punkt, ab dem man nicht mehr in die Kurve fährt, sondern wieder aus ihr hinaus steuert. Wo dieser Punkt jeweils liegt, wird bereits durch das Einlenken festgelegt. Häufig nennt man diesen Punkt auch „Schnippelpunkt", weil hier die Innenräder die Innenseite der Straßenführung „schnippeln" oder schneiden. Der Scheitelpunkt entscheidet auch darüber, wie und an welcher Stelle man die Kurve wieder verlässt. Der ideale Scheitelpunkt kann am Anfang, in der Mitte oder dahinter liegen.

Ob man den Scheitelpunkt genau getroffen hat, lässt sich leicht feststellen. Wenn man beim Verlassen der Kurve nachlenken muss, um die Gerade nicht zu verfehlen und im Kiesbett zu

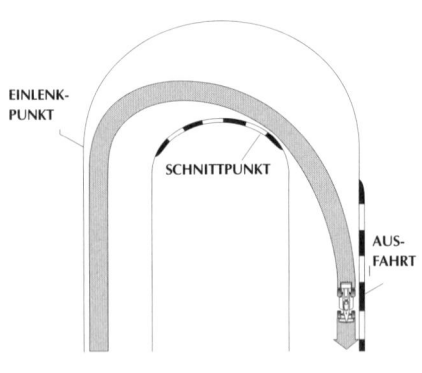

*Die wichtigsten Punkte bei einer typischen 180-Grad-Kurve: Einlenkpunkt, Schnittpunkt und Ausfahrt.*

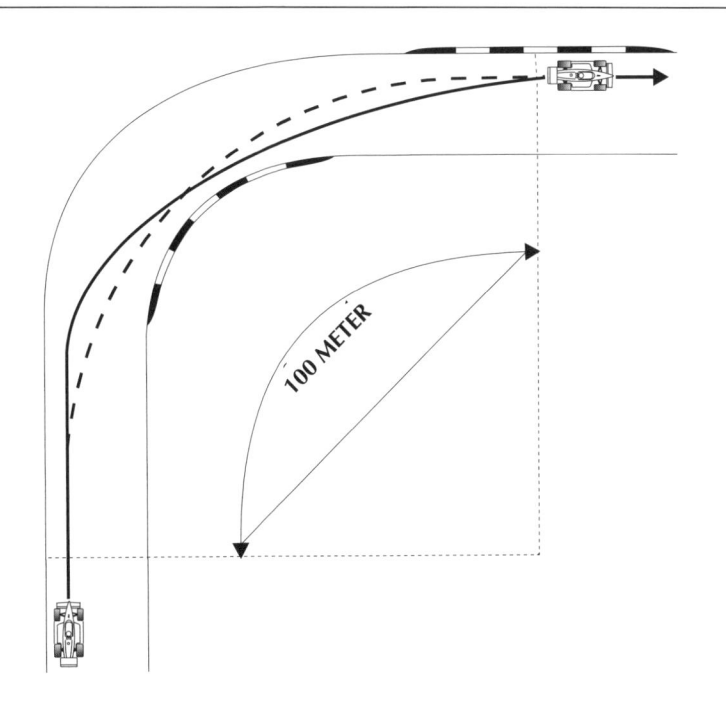

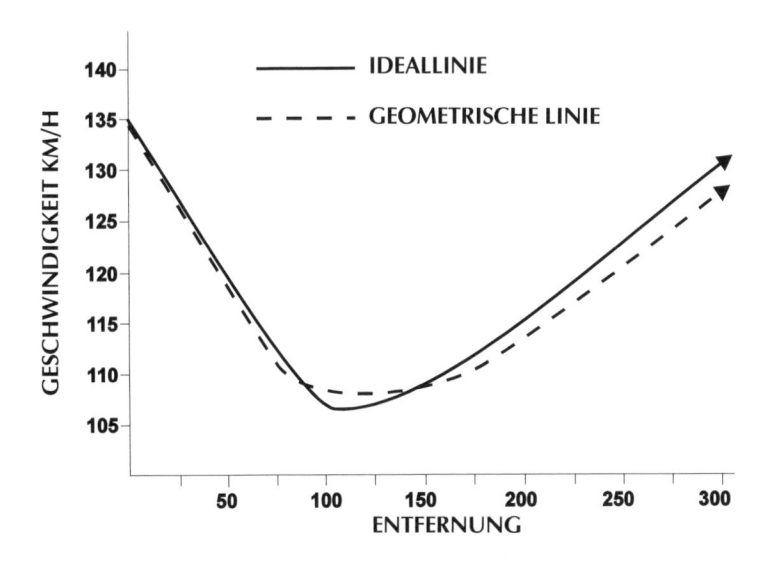

*Diese Grafik zeigt die unterschiedlichen Geschwindigkeiten während der Kurvenfahrt. Die gepunktete geometrische Linie ist schneller als die Ideallinie, doch erlaubt die Ideallinie eine frühere Beschleunigung, was zu einer höheren Ausgangsgeschwindigkeit führt, die sich auf der folgenden Gerade nutzen lässt.*

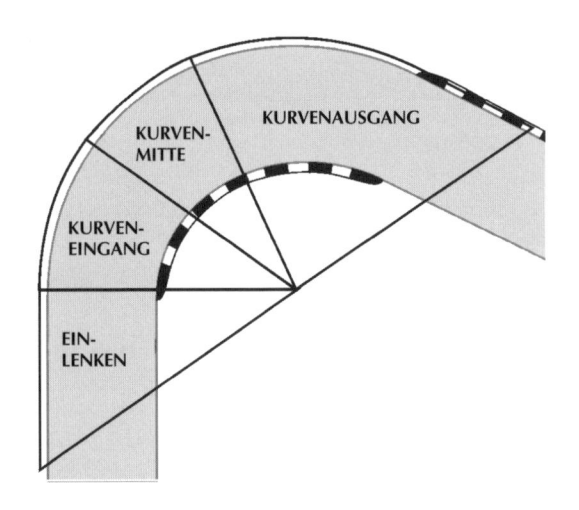

## Einlenken

Mit diesem Begriff beschreibt man, was der Wagen in den Sekundenbruchteilen macht, nachdem man das Lenkrad am Anfang einer Kurve eingeschlagen hat. Das Ziel ist dabei, dass der Wagen „knackig" in die Kurve geht, also direkt nach dem Drehen am Lenkrad die Richtung ändert. Allerdings kann das Einlenken auch zu abrupt erfolgen. Das Gegenteil ist ein träges Einlenkverhalten, wenn zwischen dem Drehen am Lenkrad und dem tatsächlichen Einlenken einige Zeit vergeht.

Natürlich wird sich die Art des Einlenkens immer wieder unterscheiden und hängt von der jeweiligen Kurve ab.

## Kurveneingang

Der Kurveneingang beginnt direkt nach dem ersten Einlenken in den mittleren Kurvenbereich. Stellt Euch dies als den Kurvensektor vor, der zwischen dem Einlenkpunkt und dem Punkt liegt, an dem sich der Wagen in einem stabilen Zustand befindet. In der Kurveneingangphase setzt ihr die Drehbewegung mit mehr Lenkungseinfluss fort.

Die Eingangsphase besteht so lange, bis der rechte Fuß wieder auf das Gaspedal steigt.

## Kurvenmitte

Die Kurvenmitte ist im Allgemeinen dann erreicht, wenn ihr jenen Lenkaufwand gemeistert habt, der notwendig ist, um den Wagen in Richtung Scheitelpunkt zu steuern, das Lenkrad aber noch nicht frei gegeben habt. Der Wagen befindet sich auf einem konstanten Radius: weder ab- oder zunehmend. Einige Kurven haben keine Mittelphase, weil ihr in dem Moment, da ihr den Scheitelpunkt anvisiert habt, das Lenkrad wieder in Richtung Kurvenausgang freigeben müsst.

Man kann die Kurvenmitte auch über das Gaspedal definieren: von der Sekunde, da der Fuß wieder aufs Gaspedal wechselt, bis zu jenem Augenblick, an dem ihr (sanft) den Fuß in Richtung Bodenblech senkt. Daher kann eine Kurvenmitte nicht existieren, wenn ihr das Gaspedal sofort ganz nach unten drückt.

Es kann auch vorkommen, dass ihr nur einen kurzen Moment habt, um das Gaspedal als stabilisierende Hilfe zu benutzen und weder vom Gas geht, noch den Druck auf das Pedal erhöht.

### Kurvenausgang
Der Kurvenausgang ist der Bereich, in dem ihr das Lenkrad frei gebt und den Radius, den der Wagen beschreibt, vergrößert. Im Allgemeinen liegt dieser Teil zwischen dem Scheitelpunkt und dem Kurvenende. Dieser Bereich wird auch durch den Moment definiert, an dem ihr wieder Vollgas gebt.

### Einbremsen
Das Bremsen kann in Annäherungsbremsen und Einbremsen in die Kurve aufgeteilt werden. Annäherungsbremsen beschreibt in der Tat das Bremsen beim Annähern an eine Kurve. Beim Einlenken in die Kurve endet das Annäherungsbremsen. Das Einbremsen beginnt in dem Moment, wenn das Annäherungsbremsen am Einlenkpunkt endet. Es ist der physische Akt des Lupfen des Bremsfußes. Wo man das Einbremsen beendet und wie viel man in die Kurve einbremst, bestimmt die Kurve, der Wagen und der eigene Fahrstil.

Ich weiß, dass es Zeitgenossen gibt, die behaupten, dass sie niemals in eine Kurve hineinbremsen, und einige Rennfahrerschulen lehren das auch und sagen, dass ein Fahrer niemals in eine Kurve einbremsen soll. Doch sie liegen da vollkommen daneben. Jeder erfolgreiche Rennfahrer tut dies bis zu einem bestimmten Ausmaß in einigen Kurven.

### Vom Gas gehen
Theoretisch sollte man einen Rennwagen niemals einfach gleiten lassen – man sollte entweder bremsen oder beschleunigen. Tatsächlich kann das Gleiten aber in zugegebenermaßen selten Fällen notwendig sein. Wenn man weder bremst oder Gas gibt, gleitet man.

### Stabilisierung
Dieser Zustand tritt ein, wenn man weder beschleunigt noch verzögert, und man einfach nur die Geschwindigkeit hält. Stellt Euch das so vor, als wenn man auf einer Autobahn konstant 100 km/h fährt. Nicht alle Kurven oder Wagen benötigen diese Art der Stabilisierung über das Gaspedal – man kann direkt und sofort vom Gas gehen, wenn man bremst und wieder aufs Gas gehen, um aus der Kurve heraus zu beschleunigen. Einige Wagen und Kurven benötigen nur eine kurze Zeit der Stabilisierung über das Gaspedal.

### Beschleunigung
Die Beschleunigung tritt ein, wenn man progressiv die Geschwindigkeit steigert, indem man entweder das Gaspedal kurz betätigt oder es auf dem Boden „festnagelt".

landen, wurde der Scheitelpunkt zu früh anvisiert. Wählt man ihn zu spät, läuft der Wagen bei der Kurvenausfahrt noch zu dicht am Kurveninnenrand.

In den meisten Kurven muss man nach dem Erreichen des Scheitelpunktes nicht viel tun, denn das Lenkrad stellt sich von selbst auf die Gerade zurück. Wer dann noch mehr tun muss, fährt wahrscheinlich nicht auf der idealen Linie. Wahrscheinlich hat man dann einen zu frühen Scheitelpunkt gewählt. Nach dem Passieren des Scheitelpunktes sollte man nicht mehr am Lenkrad drehen müssen.

Wenn man den Scheitelpunkt korrekt getroffen hat, folgt der Wagen fast automatisch einer Linie, die ihn zum äußersten Rand der Strecke führen wird. Um eine Kurve nach allen Regeln der Kunst zu verlassen, benötigt ihr die gesamte Breite der Strecke. So kann der Wagen leicht seine Balance finden und maximal beschleunigen. Und es ermöglicht euch, den Wagen laufen zu lassen.

Ich weiß genau, wenn ich den idealen Scheitelpunkt getroffen habe. Dann bin ich am Ende der Kurve noch gerade auf der Piste und kann frühzeitig und kräftig beschleunigen. Wenn ich leicht vom Gas gehen muss, um auf der Strecke zu bleiben, war ich zu früh am Scheitelpunkt. Und wenn ich die Lenkung nach dem Scheitelpunkt nicht einfach zurückdrehen lassen konnte, war ich ebenfalls zu früh. Doch wenn ich bei der Kurvenausfahrt noch Platz auf der linken Seite hatte, war ich zu spät dran.

## Die Ideallinie

Die Grafik auf S. 72 zeigt zwei mögliche Routen durch eine Kurve. Die gepunktete Linie zeigt die so genannte geometrische Linie, einen konstanten Radius entlang der Kurve, der den schnellsten Weg durch die Kurve darstellt. Die durchgezogene Linie zeigt den Weg eines Piloten, der erst spät eingelenkt hat. Die Linie hat anfangs einen engeren Radius als die geometrische, dann aber vor der folgenden Gerade einen flachere Krümmung.

Die zweite Linie stellt die so genannte Ideallinie dar und wird meistens zu einer schnelleren Rundenzeit führen. Warum?

Wie bereits erwähnt, geht es beim Rennen nicht um eine einzelne Kurve, sondern um eine ganze Abfolge von Kurven, die durch Geraden miteinander verbunden sind. Diese Tatsache und der Fakt, dass man mehr Zeit mit dem Beschleunigen auf den Geraden als mit Kurvenfahrten verbringt, bedeutet, dass eine besonders hohe Geschwindigkeit am Kurvenausgang wichtiger ist, als das reine Kurventempo.

Was nützt es, schnell durch eine Kurve zu fahren, wenn man auf der Geraden von allen anderen überholt wird. So gewinnt man keine Rennen. Fahrt also die Kurve so, dass ihr eine möglichst hohe Geschwindigkeit auf der Geraden erreicht.

Vergesst niemals, dass der Fahrer, der als erster aus einer Kurve beschleunigt, auch als erster das Ende der Geraden erreichen und meistens auch siegen wird.

Wenn man auf der Ideallinie (der weiß schraffierte Bereich) fahren will, muss man wegen des engeren Verlaufs am Anfang etwas langsamer in die Kurve einfahren, dafür kann man aber am Ende früher beschleunigen, was wiederum die Geschwindigkeit auf der folgenden Gerade verbessert. Außerdem verbringt man weniger Zeit mit Kurvenfahren und mehr Zeit mit Bremsen und Beschleunigen.

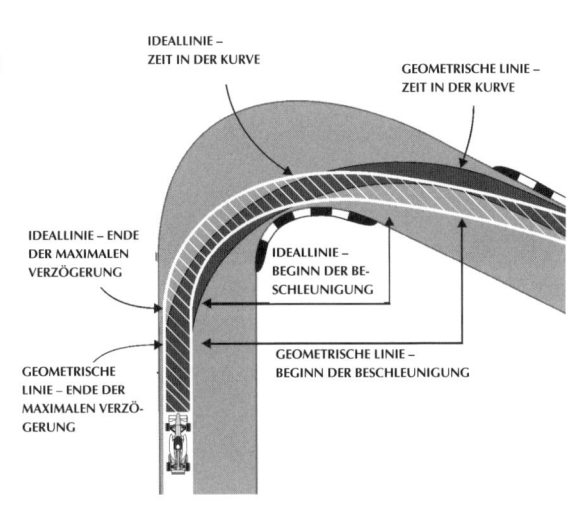

## ERFOLGSGEHEIMNIS NR. 15:
### Rennen werden auf der Geraden, nicht in der Kurve gewonnen.

## ERFOLGSGEHEIMNIS NR. 16:
### Es ist besser, langsam in eine Kurve zu fahren und schnell wieder herauszukommen als umgekehrt.

Ein Fahrer, der auf die geometrische Linie vertraut, verbringt fast die ganze Zeit bei gleichbleibender Geschwindigkeit in der Kurvenregion des Traktionskreises. Erinnern wir uns, was der Traktionskreis besagt: Man kann nicht beschleunigen, wenn man die ganze Traktion für die Kurvenfahrt benutzt. Daher erlaubt die geometrische Linie kein Beschleunigen, bis man das Ende der Kurve erreicht hat und begonnen hat, die Lenkung wieder gerade auszurichten.

Andererseits zwingt die Ideallinie mit ihrem engeren Radius am Kurvenanfang den Piloten zwar, etwas langsamer in die Kurve einzufahren, doch der flachere und sich ausweitende Radius am Ende der Kurve ermöglicht eine höhere Ausfahrtgeschwindigkeit, mit der man die folgende Gerade erreicht und die die langsamere Eingangsgeschwindigkeit mehr als ausgleicht.

Wenn man die Ideallinie wählt, verbringt man weniger Zeit im eigentlichen Kurvenbereich. Dafür bleibt man aber länger im Brems- und Beschleunigungslimit.

Eine der schwierigeren Aufgaben für den Piloten ist die Suche nach der optimalen Abweichung von der geometrischen Linie. Wenn man sie zu stark ändert, also zu spät einlenkt und den Schnittpunkt zu spät erreicht, wird man wahrscheinlich zu langsam und diese verlorene Zeit wird man auf der Geraden nicht wieder gut machen können. Das Ergebnis ist eine langsamere Rundenzeit. Wenn man zu früh einlenkt und den Scheitelpunkt dadurch ebenfalls zu früh erreicht, handelt man sich ebenfalls eine geringe Ausgangsgeschwindigkeit ein.

Wie gesagt, es gibt keine Ideallinie für alle Wagen in allen Kurven. Jede Kurve verlangt ihre eigene Linie. Selbst in der gleichen Kurve benötigen unterschiedliche Wagen verschiedene Linien.

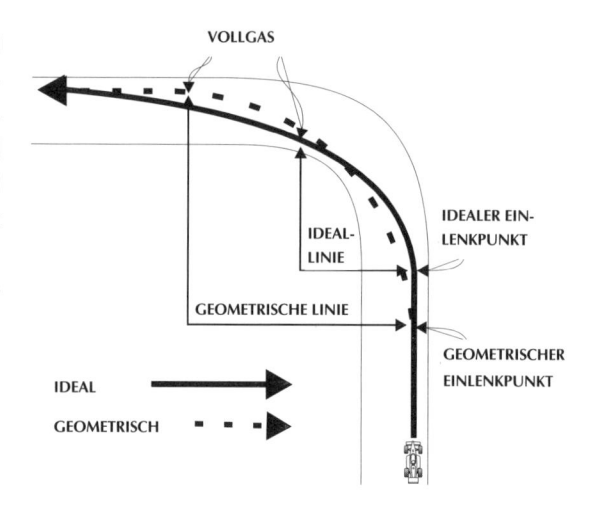

*Die effektive Länge der Kurve definiert sich aus dem Einlenkpunkt bis zu dem Punkt, an dem Vollgas gegeben werden kann. Diese Illustration zeigt, wie viel weniger Zeit man bei der Kurvenfahrt braucht, wenn man einen späten Scheitelpunkt wählt. Auch die bis zum Bremspunkt nutzbare Gerade wird länger.*

Die Unterschiede können minimal sein und vielleicht nur einige Zentimeter ausmachen, doch entscheiden sie am Ende über Sieg oder Niederlage.

### ERFOLGSGEHEIMNIS NR. 17:
### Je mehr Zeit ihr hinter einem gerade ausgerichteten Lenkrad und mit Vollgas verbringt, desto schneller werdet ihr sein.

Im Allgemeinen gilt der Grundsatz, je kürzer und enger die Kurve und je länger die folgende Gerade, desto stärker sollte die Ideallinie von der geometrischen Linie abweichen. Mit anderen Worten: späteres Einlenken und ein nach hinten verschobener Scheitelpunkt. Ähnlich gilt, dass je größer das Beschleunigungspotenzial des Wagens ist, desto später das Einlenken erfolgt und der Scheitelpunkt weiter in der Kurve drin gewählt wird.

Viele Fahrer haben sich offensichtlich angewöhnt, jede Kurve gleich zu fahren. Sie passen ihre Fahrweise nicht den unterschiedlichen Bedingungen – Kurven oder Wagen – an, auch wenn sie das Auto im Grenzbereich bewegen. Das erklärt, warum sie mit einem bestimmten Fahrzeugtyp auf einer Strecke schnell unterwegs sind, und zu kämpfen haben, wenn sie mit einem anderen Renner auf einer anderen Strecke fahren. Ein echter Champion kann sich auf Anhieb jeder Strecke und jedem Wagen anpassen – und natürlich immer am Limit fahren.

James Weaver: „Während des Rennens können die zunehmenden Gummiablagerungen den Grip in einer Kurve beeinflussen und es unmöglich machen, die Ideallinie sauber zu fahren. In dieser Situation fahrt da, wo der Grip ist und so schnell wie möglich. In einem langen Rennen fahre ich, wenn nötig, sehr unterschiedliche Linien. Wenn sich der Kies an den Außenseiten der Kurven ansammelt, heißt das eben früher einlenken und etwas länger am Scheitelpunkt fahren. Um dies zu erreichen, muss man gar nicht einmal später bremsen. Der ideale Einlenkpunkt befindet sich dann allerdings in der Mitte der Fahrbahn und nicht am Rand."

**Ablaufphasen**

Bei einer Kurvenfahrt gibt es sechs Phasen, in denen man den Fuß auf dem Gas- oder Bremspedal hat (siehe die begleitende Illustration): Maximales Bremsen, gefühlvoll in die Kurve Einbremsen (Bremsen schleifen lassen), Übergangsphase, vorsichtiges Gasgeben, kräftigeres Gasgeben und maximale Beschleunigung. Länge und Zeitpunkt der einzelnen Phasen hängen vom Kurventyp und vom Wagen ab. Und wenn man diese Gleichung noch durch die Referenzpunkte für den Einlenk-, den Scheitelpunkt und den Kurvenausgang vervollständigt, hat man die Formel für eine erfolgreiche Kurvenfahrt.

Wenn man die Bremsphase einmal genauer betrachtet, dann ist sie eigentlich Zeitverschwendung. Mit den Bremsen verringert man die Geschwindigkeit – man gewinnt kein Tempo. Wenn man sich also auf einer durchschnittlichen Strecke um mehr als eine Zehntelsekunde verbessern will, sollte man nicht an die Bremsen denken. Glaubt nicht, dass man durch späteres Bremsen große Vorteile genießen kann. Zeit gewinnt man mit offener Drosselklappe, nicht mit geschlossener.

Rennfahrer reden gern von ihren Bremsreferenzpunkten. Sie vergleichen stets und prahlen damit, wie spät sie eine Kurve anbremsen. Doch der wichtigere Re-

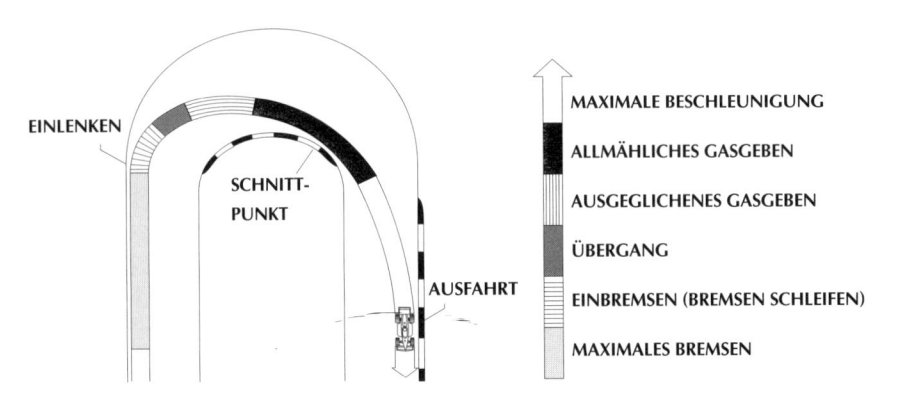

*Die verschiedenen Phasen der Kurve.*

ferenzpunkt kennzeichnet nicht den Beginn des Bremsens, sondern das Ende des maximalen Bremsens. Benutzt Bremsreferenzpunkte lediglich als Unterstützung.

Wenn man vor einer Kurve auf die Bremse steigt, sollte man den Einlenkpunkt anvisieren und beurteilen, wie viel Bremskraft notwendig ist, um den Wagen mit der richtigen Geschwindigkeit in die Kurve zu lenken. Die Geschwindigkeit beim Bremsbeginn entscheidet, wie gut man anschließend auf die Gerade kommt, sodass die Referenzpunkte immer wieder leicht verändert werden müssen. Ihr müsst die Geschwindigkeit analysieren und spüren, um die Bremszone so anzupassen, dass ihr beim Einlenkpunkt die optimale Geschwindigkeit für die Kurve erreicht habt.

### ERFOLGSGEHEIMNIS NR. 18:
### Je weniger ihr bremst, desto schneller seid ihr.

### ERFOLGSGEHEIMNIS NR. 19:
### Je schneller die Kurve, desto mehr sollte man der geometrischen Linie folgen. Je langsamer die Kurve, desto mehr muss man seine Linie bei einem späteren Scheitelpunkt ändern.

Zu meiner eigenen Verwunderung konnte ich mich oft nicht erinnern, an welchem Punkt ich zu bremsen begonnen hatte. Bis mir dann klar wurde, dass ich stets auf die Stelle mit der maximalen Bremskraft fixiert war, also den Einlenkpunkt, und die Geschwindigkeit, die ich erreichen wollte. Jeder Fahrer hat seine starken und schwachen Seiten. Meine Stärke war immer die Bremszone, was ich auch auf meine Konzentration auf den „Bremsabschlusspunkt" zurückführe.

Der umstrittenste Teil ist zweifellos das Einbremsen in die Kurve, also mit zurückgenommener Bremskraft in die Kurve einfahren. Einige „Experten" meinen, dass man dies niemals machen sollte. Ihr Credo lautet, erledige das Bremsen vor der Kurve und sei beim Einlenkpunkt wieder auf dem Gas. Andere empfehlen das Einbremsen auf allen Strecken und bei allen Kurven.

Die Wahrheit liegt vermutlich irgendwo in der Mitte. In einigen Kurven ist es bei manchen Wagen zwingend notwendig, in die Kurve einzubremsen, während es bei anderen nicht unbedingt erforderlich ist. Es hängt einfach von der Kurve und dem jeweiligen Wagen ab. Euer Job besteht darin herauszufinden, was wie am besten funktioniert.

Wie kann man das herausfindet? Fragt euch zuerst selbst. Lässt sich der Wagen leicht in die Kurve einlenken? Falls nicht, versucht es mit ein wenig mehr Verzögerung – nehmt den Fuß langsam vom Gaspedal, während ihr in die Kurve einlenkt. Vermittelt der Wagen ein Gefühl von Stabilität, wenn ihr durch die Kurve fahrt? Dann nehmt den Fuß von der Bremse und gebt Gas, wenn ihr einlenkt. In diesem Fall ist auch keine Einbremsphase mehr notwendig.

Der Übergang vom Bremsen zum Beschleunigen ist einer der sensibelsten Bereiche in der Fahrtechnik. Hier entscheidet sich, ob sich der Wagen um die eigene Achse dreht oder mit etwas höherer Geschwindigkeit als der Konkurrent aus der Kurve heraus beschleunigt. Aber glaubt ja nicht, ihr könnt wie Michael Schumacher mit einem forschen Heckschwenk aus der Kurve schießen. Ihr solltet euch bemühen, diesen Übergang so übergangslos wie möglich zu fahren, also dass man kaum bemerkt, wie schnell der Fuß von der Bremse aufs Gas gegangen ist.

Dies lässt sich auch in einem ganz normalen Straßenauto üben. Man sollte niemals spüren, wenn das Bremspedal gelöst und das Gaspedal wieder nach unten getreten wird.

Ein intuitiver Wechsel vom Verzögern zum Beschleunigen ist von überragender Wichtigkeit. Das ist einer der entscheidenden Gründe, warum einige Piloten Kurven schneller meistern als andere. Es kommt auf den reibungslosen Übergang an. Dazu gehört auch, das Lenkrad nicht zu heftig zu bewegen, um den Wagen nicht aus seinem Gleichgewicht zu bringen. Wenn der Fuß vom Bremspedal genommen wird, das ist der absolut kritische Moment. Es muss schnell geschehen, aber ohne die Fahrstabilität des Wagens zu gefährden. Dann müsst ihr so gefühlvoll auf das Gaspedal wechseln, dass der Übergang vom Abbremsen zum Beschleunigen möglichst völlig unmerklich vonstattengeht.

Erinnert euch an den Traktionskreis. Die Stellung des Lenkrads und die Gaspedalposition bedingen sich gegenseitig. Der Lenkwinkel muss verkleinert werden, um mit der Beschleunigungsphase zu beginnen. Die zur Verfügung stehende Traktion ist begrenzt, also kann man nicht gleichzeitig eine höchstmögliche Seitenführung in der Kurve erwarten und auch noch beschleunigen wollen. Wer Gas gibt, ohne vorher den Lenkeinschlag entsprechend zurückzunehmen, steckt möglicherweise ganz schnell mit seinem Wagen in der Kurveninnenseite fest oder riskiert sogar einen Dreher. Auf jeden Fall aber verliert er Geschwindigkeit.

Der Pilot, der zuerst aus der Kurve heraus beschleunigen kann, wird auf der Geraden am schnellsten sein. Das sagt wohl alles, was man wissen muss.

## Entscheidende Kurven

Einige Kurven sind immer etwas wichtiger als andere. Schnelle Rundenzeiten und Siege im Rennen werden auch dadurch erzielt, dass man genau weiß, wo man möglichst schnell und wo etwas langsamer fahren sollte. Wenn man sich mit einer Strecke beschäftigt, kommt es darauf an, zuerst die wirklich wichtigen Kurven kennen zu lernen.

Bei der Analyse einer Strecke wird man nur drei unterschiedliche Kurventypen vorfinden:
- Kurven, die auf eine längere Gerade führen
- Kurven, die am Ende einer längeren Geraden beginnen
- Kurven, die zwei andere Kurven miteinander verbinden

Manch einer glaubt, die für die Rundenzeit entscheidende Kurve sei die auf eine Gerade führende. Danach folgt die Kurve am Ende einer Geraden und schließlich die zwei andere Kurven verbindende Kurve. Diese Prioritätenliste wurde 1971 von Alan Johnson in seinem Buch „Driving in Competition" definiert.

Begründet wird diese Auffassung damit, dass Überholen auf der Geraden leichter ist, und dass man auf den meisten Strecken mehr Zeit damit verbringt, auf der Geraden zu beschleunigen als Kurven zu fahren. Wichtigste Aufgabe ist es deshalb, die Geschwindigkeit auf der Geraden zu optimieren. Das bringt den größten Vorteil. Die auf eine Gerade führende Kurve bestimmt also die Geschwindigkeit auf der Geraden selbst. Wenn man nicht früh genug mit dem Beschleunigen beginnt, verliert man Zeit auf der Geraden.

Diese Analyse der unterschiedlichen Kurventypen ist ein guter erster Schritt. Doch wenn man gewinnen will, reicht sie nicht aus.

### ERFOLGSGEHEIMNIS NR. 20:
### Bevor man siegen kann, muss man lernen, wo man schnell fahren kann.

### ERFOLGSGEHEIMNIS NR. 21:
### Konzentriert Euch zuerst auf die wichtigste Kurve und zuletzt auf die unwichtigste.

In schnellen Kurven ist es möglich, viel mehr zu gewinnen oder aber auch zu verlieren, als in den langsamen Kurven. Wenn ein Wagen weniger Beschleunigungspotenzial hat, ist es in schnellen Kurven wesentlich schwieriger, dieses Defizit (da reichen schon zwei km/h) auszugleichen als in langsamen Kurven.

Vergleichen wir eine langsame Kurve, die für gut 80 km/h ausgelegt ist mit einer schnellen, bei der rund 200 km/h möglich sind. Wenn man in der langsamen Kurve zehn km/h verliert, ist es kein Problem, diese Differenz wieder auszugleichen und von 70 auf 80

*Diese Karte zeigt die Rennstrecke Road Atlanta mit den nach ihren Prioritäten gestaffelten Kurven. Man teilt sich die Kurven an den Strecken nach ihrer jeweiligen Durchfahrtsgeschwindigkeit ein.*

78

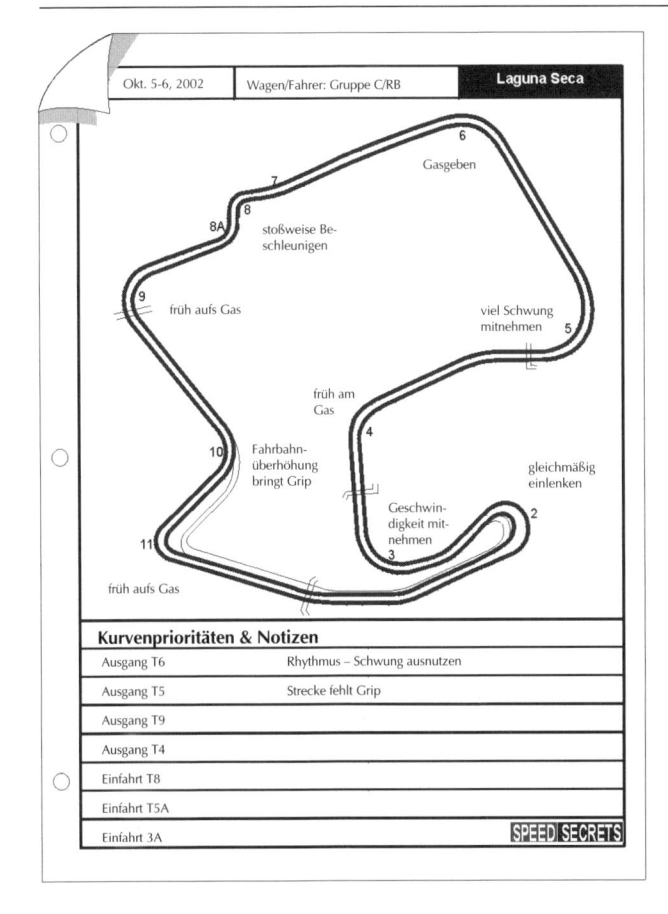

Bevor man auf eine Rennstrecke kommt, sollte man die wichtigsten Kurven der Strecke festhalten. Daneben gilt es auch, Anmerkungen, Gedanken oder Ideen, die die Strecke betreffen, aufzuschreiben.

km/h zu beschleunigen. In der schnellen Kurve aber von 190 auf 200 km/h zu beschleunigen fällt wesentlich schwerer.

Noch ein weiterer Aspekt. Viele Piloten haben sogar einen ziemlichen Respekt vor schnellen Kurven und lassen sich durch sie regelrecht einschüchtern. Ganz abgesehen davon, dass langsamere Kurvenpassagen auch leichter erlernbar sind. Je flotter ein Fahrer die schnellen Kurven zu beherrschen lernt, desto schneller wird er seine Konkurrenten hinter sich lassen.

Hier kann man nun noch einmal innerhalb dieses Kurventyps eine Rangfolge erstellen. Die allerwichtigste Kurve ist die am schnellsten auf eine Gerade führende, ihr folgt die zweitschnellste Kurve vor einer Geraden und so weiter bis zur langsamsten Kurve, die in eine Gerade übergeht.

Die nächste Priorität haben die Kurven am Ende einer gestreckten Geraden, denen keine längere Beschleunigungsstrecke folgt. Beginnt wieder mit der schnellsten Kurve und arbeitet euch dann bis zur langsamsten durch.

Nehmt euch schließlich die Kurven vor, die andere Kurven miteinander verbinden.

Analysiert außerdem, wo euer Wagen das beste Handling besitzt, ob er in einigen Kurven ein ausgeglicheneres Verhalten als in anderen zeigt. Die Fahrwerksabstimmung wird immer ein Kompromiss sein, doch Priorität haben stets die Erfordernisse der schnellsten auf eine Gerade führenden Kurven.

## ERFOLGSGEHEIMNIS NR. 22:
### Die wichtigste Kurve ist die, die auf eine längere Gerade führt.

**Verschiedene Kurven, verschiedene Linien**

Die Ideallinie für eine auf eine langgestreckte Gerade führende Kurve (siehe die Illustration), hat einen späten Scheitelpunkt nach ungefähr zwei Dritteln, sodass man bereits frühzeitig beschleunigen kann. In allen derartigen Kurven empfiehlt es sich, früh zu bremsen, den Wagen auszubalancieren und dann voll auf die Gerade zu beschleunigen.

Wenn die Kurve am Ende einer längeren Geraden nicht auf die nächste Beschleunigungsstrecke führt, selbst aber lang genug ist, um darin zu überholen oder überholt zu werden (siehe Illustration), ist es empfehlenswert, einen frühen Scheitelpunkt zu wählen. Warum? Nun, weil am Kurvenende nicht viel zu gewinnen ist und man so den Vorteil der höheren Einfahrtgeschwindigkeit nutzt. Mit anderen Worten: Nutzt den Speed der Geraden so lange wie möglich. Um dies zu erreichen, bremst so spät

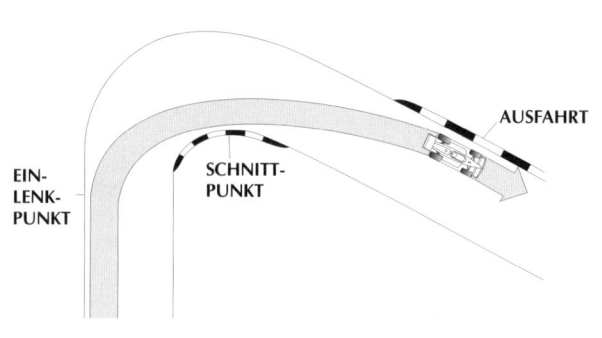

*Beim Anfahren einer Kurve, die auf eine Gerade führt, geht es vor allem um eine möglichst hohe Geschwindigkeit auf der Geraden. Das bedeutet einen relativ späten Einlenk- und Schnittpunkt, frühes Beschleunigen und das Ausnutzen der gesamten Streckenbreite. Bei vergleichbaren Wagen hat der Fahrer, der als erster beschleunigt, die höhere Geschwindigkeit auf der Geraden.*

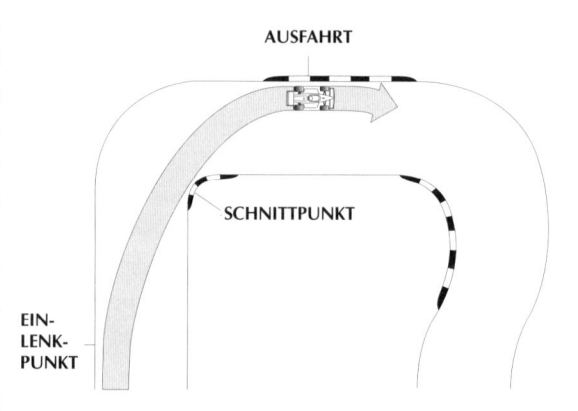

*Bei einer Kurve am Ende einer Geraden, die nicht auf eine Gerade führt, geht es darum, die vorherige Gerade so weit wie möglich zu verlängern, indem man sich in die Kurve einbremst. Hinter dem Scheitelpunkt ist der Wagen so weit verzögert, dass man den Radius verengen und die Ausfahrt ins Visier nehmen kann.*

*80*

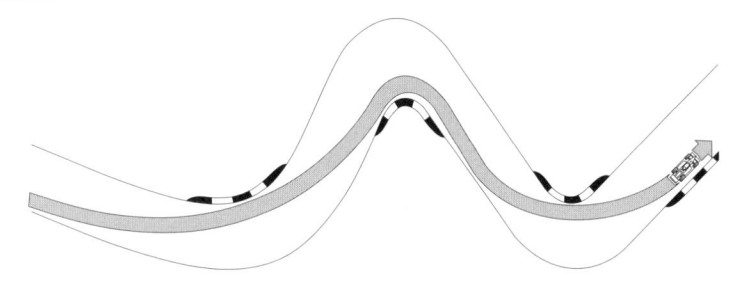

*Bei einer Kurve, die zwei Kurven miteinander verbindet, geht es ebenfalls darum mit maximaler Geschwindigkeit auf die folgende Gerade zu kommen. Dabei verzichtet man auf die Linie der „verbindenden Kurve", um die Geschwindigkeit in den anderen Kurven hoch zu halten.*

wie möglich und wählt einen frühen Scheitelpunkt, verzögert dann in der Kurve und positioniert den Wagen für eine optimale Kurvenausfahrt.

Nun werdet ihr bestimmt sagen: „Eine Reihe Kurven führen doch direkt von einer Geraden wieder auf eine Gerade". Da liegt ihr richtig. Priorität hat dann immer der Fakt, dass die Kurve auf eine längere Gerade führt. Auch hier hat die Geschwindigkeit auf der anschließenden Geraden höchste Bedeutung. In diesem Fall fahrt die Kurve also dementsprechend und wählt einen späten Scheitelpunkt. Es gibt solche Kurven, aber nicht sehr häufig. Es ist jedoch wichtig sie zu erkennen und zu wissen, wie man sich verhalten muss.

Der letzte Kurventyp ist eine Verbindung mehrerer Kurve, die ein „S" bilden (siehe Illustration). Hier geht es darum, auf die letzte Kurve, die wieder auf eine Gerade führen wird, vorbereitet zu sein. Fahrt diese letzte Kurve wie die anderen auf eine Gerade führenden und wählt einen späten Scheitelpunkt. Die ersten beiden Kurven in dieser Kombination sind unwichtig und müssen nur genutzt werden, um für die letzte optimal vorbereitet zu sein. Versucht in einen sauberen, runden Rhythmus zu kommen.

Bei einer Kurvenkombination sollte man sich vor allem auf die Letzte konzentrieren. Auch hier gilt, konzentriert euch darauf, Geschwindigkeit für die anschließende Gerade zu gewinnen. Fahrt die Kurven mit dem Ziel, in der letzten Biegung das Maximum an Speed für die Gerade zu erreichen.

### Technik für Ovalkurse

In vergleichbaren Büchern wird vor allem das Fahren auf ausgebauten Rundstrecken wie dem Nürburg- oder dem Hockenheimring beispielsweise behandelt. Die in den USA beliebten Rennovale bleiben dabei unberücksichtigt. Ich werde hier nicht detailliert über Strategien und so weiter sprechen, doch sollte man zumindest einige grundlegende Techniken für diese Rennstrecken erwähnen.

Zunächst die Abstimmung des Wagens. Im Allgemeinen ist der Wagen leicht untersteuernd abgestimmt und nicht übersteuernd. Es ist angesichts der hohen Geschwindigkeiten so gut wie unmöglich, einen übersteuernden Wagen auf einem Ovalkurs zu beherrschen. Das mag einige Runden gut gehen, doch irgendwann wird der Wagen an der Betonbande landen. Auf einem Ovalkurs ist die Reaktion der Wagenfront entscheidend, nicht die des Hecks wie auf einer Rundstrecke.

Auf einem Oval zu fahren – vor allem auf den Superspeedways – verlangt nach einem flüssigen Fahrstil mit viel Feingefühl und Präzision. Es kommt darauf an, das Lenkrad leicht und rund zu handhaben – und die Kurven im glatten Bogen zu fahren. Gleichzeitig darf man das Lenkrad aber auch nicht zu langsam bewegen.

Die Ideallinie auf einem Oval hängt von der Kurvenneigung, der Karosserieform und dem Handling des Wagens ab. Man muss sich mehr als auf einem Rundkurs an die Kurven „herantasten" und ein Gefühl dafür entwickeln, den Wagen laufen zu lassen. Alles was ich bisher über den Kurvenkompromiss, Referenzpunkte und Ablaufphasen der Kurvendurchfahrt gesagt habe, gilt auch auf einem Oval. Und wie auf einer ausgebauten Rennstrecke hängt die Geschwindigkeit auf der Geraden auch davon ab, wie gut man aus der Kurve kommt.

Schwung ist alles auf einem Oval. Der kleinste Fehler oder zu wenig Gas kann katastrophale Auswirkungen auf die Rundenzeiten haben. Man darf auf keinen Fall zu langsam in eine Kurve einfahren. Lieber etwas früher als es möglich scheint einlenken, Fuß von der Bremse nehmen und den Wagen rollen lassen – Schwung ist alles.

Auch hier wartet man so lange wie möglich, bevor man vom Gas geht und mit dem Bremsen beginnt. Aber sanft. Erinnert euch an den Traktionskreis. Man kann beim Einlenken nicht so stark bremsen wie auf einer Geraden.

Auf einem Oval ist es außerordentlich wichtig, weit vorausschauend zu fahren. Wenn ich auf einem Ovalkurs fahre, versuche ich immer so weit nach vorne zu blicken, wie ich kann, um dann diesen Punkt so schnell wie möglich zu erreichen. Das klingt vielleicht banal, aber es hilft. Die meistens Piloten blicken auf die Mauer oder den Punkt, den sie gleich erreichen werden. Man schafft keine saubere, fließende Linie, wenn man nicht weit genug nach vorne blickt. Weit nach vorne zu blicken und sich auf diesen Punkt zu konzentrieren, hat mir immer wieder geholfen.

Auf einem Ovalkurs herrscht eine vollkommen andere Bewegung als auf einer ausgebauten Rennstrecke. Auf den kleineren Strecken (eine Meile oder weniger) muss man sich ständig mit anderen Wagen beschäftigen – man überholt oder wird selbst überholt. Der Blick in den Spiegel und auf das seitliche Sichtfeld spielen hier eine überragende Rolle.

Die von anderen Wagen verursachten Turbulenzen sind auf Ovalen ein besonderes Thema. Überholen kann schwierig werden, weil der vor einem fahrende Wagen für Luftverwirbelungen sorgt und so die eigene Geschwindigkeit negativ beeinflusst. Man muss dann vom Gas gehen, versuchen, ein wenig langsamer in die Kurve zu kommen, um dann früher als der Konkurrent zu beschleunigen und aus seinem Windschatten heraus zu überholen.

Auch ein mit geringem Abstand folgender Wagen kann auf einem Superspeedway das Handling des eigenen Wagens beeinflussen, weil der gestörte Luftstrom über dem Heck den Abtrieb verringert und ein Übersteuern verursacht.

Vor meinem ersten Rennen auf einem Ovalkurs bekam ich einen guten Rat: „Wenn der Wagen auf einem Oval störrisch ist, zwinge ihn nicht." Auf einem Rundkurs kann man mit einem schlecht liegenden Wagen irgendwie fertig werden, indem man seine Fahrtechnik anpasst. Das ist auf einem Oval sehr schwierig und vor allem gefährlich. Das Austarieren des Wagens ist auf einem Oval wesentlich kritischer, und wenn man ein technisches Problem auch nur vermutet, sollte man sofort die Boxen ansteuern. Ein mechanischer Defekt auf einem Oval kann schlimme Folgen haben.

### Kurvengeschwindigkeit

Sollte es nicht eine magische Formel geben, mit der sich die optimale Geschwindigkeit für alle Kurven berechnen ließe? Nun, tatsächlich gibt es so etwas. Die Reifenhersteller, die Formel 1 und einige Teams bei US-Rennserien nutzen aufwendige Computersimulationen, um zur Erreichung maximaler Kurvengeschwindigkeiten die Gummimischung der Reifen sowie die optimale Abstimmung des Fahrwerks zu ermitteln. Nachdem der Computer mit hunderten von Parametern des Wagens und der Strecke gefüttert worden ist, berechnet er die theoretische Geschwindigkeit, mit der der Wagen im Grenzbereich gefahren werden könnte. Ein guter Pilot wird allerdings in den meisten Fällen schneller unterwegs sein, als der Computer es für möglich hält. Daher ist es noch immer unsere Sache, herauszufinden, mit welcher Geschwindigkeit man durch die Kurven fahren kann.

Doch mit einer relativ einfachen mathematischen Formel ist es möglich, theoretisch die ungefähre maximale Geschwindigkeit selbst zu ermitteln, vorausge-

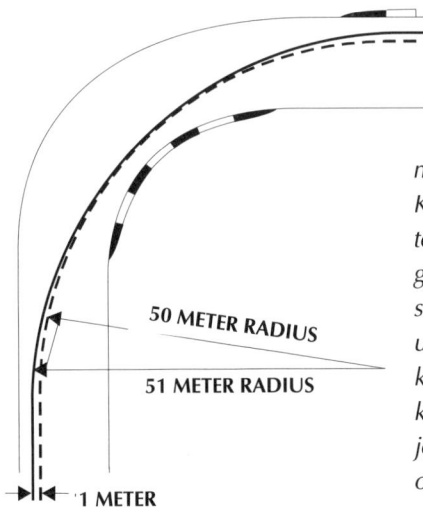

*Wenn man nicht die gesamte Streckenbreite nutzt, verzichtet man auf Geschwindigkeit. Indem man am Kurveneingang und Ausgang nur einen Meter vom Streckenrand entfernt bleibt, verringert man den Kurvenradius deutlich. In diesem Beispiel verringert sich der Kurvenradius um einen Meter, was ungefähr einem knappen km/h Unterschied entspricht. Das klingt nicht nach viel, doch wenn man in jeder Kurve so fährt, sind es am Ende drei oder vier Zehntelsekunden weniger.*

setzt man verfügt über einige Basisinformationen wie dem Kurvenradius und dem Reibungskoeffizient zwischen Reifen und Streckenoberfläche. Allerdings vorausgesetzt, dass es sich um keine geneigte Stecke handelt. Doch meist hat diese Rechenaufgabe nur geringen praktischen Wert – wie kann man schließlich durch eine Kurve fahren und die aktuelle Geschwindigkeit messen? Auf der anderen Seite bringt uns diese Formel zu einem wichtigen Punkt.

Betrachten wir eine 90-Grad-Rechtskurve, die eine theoretische Maximalgeschwindigkeit von 120 km/h zulässt. Wenn man nicht die gesamte Fläche nutzt – also bei der Kurvenein- wie -ausfahrt lediglich dreißig Zentimeter bis zur Kurvenkante ungenutzt lässt – verringert man den Radius schon soweit, dass sich das theoretische Geschwindigkeitsmaximum um zwei km/h verringert. Obwohl es sich nur um eine Verringerung von wenig mehr als einem Prozent Geschwindigkeit handelt, entspricht dies bei einer Rundenzeit von einer Minute mehr als einer halben Sekunde. Und das ist verdammt viel.

Dieses Rechenspiel unterstreicht, wie wichtig es ist, jeden Zentimeter der Strecke zu nutzen, und wie wichtig die Ideallinie für die Kurvengeschwindigkeit ist.

In Verbindung mit einer optimalen Linienführung durch die Kurve muss man ein Gefühl für Traktion und Geschwindigkeit entwickeln, weil das am Ende die Kurvengeschwindigkeit bestimmt. Zur Erinnerung: Wenn man den Radius vergrößert, steigt auch die mögliche Geschwindigkeit – und umgekehrt verringert sie sich mit kleinerem Radius.

### Die Ausfahrtphase

Die Kurvenausgangsphase ist der Bereich, der so weit perfektioniert werden kann, wie man es sich nur denken kann. Hat der Fahrer hier Defizite, muss man wieder zurück an die Grundlagen gehen.

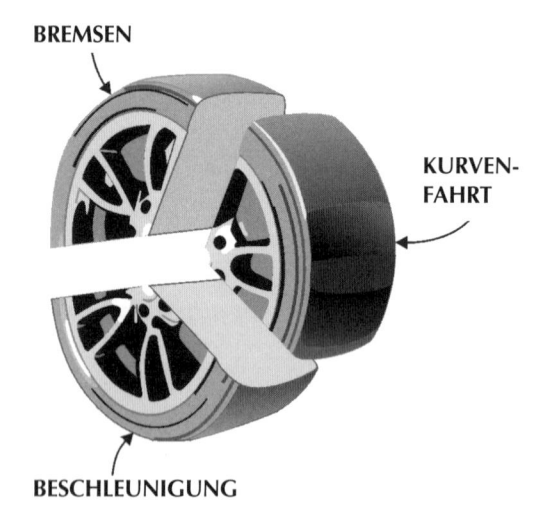

*Ein Reifen kann für drei Dinge eingesetzt werden: Bremsen, Kurvenfahrt und/oder Beschleunigung. Man kann die Traktion des Reifens für jede dieser drei Bereiche einzeln oder zwei der Kräfte kombiniert einsetzen – doch es gibt Grenzen.*

Das Ziel bei der Kurvenausgangsphase lässt sich am besten mit der folgenden Aussage beschreiben: Der Pilot, der als erster zu beschleunigen beginnt, wird als erster das Ende der Geraden und meistens auch die Ziellinie erreichen. Darum geht es in diesem Bereich: Die Beschleunigung für die folgende Gerade zu maximieren. Doch es gibt Grenzen.

### Die 100-Prozent-Reifen-Regel

Ich gehe davon aus, dass ihr bereits wisst, dass die Reifentraktion für Verzögern ebenso wie für Beschleunigen oder eine Kombination aus beiden entscheidend ist. Tatsächlich kann man 100 Prozent der Traktion für den Bremsvorgang einsetzten. Man kann 100 Prozent Traktion für die Kurvenfahrt aufwenden. Oder man kann 100 Prozent für das Beschleunigen benutzen. Aber man kann niemals gleichzeitig 100 Prozent für Kurvenfahrten und 100 Prozent für die Beschleunigung mobilisieren. Man kann nicht einmal ein Prozent in die Beschleunigung in-

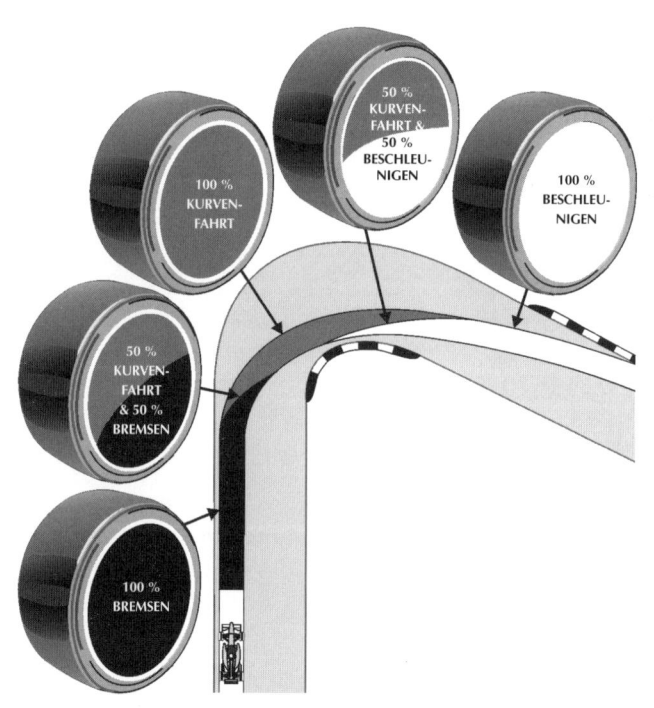

*Man kann nur 100 Prozent aus einem Reifen herausholen, ob man nun bremst, durch die Kurve fährt, beschleunigt oder die drei Bereiche kombiniert. Der Pilot, der konstant 100 Prozent und nicht mehr abruft, wird meistens der Schnellste sein. Einige Fahrer versuchen, mehr als 100 Prozent aus ihren Reifen herauszuholen und haben häufig Unfälle, andere nutzen sie nur zu 90 bis 95 Prozent und sind entsprechend langsam.*

vestieren, wenn man 100 Prozent für die Kurvenfahrt benötigt. Man kann eben nur 100 Prozent aus dem Reifen herausholen und nicht mehr.

Was ich deutlich machen will, ist die Tatsache, dass es von überragender Bedeutung ist, nicht mehr als 100 Prozent vom Reifen abzurufen, wenn man gleichzeitig bremst, Kurven fährt und beschleunigt. Nur so kann man schnell sein, und das muss das ultimative Ziel sein.

Wenn man am Limit fahren will, muss man die gesamte Traktion des Reifens auf der gesamten Strecke einsetzen. Wenn man vor der Kurve zu bremsen beginnt, nutzt man 100 Prozent der Traktion für die Verzögerung. Wenn man den Scheitelpunkt erreicht hat, und einlenkt, muss man von der Bremse gehen und ein gewisses Maß der Bremstraktion zugunsten der Kurventraktion opfern und so von 100 Prozent Bremstraktion zu einem Verhältnis von 50 Prozent Bremstraktion und 50 Prozent Kurventraktion kommen, was sich am Ende zu 100 Prozent Kurventraktion addiert. Für einen sehr kurzen Zeitraum, der zwischen Sekundenbruchteilen und einigen Sekunden liegen kann, setzt man 100 Prozent Kurventraktion ein. Und wenn das Lenkrad frei gegeben ist, tauscht man die Kurventraktion gegen die Beschleunigungstraktion.

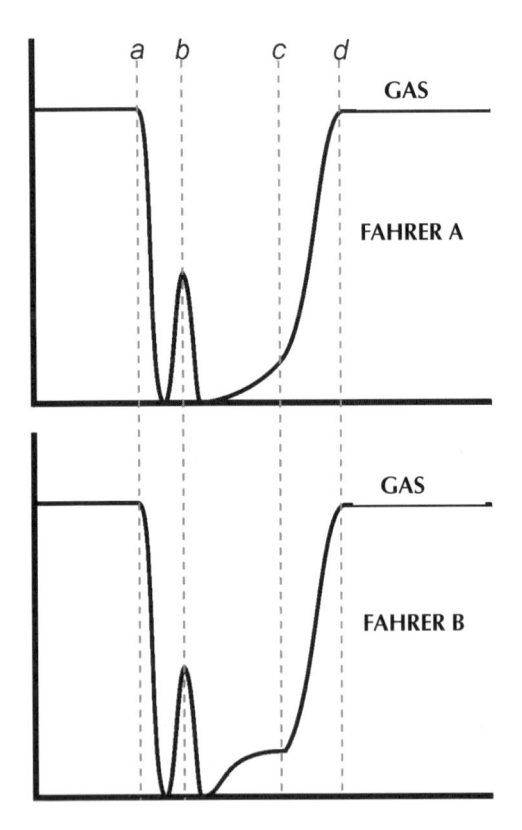

*Die Grafik zeigt die Gaspedalstellungen von zwei Fahrern in der gleichen Kurve. Beide Fahrer gehen am Ende der Geraden zum gleichen Zeitpunkt vom Gas (a) und geben zum gleichen Zeitpunkt Zwischengas für einen Gangwechsel (b). Doch dann gehen sie unterschiedlich zurück aufs Gas. Fahrer A gelingt ein sauberer Druck aufs Gaspedal, während Fahrer B anders vorgeht: Er drückt etwas früher aufs Gas und gibt dann Vollgas. In den meisten Fällen (nicht immer) wird das Verhalten von Fahrer B mit einer schnelleren Rundenzeit belohnt. Und häufig trägt der frühe Druck aufs Gaspedal zu einer besseren Balance des Wagens bei und verbessert die Geschwindigkeit in der Kurvenmitte.*

### ERFOLGSGEHEIMNIS NR. 23:
### Man kann nur 100 Prozent der Reifentraktion einsetzen, und genau das sollte man erreichen.

Der Schlüsselpunkt in der Ausgangsphase ist die Freigabe des Lenkrads und des Wagens, sodass man die gesamte Traktion für die Beschleunigung benutzen kann. Wie ich bereits sagte: Je früher man beschleunigen kann, desto schneller ist man auf der Geraden.

Es ist nicht selten, dass man aus Lust an der einwirkenden Fliehkraft, das Lenkrad unbewusst etwas länger als notwendig festhält. Mit anderen Worten: Man gibt das Lenkrad nicht frei und lässt den Wagen einem zunehmenden Radius folgen. Je länger man einen engen Radius beibehält, desto mehr fühlt man die Fliehkräfte, doch dafür verringert sich die Geschwindigkeit. Daher gebt das Lenkrad frei und lasst den Wagen frei rollen.

Wenn man ständig an dieses Konzept denkt und die 100-Prozent-Reifen-Regel verinnerlicht, wird man wahrscheinlich konstant am Limit fahren.

Ein schneller, aber wichtiger Tipp für das Fahren auf einem Oval oder einer Rundstrecke mit Betonmauern: Je mehr man versucht, am Ende der Kurve der Mauer fern zu bleiben, desto wahrscheinlicher wird man irgendwann mit ihr kollidieren. Gebt das Lenkrad frei und lasst den Wagen der Streckenbegrenzung so nah wie möglich kommen.

Wann und wie man in einer Kurve mit der Beschleunigung beginnt, spielt am Ausgang eine überaus wichtige Rolle. Auch hier gilt die Regel, dass man so früh wie möglich mit dem Beschleunigen beginnen sollte. Allerdings muss man bei einigen Wagen etwas Geduld zeigen, bevor man wieder beschleunigt. Wenn man zu früh aufs Gaspedal tritt, erreicht man höchstens eine Entlastung der Fronträder, was zu Untersteuern führt. In dem Fall muss man langsamer werden, um den Wagen unter Kontrolle zu bekommen.

Bei anderen Wagen muss man fast schon beim Einlenken wieder beschleunigen. Um das richtige Handling zu finden, muss man ausgiebig testen. Diese Erfahrungen helfen dem Fahrer auch, über die Fahrwerkseinstellungen Einfluss auf das Fahrverhalten des Wagens nehmen zu können.

Noch etwas gilt es zu begreifen. Jeder Zentimeter Strecke, auf dem man den Wagen nicht frei laufen lässt, bedeutet einen Verlust an Geschwindigkeit. Wenn die äußeren Reifen nicht wenigstens an den Randsteinen vorbei oder darüber räubern, ist man nicht so schnell, wie man sein sollte. Versteht ihr meinen Hinweis?

### ERFOLGSGEHEIMNIS NR. 24:
### Jeden Zentimeter, den man auf der Strecke nicht nutzt, kostet Geschwindigkeit. Ihr habt dafür bezahlt, also nutzt alles.

## Siegertypen

Wenn wir uns einmal ansehen, was Sieger von Verlierern unterscheidet, lernen wir verschiedenerlei Dinge:

Was unterscheidet den siegenden Neuling vom verlierenden Neuling? Die Kurvenlinie – beständig die richtige Linienführung zu finden.

Was unterscheidet siegreiche Amateure von verlierenden Amateuren? Die Beschleunigungsphase in der Kurve – wie früh und wie kräftig sie aufs Gas gehen.

Was unterscheidet den siegreichen Profi vom verlierenden Profi? Die Kurveneingangsgeschwindigkeit – wie schnell sie in eine Kurve einlenken können und wie flott sie in die Beschleunigungsphase kommen.

Was unterscheidet die Großen vom Rest des Feldes? Die Geschwindigkeit in der Mitte der Kurve – wie schnell sie die Kurve nehmen können.

Bevor jetzt jemand auf die Idee kommt, mit einem Wahnsinnstempo durch die Mitte jeder Kurve zu rasen, denkt bitte daran, dass die Großen zu dem wurden, was sie heute sind, weil sie ihre Linienführung, die Beschleunigungsphase und die Kurveneingangsgeschwindigkeit perfektioniert haben. Das ist die Prioritätenliste, um das Fahren am Limit zu lernen und ein großartiger Rennfahrer zu werden.

# Kapitel 8
## Streckenkunde

Bevor man erfolgreich im Grenzbereich fahren kann, muss man die Strecke genau kennen. Das gilt nicht nur für die Kurvenabfolge, obwohl das natürlich auch Teil des Kennenlernens ist. Man muss wirklich jedes Detail der Strecke verinnerlichen. Bei einigen Strecken dauert es allerdings länger.

Wenn man die Strecke „liest", berücksichtigt man die Oberfläche (Beton, Asphalt, Unebenheiten, Streckeneinfassungen etc.), den Radius der Kurven (ab- oder zunehmend, konstant, rechts, links, eng oder weit, etc.) die Neigung der Strecke (positiv, negativ, glatt), das Profil (bergauf oder bergab) und die Länge der Geraden (kurz oder lang).

Auf einer neuen Strecke fährt man zunächst am besten alle Kurven mit einem späten Scheitelpunkt, um so zusätzlichen Platz bei der Ausfahrt zu haben, falls die Kurve enger als vermutet ist. Bei jeder folgenden Runde setzt man den Scheitelpunkt früher. Letztlich wählt man den Punkt, von dem aus man am besten beschleunigen kann, ohne in Platznöte zu geraten. Das ist der ideale Scheitelpunkt.

Auch die Neigung der Kurve spielt eine wichtige Rolle. Ich habe ja bereits erklärt, dass der Kurvenradius die Geschwindigkeit bestimmt. Nun, tatsächlich kann der Radius im Zusammenhang mit einer Kurvenneigung an Bedeutung verlieren. Bei einer erhabenen Kurve sollte man diese positive Neigung so bald und solange wie möglich für seine Kurvenlinie nutzen. Das ermöglicht ein etwas früheres Einlenken als ohne eine solche Neigung. Viele Fahrer unterschätzen zudem die zusätzliche Traktion, die sich daraus ergeben kann. Nutzt also die Neigung zum eigenen Vorteil.

Bei abschüssigen Kurven sollte man allerdings die negative Neigung möglichst meiden. Die Schräge wird nicht zwingend an allen Stellen der Strecke gleich sein, also macht es Sinn, sich die Fahrbahn aufmerksam anzusehen. Aus dem Auto heraus ist nicht jede Schräge erkennbar. Umso wichtiger ist es, die Strecke einmal abzulaufen und sich alle Details zu notieren.

Notiert auch die unterschiedliche Fahrbahnbeschaffenheit, vor allem in der Mitte der Kurven und passt später die Linienführung diesen Verhältnissen an. Findet die Stellen mit dem maximalen Grip heraus. Natürlich ist es das Ziel, wenn irgend möglich auf dem griffigsten Untergrund zu fahren. So lassen sich Vorteile erzielen oder Nachteile verringern.

Wenn die Wagen ihre Runden drehen, finden sich schon bald Gummiabrieb, Steinchen und Staub auf der Strecke, und zwar direkt neben der Ideallinie. Diese auch „Murmeln"genannten Rückstände sind extrem glatt und sollten unter allen Umständen gemieden werden. Muss man die Ideallinie verlassen, weil beispielsweise ein anderer Wagen überholt, bleiben diese Partikel an den Reifen haften und verringern den Grip in der nächsten Kurve. Also Vorsicht! Meistens verschwindet der Dreck aber wieder, nach ein paar Runden.

Auch die Bergauf- und Bergab-Passagen der Strecke sind einer genaueren Betrachtung wert. Ihr Einfluss auf das Traktionsverhalten des Wagens ist erheblich. Diese Streckenabschnitte kann man gut zum eigenen Vorteil nutzen. Eine kurze Erinnerung: Ein bergauf fahrender Wagen hat an allen vier Reifen mehr Traktion als ein bergab fahrender, weil sich dann die vertikale Last deutlich erhöht. Ziel muss es also sein, bergauf so viel wie möglich zu bremsen, zu lenken und zu beschleunigen und bergab so wenig es geht.

## Die Strecke ablaufen

Um die Strecke später möglichst schnell zu fahren, sollte man sie einmal langsam ablaufen. Allerdings machen einige Piloten daraus ein regelrechtes gesellschaftliches Ereignis und nehmen viele Freunde mit auf diesen Spaziergang. Effektiver ist es, die Strecke allein oder mit einem anderen Fahrer zu begehen, der vielleicht auch noch den einen oder anderen Rat oder Tipp parat hat. Und am besten läuft man die Piste in genau der Linienführung ab, in der man sie später als Fahrer ansteuern wird. An einigen Stellen ist es sogar empfehlenswert sich hinzuknien, um Unebenheiten oder Oberflächenwechsel besser beurteilen zu können.

Es wird einfacher, eine fremde Piste zu beurteilen, wenn man bereits einige Strecken gefahren ist und sie kennt. Auf jeder neuen Rennstrecke ähnelt die eine oder andere Kurve einer bereits bekannten und man kann sie dementsprechend fahren. Hier zahlt sich Erfahrung wirklich aus.

Nachdem ich jahrelang über die verschiedenen Strecken marschiert bin, mache ich mich jetzt erst nach der ersten Trainingsrunde auf meinen Fußweg. Ich habe nämlich festgestellt, dass ich mitunter nach einer Streckenbesichtigung vor dem ersten Training falsche Schlüsse gezogen hatte. Manche scheinbare Dritte-Gang-Kurve erwies sich später als durchaus mit dem Vierten befahrbar. Um also die Strecke richtig zu begreifen, musste ich erst einmal meine Vermutungen und Überlegungen auf eine realistische Basis stellen.

Heute studiere ich zunächst die Streckenkarte und präge sie mir ein. Dann mache ich mich während des ersten Trainings mit der Strecke bekannt, probiere unterschiedliche Gänge in den verschiedenen Kurven aus und konzentriere mich zuerst auf die wichtigsten Kurven. Am Ende des Tages mache ich mich zu Fuß auf den Weg und analysiere alle möglichen Details, sortiere meine Gedanken und meine Vorstellungen, betrachte die Fahrbahnoberflächen, die Neigungen, die Referenzpunkte und die Ausweichmöglichkeiten. Und danach setze ich mich ins Auto und fahre die Strecke möglichst mit geringer Geschwindigkeit ab. Das hilft mir, auch das letzte Detail in meinem Kopf zu speichern.

## Die Strecke kennen lernen

Lernt man eine neue Strecke kennen, gibt es zwei Hindernisse auf dem Weg zur Maximalgeschwindigkeit zu überwinden: Die Suche nach der Ideallinie und ihre Optimierung und nach der maximalen Traktion, um den Wagen so schnell wie möglich auf dieser Ideallinie zu bewegen.

Im Allgemeinen erarbeitet man sich eine neue Strecke leichter, hält man sich dabei an diese Reihenfolge: Zuerst die Ideallinie finden, dann das Fahren darauf optimieren. Bei der Suche nach der Ideallinie ist es wichtig, die gesamte Streckenbreite zu nutzen, den Wagen also nötigenfalls auch an den äußeren Rand der Fahrbahn zu steuern. Am Einlenkpunkt von Kurven ist es einfach, nur wenige Zentimeter vom Streckenrand entfernt zu fahren. Beim Scheitelpunkt sollte man mit den Reifen so dicht wie möglich an der Kurveninnenseite oder am Bordstein sein. Und bei der Ausfahrt schließlich kann man zusätzlich noch die Einfassung der Strecke nutzen. Zu diesem Zeitpunkt ist man ja noch relativ langsam unterwegs.

Viele Piloten erzählen, dass sie keine Probleme bei der Suche nach der Ideallinie haben, weil sie einfach dem schwarzen Abrieb auf dem Asphalt folgen. Sie sprechen dann von der „Spurrinne". Sie liegen falsch, denn diese schwarzen Spuren sind das Ergebnis von Kurskorrekturen anderer Piloten, die an diesen Stellen entweder massives Unter- oder Übersteuern auszugleichen versuchten. Wenn ihr die Strecke ablauft, folgt daher mal diesen dunklen Reifenspuren. Im Allgemeinen enden sie irgendwo neben der Strecke oder nach einem fulminanten Dreher auf der Kurveninnenseite. Die Ideallinie liegt meistens innen neben dieser schwarzen Spur. Natürlich kann man auch diese Linie als Orientierung nutzen, man darf ihr aber nicht einfach folgen.

Je mehr nun von Mal zu Mal die Geschwindigkeit erhöht wird, desto stärker wird das Bestreben des Wagens, auf der Ideallinie die Kurven auszufahren. Zur Erinnerung: Lasst den Wagen am Ende der Kurve laufen. Wird der Wagen am Kurvenausgang zu sehr in eine Richtung gezwungen, steigt die Gefahr eines Drehers. Oder es ist nicht möglich, rechtzeitig zu beschleunigen.

Wer sich auf diese Weise eine Strecke erarbeitet, sollte jeden Zentimeter der Fahrbahn nutzen. Das muss verinnerlicht sein und ein unbewusster Ablauf werden. Erst wenn die Ideallinie dem Fahrer in Fleisch und Blut übergegangen ist, kann er das Limit austesten. Es ist schwer, sich auf zwei Dinge gleichzeitig zu konzentrieren – die Ideallinie zu ermitteln und sich bereits mit der Optimierung der Traktion zu beschäftigen: Ist das Limit schon erreicht, oder kann ich noch beschleunigen?

Ist die Ideallinie im Kopf abgespeichert, wird der Grenzbereich ausgelotet. Hier gilt es nun ein Gefühl dafür zu entwickeln, wie viel Traktion zur Verfügung steht. Beschleunigt daher in jeder Runde etwas stärker aus jeder der Kurven heraus. Erinnert euch dabei an die Prioritäten und registriert aufmerksam, wie es um die Traktion bestellt ist. Geht immer früher aufs Gas, bis ihr entweder am Streckenrand landet oder der Wagen deutlich über- oder untersteuert. Denkt daran, der Wagen muss ganz leicht rutschen, sonst seid ihr noch nicht am Limit.

Nach dem die Ideallinie klar ist, kann man sich der Kurveneingangsgeschwindigkeit widmen. Arbeitet euch auch hier von den schnellsten zu den langsamsten Kurven herunter, steigert die Geschwindigkeit bei jeder Runde, bis der Wagen beginnt, in der ersten Hälfte der Kurve deutlich zu unter- oder zu übersteuern. Knapp darunter liegt die richtige Geschwindigkeit.

Auch hinsichtlich der Kurveneingangsgeschwindigkeit muss man einfach ein wenig probieren, selbst wenn man meint, der Grenzbereich sei bereits erreicht. Vielleicht war der Wagen für seine Ermittlung tatsächlich gut abgestimmt, das schließt aber nicht aus, das mit einer leichten Änderung der Technik der Grenzbereich doch noch einmal ausgedehnt werden kann: etwas mehr Kurveneingangsgeschwindigkeit oder etwas früheres Herausbeschleunigen.

Nehmen wir das Verlassen einer Kurve. Wir beschleunigen und der Wagen übersteuert. Das Limit ist also erreicht, zumindest mit dem momentanen Druck aufs Gaspedal. Also erst einmal runter vom Gas. Dann treten wir etwas allmählicher und gefühlvoller erneut auf das Pedal und der Wagen fängt sich. Er übersteuert weniger.

Ein anderes Beispiel: Man fährt mit steigendem Tempo in eine Kurve, bis der Wagen zu untersteuern beginnt. Mit der eingesetzten Fahrtechnik ist also auch hier das Limit erreicht. Wenn man nun aber beim Einlenken das Fahrzeug ein wenig abbremst und das Lenkrad etwas beherzter eindreht, könnte das Untersteuern verschwinden. Also niemals glauben, der Grenzbereich wäre schon ausgereizt, nur weil der Wagen leicht zu rutschen anfängt. Besser ist es, noch einige Runden zu drehen und immer wieder die Fahrtechnik leicht zu ändern. Dann wird sich zeigen, ob der Wagen noch immer den Befehlen des Piloten folgt.

Ein- und Ausgangsgeschwindigkeit stehen miteinander in engem Zusammenhang. Ist die Eingangsgeschwindigkeit in die Kurve zu gering, versucht man dies durch starkes Herausbeschleunigen zu kompensieren. Das wiederum kann die Traktionsfähigkeiten der hinteren Reifen überfordern. Bei einem höheren Eingangstempo müsste man weniger stark beschleunigen und es käme nicht zum Übersteuern. Ist die Eingangsgeschwindigkeit aber zu hoch, kann man erst entsprechend spät wieder aufs Gaspedal wechseln. Es mangelt dann an Geschwindigkeit auf der Geraden.

Das ist noch einmal zusammengefasst die Strategie, sich mit einer neuen Strecke vertraut zu machen:

Die Linie: Fahrt die Ideallinie mit einer leicht verringerten Geschwindigkeit (auch wenn das beim Training mit vielen anderen Wagen auf der Strecke nicht einfach ist), bis sie zur Gewohnheit wird.

Kurvenausgangsgeschwindigkeit: Testet nacheinander von der schnellsten bis zur langsamsten Kurve, wo das jeweilige Traktionslimit liegt, in dem ihr immer früher beschleunigt.

Kurveneingangsgeschwindigkeit: Steigert von Runde zu Runde die Eingangsgeschwindigkeit, bis das Traktionslimit erreicht ist.

Die Fahrtechnik bei Bedarf ändern: Versucht zeitiger oder stärker zu beschleunigen, bremst mehr oder weniger, lenkt etwas stärker ein – kurzum, lasst nichts unversucht, um die Kurven mit höherer Geschwindigkeit zu nehmen.

## Kapitel 9

# Fehler machen

Jedem Rennfahrer unterlaufen Fehler. Wichtig ist die Fähigkeit, diese Fehler zu erkennen und zu analysieren. Sonst ist es unmöglich, sie zu korrigieren und sich zu verbessern. Ich schlage also nicht vor, mit den Fehlern zu leben. Vielmehr will ich die Häufigsten hier aufzählen, sodass ihr sie erkennen und abstellen könnt.

Ich kenne mich da bestens aus, ich habe selbst schon genug Fehler gemacht. Ich glaube sogar, der Unterschied zwischen den guten und den weniger guten Piloten liegt genau in den Fehlern. Die guten Fahrer haben mehr Fehler gemacht und daraus gelernt. Ich bin mir sicher, dass ich mutiger als andere Piloten den Grenzbereich ausreize, weil ich schon oft genug darüber hinaus gegangen bin und weiß, wie man aus einer solchen gefährlichen Situation mit einem blauen Auge herauskommt. Ich kann mit Fehlern umgehen. Dafür braucht man einfach Erfahrung.

Der wahrscheinlich häufigste Fehler ist das zu frühe Einlenken in eine Kurve, bevor der ideale Punkt erreicht ist (siehe Illustration). Die Folge ist ein sehr früher Scheitelpunkt, und am Kurvenausgang fehlt es plötzlich an genügend Platz. Um dann nicht aus der Kurve getragen zu werden, hilft nur eines, runter mit dem Fuß vom Gas. Dadurch dreht der Wagen in die Kurve ein und findet die Ideallinie wieder. Natürlich geht das auf Kosten der Geschwindigkeit auf der anschließenden Geraden. Um diesen Fehler zu vermeiden, ist ein gut wiedererkennbarer Referenzpunkt wichtig, an dem man sich orientiert. Außerdem sollte man Scheitelpunkt und Kurvenausgang so verinnerlicht haben, dass man sie quasi schon vor dem inneren Auge sieht, ehe man sie überhaupt erreicht hat.

Das zu frühe Einlenken wird häufig durch ein

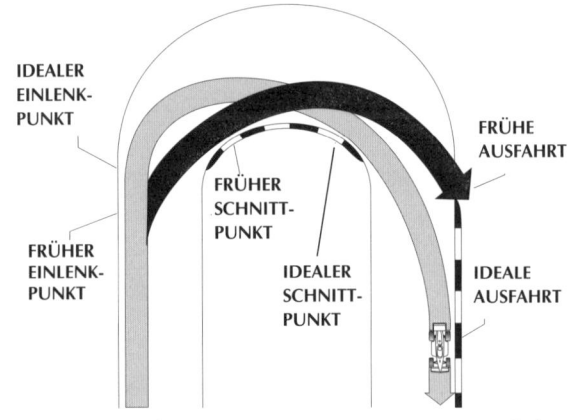

*Dieses Beispiel zeigt, was passiert, wenn man zu früh in eine Kurve einlenkt. Man erreicht einen frühen Schnittpunkt, was den Verlust an Streckenbreite zur Folge hat. Natürlich kann man in einem solchen Fall leicht vom Gas gehen (nicht zu schnell, um einen Dreher zu vermeiden) und so den Radius verengen.*

zu frühes Bremsen verursacht. Der Pilot bremst zu zeitig, verzögert den Wagen unter die gewünschte Eingangsgeschwindigkeit und erreicht so den Einlenkpunkt einige Meter zu früh. Um dieses Problem zu lösen, empfiehlt es sich logischerweise, etwas später zu bremsen.

Ein ebenfalls weit verbreiteter Fehler mit dem gleichen Ergebnis ist das zu starke Einlenken in die Kurve. Dabei lenkt man zwar am korrekten Punkt in die Kurve ein, doch dreht man das Lenkrad zu stark in die Kurve, sodass wieder ein zu früher Scheitelpunkt erreicht wird. Hier hilft vor allem die genaue Festlegung von anzupeilendem Scheitelpunkt und Kurvenausgang. Außerdem sollte man lernen, das Lenkrad weniger hektisch zu bedienen.

Keine Frage, die gesamte Fahrbahnbreite am Kurvenausgang muss genutzt werden. Doch was bringt es denn, nur der Ideallinie wegen scharf am Fahrbahnrand zu fahren, ohne dabei die nötige Geschwindigkeit für die anschließende Gerade aufzubauen. Man ist doch nicht schnell, nur weil es eng wird auf der Fahrbahn. Besser ist es, den Wagen am Kurvenausgang so fest wie möglich im Griff zu halten und ein genaues Gespür dafür zu entwickeln, wohin die Geschwindigkeit ihn schiebt. Wenn man das dann in den Fingerspitzen hat, kann man mit der maximal möglichen Geschwindigkeit auch die Kurvenfläche ausnutzen, und den Wagen einfach frei zum Kurvenausgang laufen lassen.

So mancher kleine Irrtum kann zu einem Dreher oder einem unfreiwilligen Ausflug neben die Strecke, einem Unfall also führen. Die meisten Probleme haben ihre Ursache in mangelnder Konzentration: Fehler bei der Beherrschung des Wagens oder Fehleinschätzungen in Sachen Geschwindigkeit und Fahrzeugposition. Wie ein solcher Irrtum endet, hängt nicht zuletzt davon ab, wie besonnen man damit umgeht und über wie viel Erfahrung man verfügt. Lernt aus euren Fehlern.

Setzt der Wagen zu einem Dreher an, sollte man gleich darauf vorbereitet sein, dass nach dessen Korrektur der nächste in entgegen gesetzter Richtung folgt, weil man zu stark gegengelenkt hat. Korrigiert das, indem ihr in die beabsichtigte Fahrrichtung seht, lenkt und dabei die Geschwindigkeit verringert, bis der Wagen wieder unter Kontrolle ist.

Wie ihr wisst, spielt die Gewichtsverlagerung bei einem Dreher oder beim Ausbrechen eine große Rolle. Mit Gefühl den Wagen wieder auszubalancieren, das ist der wahre Schlüssel zur Beherrschung einer solchen Situation. Wenn es sich dabei um ein Übersteuern handelt, blickt und lenkt in die Richtung, in die ihr fahren wollt.

Wenn der Wagen sich tatsächlich dreht, vor allem ruhig bleiben und sehen, wo es hingeht. Sofort voll auf die Bremsen treten, sodass sie blockieren. Das bringt den Wagen dazu, sich in die vor dem Blockieren der Bremsen eingeschlagene Richtung weiter zu bewegen. Tretet auf die Kupplung, blockiert die Bremsen und hofft, dass ihr nirgendwo anstoßt. Ganz egal, wie ausweglos die Situation scheint, blickt in Fahrtrichtung und versucht, den Wagen wieder in den Griff zu bekommen. Haltet den Motor am Laufen, indem ihr etwas Gas gebt. Mit etwas Glück könnt ihr dann nach dem Dreher weiterfahren. Mehr kann man nicht machen – außer den Dreher überhaupt zu vermeiden.

Manche meinen ja, ein Dreher wäre der Beweis, dass man tatsächlich am Limit fährt. Wenn ihr euch also dreht, habt ihr etwas gelernt.

IDEALLINIE

RETTUNGSLINIE

James Weaver: „Zu einem Crash kommt es meist dann, wenn einem mehrere Fehler schnell hintereinander unterlaufen und man schon den ersten nicht erkannt hat. Bei einem Dreher ziehe ich die Lenkung noch hinein, um ihn zu beschleunigen und blockiere erst dann die Bremsen, wenn ich den Wagen im richtigen Winkel habe. Dann lasse ich schlagartig das Lenkrad los."

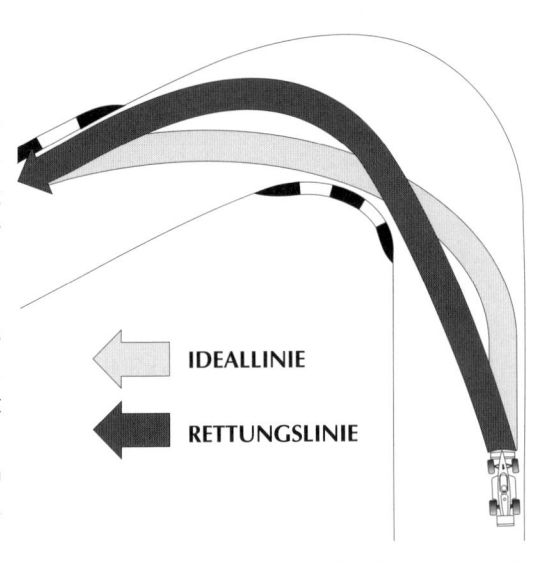

*Wenn man zu spät bremst und daher zu schnell in eine Kurve fährt, muss man einen sehr frühen Scheitelpunkt wählen. So verlängert man die Bremsstrecke.*

Nach einem Dreher würgen viele Piloten aufgrund der ganzen Aufregung erst einmal ihren Motor ab, wenn sie wieder losfahren wollen. Bewahrt die Ruhe, blickt in alle Richtungen, um eine Kollision zu vermeiden, achtet auf die Zeichen der Streckenposten und startet dann mit möglichst hoher Drehzahl zurück auf die Piste. Und nicht vergessen: Eure Reifen sind voller Kies und anderem Schmutz, was den Grip deutlich beeinträchtigt. Geht die Sache also mit Ruhe an, um nicht gleich wieder den nächsten Dreher zu produzieren.

Was soll man tun, wenn man mit zu hoher Geschwindigkeit in eine Kurve einfährt und feststellt, dass sich der Wagen nicht lenken lässt? Viele Piloten versuchen nun, die Situation mit einer Vollbremsung zu retten. Tatsächlich habt ihr aber eine wesentlich bessere Chance, wenn ihr die Bremsen eher zurückhaltend einsetzt. Warum? Dafür gibt es zwei Gründe:

Der Wagen ist besser im Gleichgewicht (weniger Gewichtsverlagerung nach vorne), sodass alle vier Räder ihren Grip behalten und die Frontreifen nicht überfordert werden und eure Konzentration und Aufmerksamkeit sind ganz auf die Beherrschung des Wagens, die Kontrolle der Traktionsverhältnisse, auf das Abbremsen gerichtet, und nicht auf das simple Davonkommen. Glaubt es oder auch nicht, aber mit diesem Plan kommt ihr schneller um die Kurve als mit vielen anderen so genannten Tricks.

Ist man zu spät auf die Bremsen gegangen und fährt deshalb zu schnell in eine Kurve, sollte man einen frühen Scheitelpunkt anvisieren. So lässt sich zusätzliche Strecke gewinnen, um den Wagen zu verzögern.

Wird man aus der Kurve getragen, weil man zu früh eingelenkt und einen zu frühen Scheitelpunkt gewählt hat, ist es nicht tragisch, wenn die Außenräder auch mal den Asphalt verlassen. Dann aber als Erstes die Räder gerade stellen, selbst auf die Gefahr hin, wenige Sekunden lang eine Begrenzungsmauer anzusteuern. Aber in dem Moment kann man den Wagen abbremsen und ihn so wieder in den Griff bekommen.

Versucht man in einem solchen Fall, den Wagen direkt wieder auf die Strecke zu lenken, wird man vermutlich nur die beiden Vorderräder und vielleicht ein hinteres Rad auf den Asphalt zurück bekommen. Die Folge ist meistens ein schneller Dreher auf die Strecke und im schlimmsten Fall eine Kollision mit einem anderen Boliden. Treffen die Räder in einem sehr unglücklichen Winkel auf die Piste, kann sich der Wagen sogar überschlagen. Also besser ist, die Vorderräder gerade zu halten, bis der Wagen wieder im Griff ist. Keine Panik, und zwingt den Wagen nicht zurück auf den Asphalt. Das funktioniert nicht.

Und nun zu einem Problem, dass man selbst nicht zu verantworten hat: Bremsenfading, ein Nachlassen der Bremswirkung.

Fading wird zumeist durch Überhitzen eines Teiles der Bremse verursacht: Bremsscheibe, Bremsbelag, Bremsklauen oder Bremsflüssigkeit. Das kann natürlich euere Schuld sein, wenn ihr um die Probleme wusstet und die Bremsen trotzdem überfordert habt. Manchmal muss man sich selbst ein wenig Beine machen, um die Bremsen vor einem Renneinsatz für eine maximale Belastung zu trimmen.

Wenn die Ursache des Fadings überhitzte Beläge sind (heute allerdings sehr selten, es sei denn man ist mit einem Serien-Pkw unterwegs), vermittelt das Bremspedal einen stabilen Eindruck. Doch soviel man auch darauf tritt – der Wagen verzögert kaum. Man kann dann nicht viel mehr tun, als Klötze und Scheiben einige Runden lang abzukühlen. Mit heiß gefahrenen Bremsen in die Box zu gehen macht wenig Sinn, weil überhitzte Bremsen ohne Luftzug viel mehr Zeit zum Abkühlen benötigen. Zu allem Übel heizen sie dabei noch die umliegende Mechanik mit auf und verursachen so noch mehr Schaden. Daher macht also auch die „Abkühlrunde" am Ende einer jeden Trainingssession so viel Sinn.

Wird das Fading von kochender Bremsflüssigkeit verursacht, dann wird auch das Bremspedal „weich" und lässt sich ohne nennenswerten Widerstand bis auf den Boden durchtreten. In diesem Fall sind häufig auch die Bremssättel und die Bremsscheiben überhitzt. Hier hilft, wenigstens für eine kurze Zeit, zu pumpen, um in den Bremsleitungen wieder Druck aufzubauen. Doch auch in diesem Fall braucht es einige Runden, damit sich die Mechanik wieder abkühlen kann. Zumeist muss aber wegen der kochenden Bremsflüssigkeit anschließend die ganze Bremsanlage entlüftet werden.

## Kapitel 10

# Rennen im Regen

Es ist natürlich wesentlich gefährlicher, Rennen im Regen zu fahren, als unter trockenen Fahrbahnbedingungen. Bei Schlechtwetter kommt es noch viel mehr auf eine ausgeglichene und konzentrierte Fahrweise an. Das kann ich nicht oft genug betonen. Doch mit viel Übung und mit der richtigen Herangehensweise kann man sich dabei einen deutlichen Vorteil gegenüber seinen Konkurrenten verschaffen.

Mir ist es sehr lieb, Rennen bei Regen zu fahren. Weil ich viele Jahre in nicht unbedingt renntauglichen Wagen unterwegs war, sorgte der Regen in meinen Augen oft für die ausgleichende Gerechtigkeit. Wenn ein Konkurrent mehr Leistung zur Verfügung hatte, konnte er die nun nicht mehr nutzen. Dadurch hatten unsere Wagen bei Regen das gleiche Niveau. Außerdem habe ich viele Jahre im Nordwesten der USA an der Pazifikküste gelebt. Da gewöhnt man sich an Regenrennen. Meine Einstellung dem Regen gegenüber ist also durchaus positiv. Bei einigen meiner Gegner ist das glatte Gegenteil der Fall. Während ich die Nässe liebe, hassen sie sie. Das verschafft mir wenigstens einen psychologischen Vorsprung.

Bei Regen, so die allgemeine Regel, sollte man dort fahren, wo sonst niemand fährt. In anderen Worten: neben der Ideallinie. Dahinter steckt die Überlegung, den Teil der Strecke zu nutzen, der den meisten Grip bietet. Im Laufe der Jahre hat der Gummiabrieb der Reifen den Asphalt glatt poliert und seine Poren verstopft. Und das ist eben genau der Bereich, den man bei Regen meiden sollte. Eher sucht man die raueren Stellen oder fährt auf der Innenseite entlang, auch wenn man dabei hin und her kreuzen muss.

*ERFOLGSGEHEIMNIS NR. 25:*
*Sucht nach dem griffigsten Asphalt.*

Dadurch ist man unweigerlich auch gezwungen, die Ideallinie zu kreuzen. Um die Gefahr eines Drehers zu verringern, sollte man den Wagen dabei so gerade wie irgendmöglich ausrichten.

Vor allem die Kurventraktion verschlechtert sich bei Regen. Und zwar wesentlich stärker, als die Traktion beim Beschleunigen und Bremsen. Deshalb sollte man nach einer Linie mit längeren Geradeauspassagen suchen. Das bedeutet in Kurven späteres, schärferes Einlenken und die Wahl eines späteren Scheitelpunktes (siehe Illustrationen S. 97).

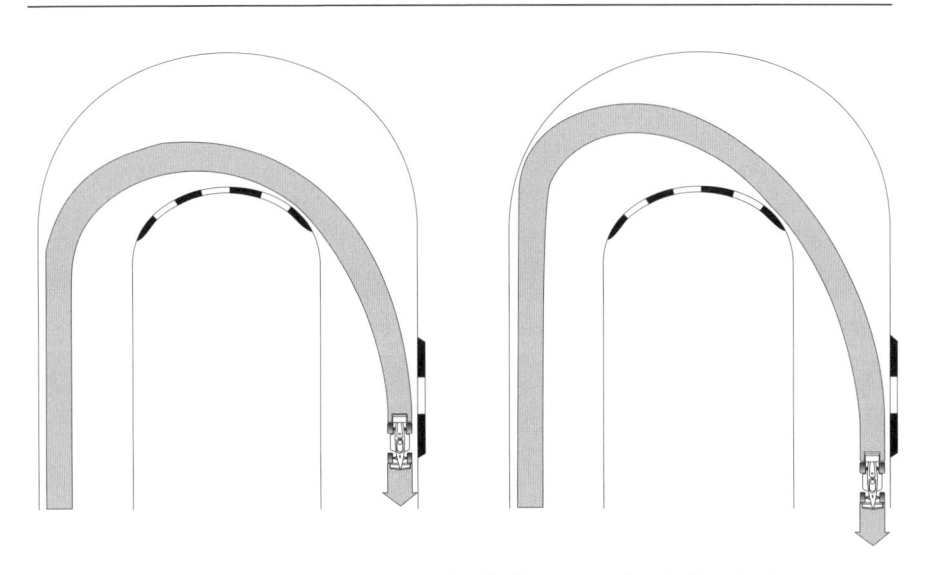

*Diese Illustrationen zeigen zwei unterschiedliche Linien durch die gleiche Kurve. Die Abbildung links zeigt die „trockene", die rechte die „Regenlinie".*

Oft hört der Regen während des Rennens auf, und die Strecke trocknet allmählich. Dann gilt es, den jeweils trockensten Teil der Strecke zu suchen und auszunutzen. Das kann von Runde zu Runde ganz und gar unterschiedlich sein. Aber während die Strecke abtrocknet, beginnen sich möglicherweise die Regenreifen aufzuheizen und zeigen erste Auflösungserscheinungen. Ist das der Fall, am besten die verbliebenen Wasserlachen auf den Geraden nutzen, um die Pneus abzukühlen.

Weil Wasser nun mal bergab fließt, empfiehlt es sich, am oberen Teil der Kurvenneigung zu fahren. Sucht wie immer nach den Stellen auf der Strecke, die die beste Traktion bieten. Vorsicht auch bei wechselnden Oberflächen und

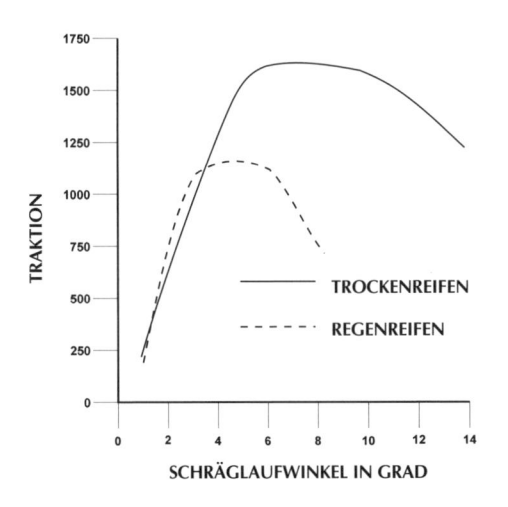

*Diese Grafik zeigt, dass der Regenreifen weniger progressiv ist und sein Limit früher erreicht. Daher ist auch das Traktionslimit niedriger als beim Trockenreifen.*

vor allem bei den Markierungen am Streckenrand. Sie sind aus Kunststoff und wesentlich glatter als der Asphalt.

Der optimale Schräglaufwinkel ist im Regen kleiner als bei trockenen Verhältnissen. Auf einer trockenen Strecke liegt er im Allgemeinen zwischen sechs und zehn Grad – im Regen beträgt der optimale Wert zwischen drei und sechs Grad. Das bedeutet gleichzeitig, dass die Grenze zwischen Grip und Haftungsverlust weitaus schmaler wird. Und wenn die Räder erst einmal ihre Haftung verloren haben, fehlt es an Griffigkeit, um den Wagen soweit abzubremsen, dass sie wieder ordentlich greifen. Daher meint man, dass ein sich auf einer nassen Strecke drehender Wagen noch an Geschwindigkeit zulegt. Die Verzögerungswerte sind eben einfach geringer.

Ein Regenreifen ist meistens „progressiver" als ein Trockenreifen. Auf- und Abbau der optimalen Traktion gehen weitaus schneller vonstatten, als bei einem Trockenreifen. Diese beiden Faktoren – weniger Griffigkeit, um den ins Gleiten geratenen Wagen zu verzögern, und die progressivere Auslegung der Regenreifen – machen es erforderlich, den Wagen driftend in eine Kurve einzulenken. Versucht man ohne dieses Gleiten zu fahren, erreichen die Reifen irgendwann den Punkt, wo sie von sich aus ins Rutschen kommen. Das kommt dann vollkommen überraschend. Eben noch hatte man die Kontrolle über den Wagen und plötzlich macht er, was er will.

Daher sollte man in jede Kurve etwas schneller einlenken, als man es für möglich hält und den Wagen dadurch zum Untersteuern bringen. Auf das Einbremsen in die Kurve muss man zunächst verzichten. Gerät der Wagen ins Rutschen, tritt man leicht auf das Gaspedal, um die Geschwindigkeit zu halten. Ist der Wagen ordentlich abgestimmt, wird er dadurch vom Untersteuern in ein leichtes Übersteuern übergehen. Mit ein wenig Übung kann man ihn nun auch in die Kurve einbremsen und die Lenkung etwas stärker einschlagen. Im Idealfall rutschen dabei alle vier Reifen gleichmäßig durch die Kurve.

Indem man den Wagen auf diese Weise kontrolliert rutschen lässt, vermeidet man Überraschungen. Das er rutschen wird ist ja klar. Tatsächlich sollte Wagen fast die gesamte Zeit rutschen. Aber immer unter Kontrolle.

### ERFOLGSGEHEIMNIS NR. 26:
### Läuft der Wagen wie auf Schienen, fahrt ihr wahrscheinlich zu langsam.

Grundsätzlich stabilisiert sich ein Wagen auf nassem Untergrund in der Kurve genauso wie im Trockenen. Die Stabilisierung ist dann abgeschlossen, wenn die von den Kurvenkräften verursachte Gewichtsverlagerung abgeschlossen ist. Das passiert im Regen nicht anders, als im Trockenen. Die Gewichtsverlagerung selbst fällt allerdings wegen der geringeren Kräfte geringer aus, als bei trockenen Fahrbahnverhältnissen.

Bis der Wagen tatsächlich wie geschildert ins Gleiten kommt, muss man lange üben und sich herantasten. Versucht nicht gleich bei den ersten Fahrten, den Wagen mit großen Schlitterbewegungen durch die Kurven zu bringen. Doch fahrt auch nicht eine Runde nach der anderen wie auf Schienen. Versucht am besten in jeder Runde, die Kurvengeschwindigkeit etwas zu erhöhen, bis der Punkt erreicht ist, an dem ihr meint, zu stark zu gleiten und bei den nächsten zehn km/h mehr den Wagen nicht mehr im Griff zu haben.

Ist es schon bei trockenen Fahrbahnverhältnissen überaus wichtig, Gas- und Bremspedal zu beherrschen, wird der gekonnte Umgang mit diesen Bedienelementen bei Regen noch bedeutsamer. Bei jeder Beschleunigung aus der Kurve heraus sollte man das Pedal noch etwas gefühlvoller nach unten treten, als bei trockener Strecke. Und wenn man einmal vom Gas gehen muss, dann muss der Fuß mit noch mehr Geschick zurückgenommen werden. Geht nicht abrupt vom Gas. Das ist wahrscheinlich die häufigste Ursache für einen Dreher. Es kommt darauf an, mit viel Feingefühl das Gaspedal zu bedienen. Das ist der Schlüssel für das Fahren bei Regen. Wenn man zu stark beschleunigt, kommt man entweder ins Schleudern oder aber die Räder drehen durch und liefern keine Beschleunigung. Denkt an die Traktionsgrenze.

Wenn man ins Schleudern gerät oder einen kleinen Dreher produziert, sollte man die Ruhe bewahren und keine hektischen Gegenmaßnahmen ergreifen. Es ist, als ob man über eine vereiste Brücke fährt. Es gibt so gut wie keine Traktion und was auch immer man unternimmt, hat keine Wirkung. Wenigstens keine positive – dafür aber oft negative Folgen.

Auch beim Schalten muss man behutsam vorgehen. Am besten fährt man mit einem höheren Gang als bei trockener Strecke durch die Kurven. So wird das Drehmoment der Antriebsräder verringert und dadurch sinkt gleichzeitig die Gefahr ihres Durchdrehens.

Aquaplaning ist bei Regenrennen eines der übelsten Phänomene. Drei Faktoren sorgen dafür, dass der Reifen aufschwimmt: die Wassermenge, die Tiefe des Reifenprofils und die Geschwindigkeit des Wagens. Man muss an allen Stellen der Strecke darauf gefasst sein.

Auch mit Aquaplaning wird man am besten fertig, wenn man so wenig wie möglich unternimmt. Auch Aquaplaning hat etwas vom Fahren auf Eis. Also je weniger Reaktion seitens des Fahrers, desto besser die Chancen, unbeschadet davon zu kommen. Nehmt den Fuß nicht vollkommen vom Gas. Dabei würden der Effekt der Motorbremse und die damit verbundene Gewichtsverlagerung nach vorne zum Ausbrechen der Hinterräder führen. Unter keinen Umständen sollte man auf die Bremse treten. So gerät man höchstens noch schneller ins Schleudern. Aber natürlich soll man auch nicht beschleunigen.

Lenkradbewegungen können bei Aquaplaning ebenfalls gefährliche Folgen haben. Stellt euch einfach mal vor, ihr gleitet mit eingeschlagenen Rädern durch eine Pfütze. Am Ende der Wasserlache haben die Vorderräder plötzlich wieder Traktion, während die Hinterräder noch aufschwimmen. Während die Frontpartie nun den eingeschlagenen Rädern folgt, dreht sich das Heck zur Seite, und das Endergebnis ist ein fulminanter Dreher. Bei Aquaplaning sollte die Lenkung in die beabsichtigte Fahrtrichtung gerichtet sein.

Im Regen muss man auch die Fahrwerksabstimmung anpassen. Im Allgemeinen werden die Federn, Stoßdämpfer und Stabilisatoren etwas weicher eingestellt. Einige Piloten verzichten im Regen sogar vollständig auf die Stabilisatoren. Damit erhöht sich der Grip und außerdem verbessert sich das Gefühl für das Fahrverhalten des Wagens. Wenn möglich, sollte man die Bremskraftverteilung zugunsten der hinteren Bremse verändern, um so die Gewichtsverlagerung nach vorne zu verringern. Und bei der Einstellung der Flügel muss man auf weniger Abtrieb achten. Auch der Luftdruck in den Reifen wird den Verhältnissen angepasst – weniger Druck bei leichtem Regen und mehr Druck bei stärkerem Regen, um so dem Aquaplaning entgegen zu wirken.

Der gefährlichste Faktor bei Regenrennen ist wahrscheinlich die schlechte Sicht. Wenn man direkt hinter anderen Wagen liegt, muss man leicht versetzt fahren, um die Sichtverhältnisse zu verbessern und das aufgewirbelte Wasser zu meiden. Man sollte überhaupt alles versuchen, um die Sichtverhältnisse zu verbessern. Dazu gehört auch, dass man Helm und Visier vor dem Start noch einmal penibel säubert und mit einem Antibeschlagmittel behandelt.

James Weaver: „Die schlechte Sicht ist das größte Problem bei Regen. Dabei ist es auf der Geraden, wenn das Feld vor dir fährt, am gefährlichsten. Ich versuche manchmal aus der Kurve heraus die Wagen zu zählen, ehe ich auf die Gerade fahre, denn mitunter verschwindet der eine oder andere in der Gischt."

Niki Lauda soll einmal behauptet haben, dass er mit der natürlichen Fähigkeit auf die Welt gekommen ist, das Beschlagen seines Visiers zu vermeiden. Dank seiner „Pferdezähne" wurde sein Atem nach unten abgeleitet. Seitdem habe ich mich bei Regen immer bemüht, nach unten zu atmen. Alte Visiere nehmen im Laufe der Zeit übrigens Feuchtigkeit auf und neigen eher zum Beschlagen. Es ist erstaunlich, um wie viel besser ein neues Visier funktioniert.

Regenfahrten können wegen der besonderen Herausforderung viel Spaß machen – wenigstens solange man sich auf die wechselnden Verhältnisse konzentriert und präzise und sauber fährt.

# Kapitel 11
# Rennen fahren, Überholen und Fahrerfeld

Überholen, überholt werden und der Kampf um die Positionen. Das ist es, was Rennfahren ausmacht. Einige Piloten sind zwar schnell, aber sie können keine Rennen fahren. Andere können Rennen fahren, sind aber nicht sonderlich schnell. Um zu gewinnen, muss man beide Dinge beherrschen. Doch die Techniken, in beiden Dingen gut zu werden, ergänzen sich nicht immer.

Also zuerst muss man lernen, schnell zu fahren. Dann kann man damit beginnen, Rennen zu fahren. Viele Piloten lernen das Schnellfahren nie, weil sie ständig mit den anderen Fahrern beschäftigt sind. Andere sind schnell, lernen aber einfach nicht, wie man überholt oder die eigene Position verteidigt.

Für mich sind die anderen Rennwagen Teile der Strecke. Daher verändert sich die Strecke ständig. Man wird wesentlich erfolgreicher, wenn man sich auf seine eigene Vorstellung konzentriert und die Wagen der Konkurrenten einfach als Veränderungen im Streckenlayout betrachtet. So ist man gleich wesentlich gelassener und in der Lage, seine eigene Höchstleistung zu realisieren.

Man muss ständig sehen, was um einen herum vorgeht. Vor allem, wenn man sich in einem größeren Feld befindet. Übt, euch auf euch selbst zu fokussieren und gleichzeitig alles um euch herum wahrzunehmen. Das kann man auch auf ganz normalen Straßen üben. Konzentriert euch darauf, wo ihr hinwollt. Seid euch aber auch immer der anderen Wagen um euch herum bewusst – vor allem, wenn sie nicht direkt im Spiegel zu sehen sind. Diese Fähigkeit kann den Unterschied ausmachen zwischen jemandem, der einfach nur schnell fahren kann, und einem Rennsieger.

Auf jeden Fall muss man seine Bahn beim Überholen verlassen, aber auch, wenn man überholt wird. Das gehört zum Rennsport. Bleibt die Hoffnung, dass ihr das zu eurem Vorteil nutzen könnt. Das Ziel ist natürlich, von der Idealline so wenig wie möglich abzuweichen.

Bei Überholmanövern ist entsprechend den Regeln der Überholte dafür verantwortlich, dass der Vorgang sicher abgeschlossen werden kann. Hat der Überholende auf der Innenseite der Kurve den anderen Wagen zur Hälfte oder mehr passiert, dann gehört ihm die Ideallinie. Doch das ist eine die allgemeine Regel und ist offen für Interpretationen.

Es gibt drei Möglichkeiten oder Streckenbereiche, einen anderen Wagen zu überholen:
- Vor der Kurve ausbremsen

- Auf der Geraden vorbeifahren, weil man entweder den schnelleren Wagen hat oder besser aus der Kurve heraus beschleunigt
- In der Kurve (die bei weitem schwierigste Variante)

## ERFOLGSGEHEIMNIS NR. 27:
## Präsentier dich dem Gegner, um ihn zu überholen.

Wichtig ist zunächst einmal, sich dem Gegner zu präsentieren, sich also in eine solche Position zu bringen, dass er einen zur Kenntnis nehmen muss. Wenn man auf der Innenseite in eine Kurve einfährt, wird man doch nicht gleich überholen. Wer hier zu viel Ehrgeiz an den Tag legt, kann drei Dinge provozieren: Einen Dreher; oder er kommt nicht vernünftig aus der Kurve heraus; oder er gerät soweit nach außen, dass er viel zu viel Tempo verliert und am Kurvenausgang selbst wieder überholt wird (siehe die Illustrationen). Alles, was wir tun müssen, ist sich neben dem Gegner aufzubauen. Und die Linie gehört uns. Nun muss nur noch das Bremsen mit dem Kontrahenten abgestimmt werden, und er kann nichts mehr machen.

Wählt man den normalen Einlenkpunkt, wenn man einen Gegner vor einer Kurve ausbremst? Nein, das wäre zu zeitig. Stattdessen bleibt man zunächst noch ein Stück gerade auf der Innenseite, erst dann wird eingelenkt und die gewohnte Ideallinie angesteuert. So kann man außerdem früher beschleunigen als der eben Überholte.

Wenn man mehreren Rennwagen in eine Kurve nachsetzt, kann man meist nicht so spät wie sonst üblich bremsen. Die nacheinander verzögernden Wagen verursachen eine Art Stau. Würden wir nun wie bei einer normalen Runde bremsen, käme es unweigerlich zu einem Heckaufprall.

Wenn man einen anderen Wagen überholen will, muss man mitunter ein wenig Geduld

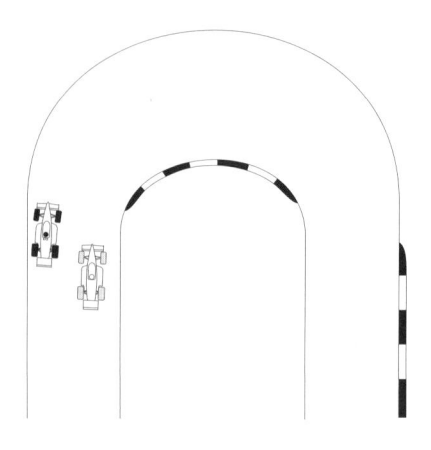

*Der Fahrer auf der Kurveninnenseite verdient es, dass „die Tür vor ihm zugemacht" wird, weil er sich erstens dem Fahrer auf der Außenseite nicht gezeigt hat und neben ihn gezogen ist, und er zweitens zu weit auf der Innenseite fährt und so zu weit vom Wagen auf der Außenseite entfernt ist. Stattdessen hätte er leicht von der Bremse gehen sollen, um sich näher neben dem anderen Wagen zu platzieren. Ein Vorteil eines solchen Manövers besteht zudem darin, dass der Aufprall im Falle einer Kollision glimpflicher verläuft.*

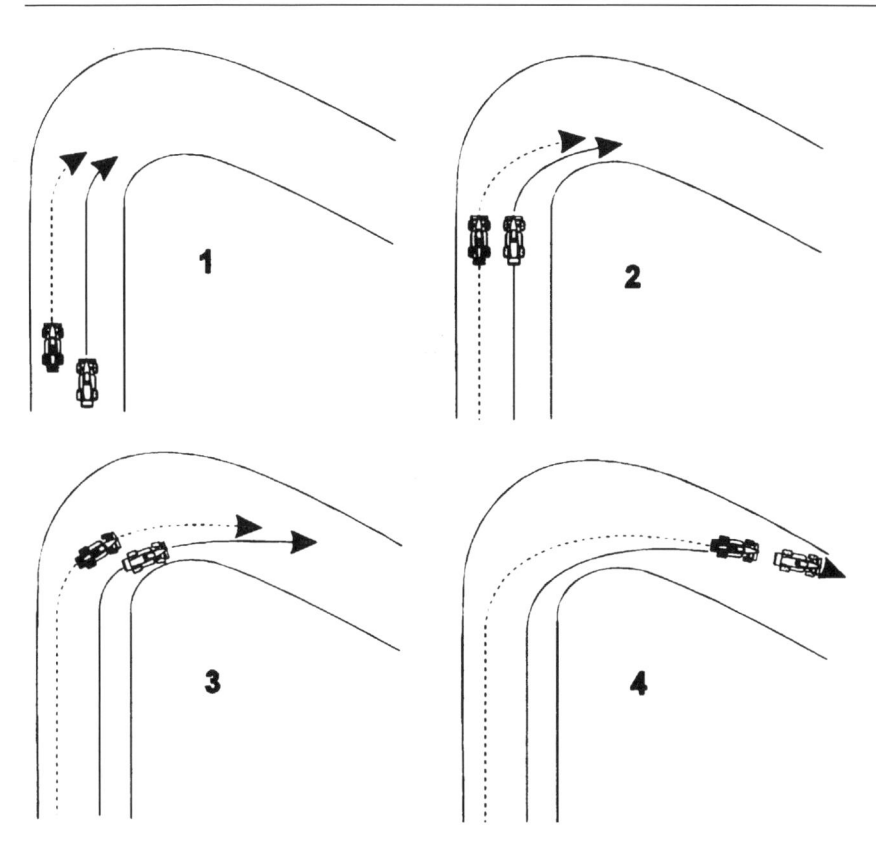

*Wie man einen Konkurrenten ausbremst: Am Einlenkpunkt fährt man neben den anderen Piloten. So gehört einem die Kurve, und der Konkurrent kann nur noch hinterherfahren.*

zeigen, um so eine Stelle der Strecke abzupassen, an der das Überholen leichter fällt. Häufig sieht man, dass ein schnellerer Wagen einen langsameren Konkurrenten nicht überholen kann, weil der in Kurven ständig die Nase leicht vorne hat. Der langsamere Pilot wählt natürlich die Ideallinie, sodass der schnellere Konkurrent verzögern muss und dabei seine ganze Beschleunigungskraft verliert. Er wäre besser beraten, wenn er dem Langsameren mehr Platz lassen würde, um dann selbst früher zu beschleunigen und auf der Geraden vorbei zu ziehen.

Hier muss man sich einfach auch klar sein, dass der Wagen nicht mehr am Limit läuft, wenn man zur Vorbereitung des Überholvorganges die Geschwindigkeit etwas verringert. Das bedeutet auch, man kann die Linie wahrscheinlich flexibel ändern, ohne sich vor einem Dreher fürchten zu müssen.

Wenn ihr zusammen mit einem anderen Wagen einen Dritten überholt, müsst ihr bedenken, dass der Überholte wahrscheinlich nur den ersten Wagen sieht und euch nicht. Seid also vorsichtig.

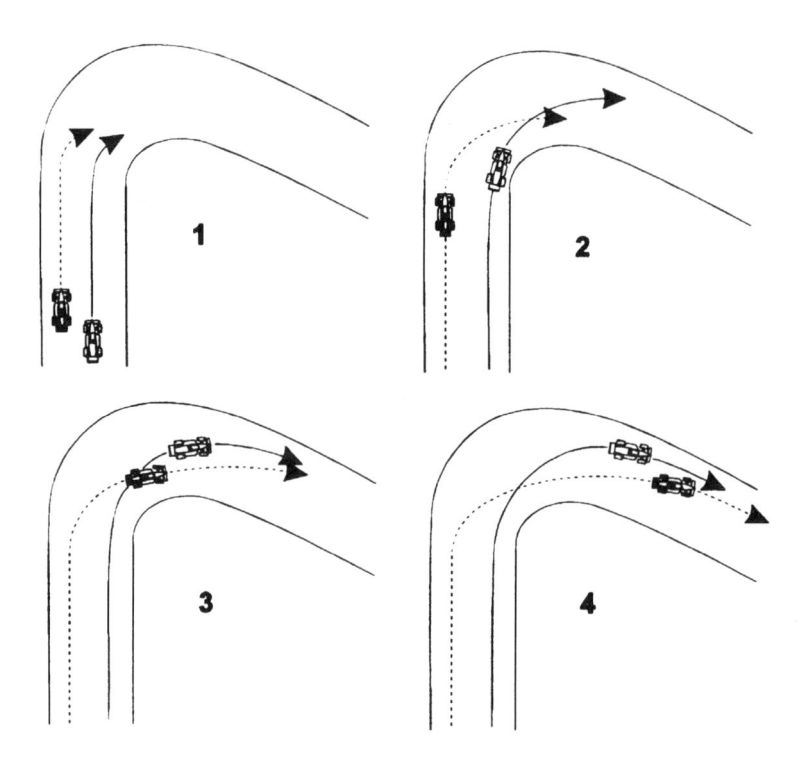

*Wie man einen Konkurrenten nicht ausbremst: Wenn man zu enthusiastisch und zu schnell an einem Konkurrenten vorbeifährt, hat dieser die Chance am Kurvenausgang wieder vorbeizufahren, weil man selbst nicht die Ideallinie trifft und nicht so schnell wie der Konkurrent beschleunigen kann.*

Wenn man in einem offensichtlich langsameren Wagen unterwegs ist, sollte man die schnelleren Konkurrenten überholen lassen. Allerdings möglichst auf einer Geraden. Befindet sich der eigene Wagen bereits in der Kurve und zieht seine Bahn, könnte ein abrupter Wechsel den anderen Piloten verwirren und man selbst käme in eine gefährliche Situation. Verhaltet euch also vorhersehbar. Ist die Kurve erreicht, gibt man über ein kurzes Handzeichen an, auf welcher Seite man überholt werden will. Das ist wichtig, doch nehmt danach die Hand wieder ans Lenkrad und konzentriert euch auf eure Fahrt.

Einen anderen Wagen auszubremsen ist, vorsichtig gesagt, umstritten. Man kann sich verteidigen, indem man einmal die Linie wechselt. Doch wenn man im Zickzack über die Gerade fährt oder bei der Kurvenanfahrt einige Male die Linie wechselt, handelt es sich um ein Ausbremsen.

Für mich ist das Ausbremsen kein korrektes Verhalten. Zum einen ist es gefährlich. Und wenn man sich einen Gegner nicht auf andere Weise vom Leibe hal-

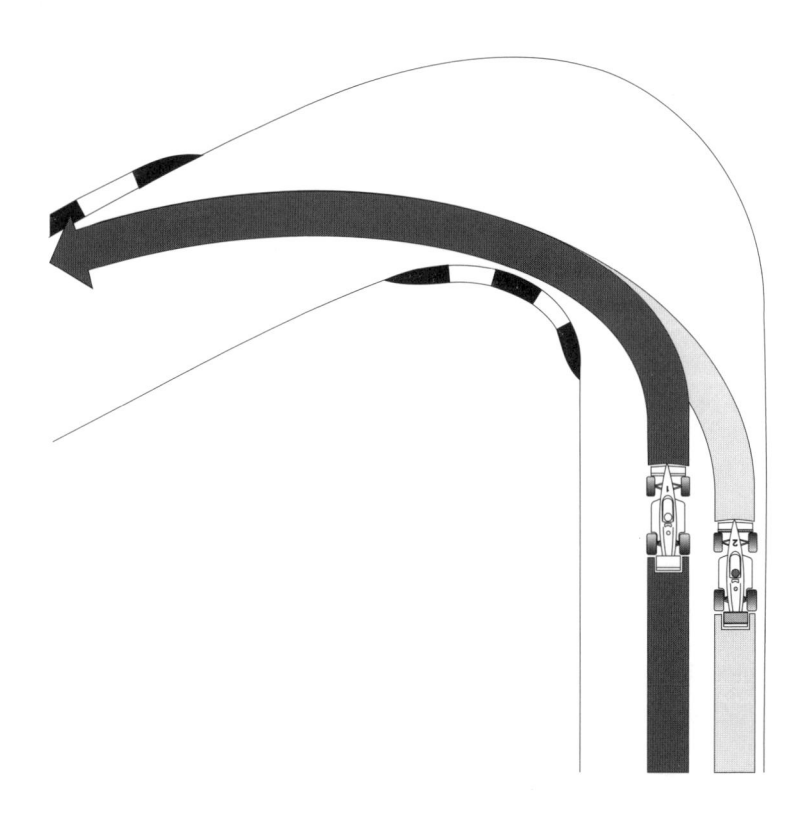

*Nachdem man einen Konkurrenten überholt hat, muss man so schnell wie möglich wieder auf die Ideallinie zurückfinden.*

ten kann, dann hat man auch nicht verdient, vorne zu fahren. Bei den letzten Rennrunden ist fast alles erlaubt. Man wird allerdings nicht Sieger, in dem man zusammen mit dem Konkurrenten von der Strecke fliegt. Der Unterschied zwischen einem guten aggressiven Fahrer und einem Ausbremser ist fließend. Es ist großartig, wenn man den Ruf eines fairen, aber harten Piloten genießt. Als „schmutziger" Fahrer oder Blockierer zu gelten, schadet letztlich einem immer selbst.

Man lernt schnell, wem man im Kampf Rad an Rad vertrauen kann. Meistens werden euch diese Fahrer nicht durch einen plötzlichen Wechsel der gefahrenen Spur in Bedrängnis beim Überholen bringen. Sie sind berechenbar. Vielleicht ändern sie die Linie leicht, um euch den Mut zu nehmen, doch damit muss man rechnen.

Zur Erinnerung: Es gibt keine festen Regeln für das Überholen auf einer Rennstrecke. Und es gibt auch keine Versicherung für Rennwagen. Das stimmt nicht ganz. Es gibt sie, aber sie sind wahnsinnig teuer, und die Selbstbeteiligung muss man auch zahlen. Daher macht es für alle Beteiligten Sinn, sich fair zu verhalten.

## Kapitel 12

# Verschiedene Wagen, verschiedene Techniken?

Wie ist das bei unterschiedlichen Wagen? Benötigt man unterschiedliche Überholtechniken, wenn man einen front- oder einen heckgetriebenen Wagen fährt? Ich sage ja und nein.

Die grundlegende Vorgehensweise ist die gleiche. Unterschiede gibt es in den zeitlichen Abläufen, in der Ausprägung der einzelnen Schritte beim Überholen und in der Frage, wie stark man von der Ideallinie abweicht. Tatsächlich unterscheiden sich zwei heckgetriebene Rennwagen (ein Formel Ford und ein Trans-Am-Bolide) genauso sehr voneinander, wie ein front- und ein heckgetriebener Wagen.

Bei einem Fronttriebler sind natürlich die Vorderräder für alles zuständig: Lenkung, Beschleunigung und Verzögerung. Deshalb sind sie auch schnell überfordert. Werden die Vorderreifen zu stark belastet, laufen sie heiß und verlieren ihre Traktion. Mit einem Front-getriebenen Wagen muss in einer Kurve sehr vorsichtig beschleunigt werden. Geht man zu stark aufs Gas, wird der Traktionsbereich der Vorderräder schnell überschritten. Dadurch verlagert sich das Gewicht extrem nach hinten. Die Folge ist ein starkes Untersteuern. Deshalb also Vorsicht mit dem Gaspedal und nur gefühlvoll heruntergetreten.

Weil Wagen mit Frontantrieb wegen der Gewichtsverlagerung eine Neigung zum Untersteuern haben, ist es wichtig, bereits vor der Kurve stärker abzubremsen. Ganz normal linken Fuß auf die Bremse, das ist hier das beste. In der Mitte der Kurve muss man dann mitunter vorsichtig das Gaspedal einsetzen, um ein leichtes Übersteuern zu provozieren und das Untersteuern damit auszugleichen.

Manche meinen, dass man sich bei Fronttrieblern weniger Irrtümer erlauben darf. Fehler jedenfalls lassen sich nicht einfach nur mit dem Gaspedal korrigieren. Das führt fast immer zu Traktionsproblemen.

Nach der Kurve müssen die Räder eines Fronttrieblers schneller wieder in die Geradeausposition gedreht werden, um so die Beschleunigungskräfte besser auf die Fahrbahn zu übertragen. Auch die Wahl eines späteren Scheitelpunktes ist zu empfehlen. Und ihr wisst ja, was ihr dabei zu tun habt.

Ein versierter Fahrer muss seinen Stil und seine Fahrtechnik den unterschiedlichsten Rennwagen anpassen können.

## Kapitel 13
# Flaggen und Offizielle

Flaggen und Offizielle sind ein wichtiger Teil der Strecke. Achtet genau auf die Fahnen, die von den Streckenposten geschwenkt werden. Sie sind da, damit ihr so schnell und sicher wie möglich über die Strecke fahren könnt.

Auf so gut wie allen Rennstrecken arbeiten die Streckenposten und die Offiziellen ehrenamtlich. Und wie ihr lieben sie den Motorsport. Oft genug opfern sie ihre Wochenende, obwohl sie es sich nicht leisten können, selbst im Wagen zu sitzen und Rennen zu fahren. Ohne diese Ehrenamtlichen wären die Rennen gar nicht möglich. Betrachtet sie daher nicht als Hindernisse.

Bevor man sich zum ersten Mal auf eine Rennstrecke begibt, sollte man unbedingt die Bedeutungen aller Fahnen kennen. Nehmt euch Zeit, das Regelwerk genau zu studieren. Manche Fahnen beispielsweise können durchaus verschiedene Bedeutungen haben.

Es geht nicht nur darum, den Anweisungen zu folgen. Seht genau hin und interpretiert das Verhalten der Streckenposten. Man kann daraus entscheidende Vorteile ziehen. Mit zunehmender Erfahrung erkennt man die Unterschiede, wie ein Streckenposten eine Fahne schwenkt. Wenn er zum Beispiel eine gelbe Fahne (Gefahr, abbremsen) ruhig schwenkt, dann handelt es sich vermutlich nicht um ein wirklich ernsthaftes Ereignis. Während eure Konkurrenten also stark verzögern, bremst ihr nur leicht ab und habt so einen leichten Vorteil. Schwenkt der Posten die Fahne aber aufgeregt hin und her, dann bremst stark ab.

Seit euch darüber im Klaren, dass die Streckenposten ihr Leben riskieren, damit das Rennen sicherer wird. Daher sollte man sie nicht noch zusätzlich in Gefahr bringen. Auch wenn ihr eure Geschwindigkeit bereits um 30 bis 50 km/h verringert habt und meint, ihr würdet fast stehen, rast ihr immer noch mit beachtlichem Tempo an den Männern vorbei.

Selbst wenn ein Streckenposten aus eurer Sicht ungerechterweise gegen euch vorgeht, versucht ihn zu akzeptieren. Wenn ihr sicher seid, dass er euch ungerecht behandelt hat, könnt ihr euch immer noch bei der Rennleitung beschweren. Und nehmt die Entscheidungen nicht persönlich. Das macht es nur schwerer.

Die Offiziellen verrichten nur ihre Arbeit und je besser ihr mit ihnen auskommt, desto erfolgreicher und angenehmer wird euer Wochenende. Und wenn man sich erst jahrelang kennt und respektiert, macht sich das durchaus auch bezahlt.

# TEIL 3

# Der Fahrer

Einen Rennwagen über eine Piste zu steuern stellt an den Fahrer extreme Anforderungen. Erfolg im Motorsport ist ohne eine physisch wie psychisch hervorragende Kondition unmöglich. In diesem Teil erklären wir, worauf es tatsächlich ankommt, um Rennen zu gewinnen. Dabei geht es also nicht darum, die Abstimmung des Wagens zu verbessern. Unser Thema ist die Einstellung des Fahrers. Es geht um die mentalen und die körperlichen Leistungsvoraussetzungen für eine möglichst hohe Geschwindigkeit.

# Kapitel 14
## Der perfekte Rennfahrer

Ein erfolgreicher Rennfahrer benötigt mehr als die Fähigkeit, schnell fahren zu können. Diese inzwischen im Motorsport allgemein akzeptierte Tatsache trifft heute mehr denn je zu. Rennfahrer müssen über alle in der Illustration dargestellten Talente verfügen. Das sind die Voraussetzungen, um auf der Rennstrecke erfolgreich zu sein.

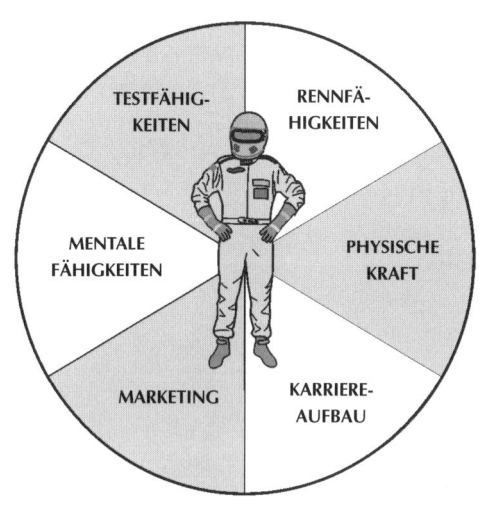

*Ein Champion muss über die hier gezeigten Talente verfügen. Doch werden sie gut wie nie gleichmäßig verteilt sein. Einige Elemente sind wichtiger als andere, was aber auch von dem Niveau der einzelnen Rennklassen und den Teams abhängt.*

Die Grafik beschreibt eine komplexe Rennfahrerpersönlichkeit. Jemanden, der bereits zu den etablierten Piloten gehört oder sich auf dem Weg dorthin befindet. Einige dieser Anforderungen erklären sich von selbst, andere bedürfen einer ausführlicheren Erklärung.

Nicht alle Leser dieses Buches planen eine Karriere als Profirennfahrer. Ihnen geht es viel mehr darum, ihr Hobby möglichst erfolgreich zu betreiben. Sie wollen in erster Linie Spaß auf der Strecke haben. Vielleicht, so mag man denken, benötigt man daher die in diesem Kapitel beschriebenen Fähigkeiten gar nicht. Mag sein. Dennoch bin ich überzeugt, dass man nach der Lektüre dieses Kapitels auch als Amateur erfolgreicher sein wird.

**Rennkenntnisse**
Geschwindigkeit: Im Rennen dreht sich alles um Geschwindigkeit. Man muss in der Lage sein, schnell zu fahren. Das ist der Sinn des Sports, nichts anderes.

Qualifying: Schnell zu sein und gute Rennen zu fahren ist das eine. Aber was hat man davon, wenn man auf einer schlechten Startposition steht. Man muss also diese eine magische Runde so schnell wie möglich hinlegen.

Renntalent: Eine hohe Geschwindigkeit zu erreichen und das Talent zum Rennfahren sind zwei sehr verschiedene Paar Schuh. Im Rennen müssen Faktoren wie Überholen, überholt werden, Strategie und Positionierung des eigenen Wagens zum eigenen Vorteil miteinander verknüpft werden. Manche Fahrer sind zwar schnell, fahren aber keine guten Rennen. Sie haben eben nicht das entsprechende Renntalent. Während andere genau das Gegenteil verkörpern. Man muss aber beide Talente mitbringen, wenn man gewinnen will.

Anpassungsfähigkeit: Wenn der Wagen während des Rennens ein schlechtes Handling offenbart, gibt es drei Möglichkeiten: aufgeben, den Wagen quälen oder den eigenen Fahrstil dem Wagen anpassen. Sich dem Wagen anzupassen ist mit Sicherheit die beste Wahl. Ein echter Rennfahrer kommt einfach klar mit den Eigenschaften eines Wagens, auch wenn sie nicht optimal sind.

**Körperliche Fähigkeiten**
Körperbau: Sehen wir der Wahrheit ins Gesicht, wenn jemand zwei Meter groß ist und einhundert Kilogramm auf die Waage bringt, sind seine Möglichkeiten als professioneller Rennfahrer deutlich eingeschränkt. Der Beruf des Rennfahrers eignet sich nicht für schwergewichtige Menschen. Wenn also die Gene zu einem eher ausladenden Körperbau geführt haben, sollte man sich bei anderen Sportarten umsehen.

Wagenbeherrschung: Ich glaube, die Fähigkeit einen Wagen am Limit zu beherrschen, ist die Wichtigste von allen, um schnell fahren zu können. Die totale Beherrschung des Wagens ist wichtiger als die Begabung, die Ideallinie zu definieren und ihr zu folgen.

Gefühl für Geschwindigkeit: Es ist eine angeborene Begabung, stets die richtige Geschwindigkeit zu „fühlen". Es ist die Fähigkeit, den Wagen Runde für Runde mit immer der gleichen Geschwindigkeit durch die gleiche Kurve zu steuern. Wenn man bedenkt, wie viele physikalische Einflüsse während des Rennens auf einen Rennfahrer einwirken, dann gehört diese Fähigkeit zweifellos zu den erstaunlichsten.

Traktionsgefühl: Der erfolgreiche Fahrer kann förmlich spüren, ob die Reifen noch ausreichend Traktion liefern und den Wagen im Grenzbereich in der Kurve halten. Das Gefühl für Traktion sorgt dafür, dass man die Kurve mit dem optimalen Schräglaufwinkel fährt.

Konsequenz: Es ist eine Sache, den Wagen in einer Kurve oder auch mal in einer Runde am Limit zu fahren. Es ist aber etwas ganz anderes, dies während eines gesamten Rennens zu tun. Einige Fahrer haben Probleme, gleichmäßig am Limit durch eine Kurve zu fahren. Es gelingt ihnen vielleicht am Anfang oder am Ausgang, aber nicht in allen Bereichen. Das Ziel muss natürlich darin bestehen, in allen Phasen gleichmäßig am Limit zu bleiben – und das Kurve für Kurve und Runde für Runde.

Stärke und Ausdauer: Rennen zu fahren setzt Stärke und Ausdauer voraus, und zwar mehr als sich so mancher vorstellen kann. Um wirklich ein Rennen durchzustehen, muss man seine körperliche Fitness mindestens um eine Stufe gegenüber der aktuellen Verfassung verbessern. Nur so kann man die zusätzliche Körperenergie mobilisieren, um einen Rennwagen mit seinen gewaltigen Kurvenkräften und seinem ungeheuren Beschleunigungsvermögen sicher und erfolgreich über die Strecke zu steuern.

**Karriere-Eigenschaften**
Geschäftliches Geschick: Lange Zeit glaubte man vor allem, ein Fahrer brauche eine technische Ausbildung. So sei er in der Lage, die technischen Zusammenhänge seines Wagens besser zu verstehen. Das gilt zu einem gewissen Maß immer noch. Von einer kaufmännischen Ausbildung profitiert ein Pilot heute aber weitaus mehr. Die Zusammenhänge im Geschäftsleben zu begreifen ist für eine Karriere heute ungleich wichtiger.

Teamaufbau: Ich nenne das den „Schumacher-Faktor". Ist es etwa ein Zufall, dass Benetton und Ferrari zu Weltmeisterteams wurden, als Schumacher dort fuhr? Keineswegs. Er hat aus diesen Teams Weltmeister gemacht. Er motivierte die Menschen um ihn herum, alles zu geben. So tut jeder seinen, für den Sieg notwendigen Teil und gleichzeitig schweißt es die Teammitglieder zusammen. Es ist ganz bestimmt kein Zufall, dass viele wichtige Benetton-Mitarbeiter Schumacher zu Ferrari gefolgt sind. Genau so müsst ihr vorgehen und jeden, mit dem ihr arbeitet, zu Höchstleistungen motivieren.

Ob man auf der Strecke eigentlich nur ein Einmannteam ist oder als Teil eines professionellen Rennstalls arbeitet, für den Rennerfolg ist entscheidend, alle Menschen um sich herum zu Höchstleistungen zu mobilisieren. Dabei macht es keinen Unterschied, ob ihr vertraglich an sie gebunden seid oder ob es sich um Mitglieder eurer Familie handelt. Um das zu schaffen, müsst ihr lernen, andere zu motivieren, über ihr eigenes Limit hinauszugehen.

*ERFOLGSGEHEIMNIS NR. 28:*
*Teambildung ist eure Aufgabe.*

Häufig heißt es, einen echten Champion erkennt man nicht an dem, was er allein erreichen kann. Er zeichnet sich vielmehr durch seine Fähigkeit aus, den anderen Teammitgliedern dabei zu helfen, ihre eigenen Grenzen zu überschreiten. Manch einer behauptet, die Chicago Bulls hätten ihre Basketballmeisterschaften Michael Jordans Fähigkeiten zu verdanken. Natürlich war sein spielerisches Talent ein Faktor. Entscheidend aber waren seine Inspiration und die Motivation der anderen Spieler. Er riss seine Mitspieler mit. Mit ihm spielte jeder Einzelne besser, als ohne ihn. Genau das müsst ihr für euer Team tun.

Ich sage einfach mal, ihr müsst die Menschen „manipulieren". Das Wort klingt unfair und negativ. Es ist so aber nicht gemeint. Es soll vielmehr genau den oben beschriebenen Umgang mit ihnen benennen. Es geht also um nichts anders, als Menschen davon zu überzeugen, für euch zu arbeiten. Das ist ganz bestimmt auch keine Einbahnstraße. Sie sollen nicht einfach nur für euch und eure Ziele da sein. Ihr sollt sie vielmehr dazu befähigen, Leistungen auf einem ganz neuen und höheren Niveau als jemals zuvor zu erbringen. Und dabei sollen sie selbst begeistert und zufrieden sein. Es gibt viele Arten das Gleiche zu sagen. Man kann anderen einfach eine Anweisung erteilen, was sie zu tun haben. Man kann sie auch darum bitten. Oder man kann den Auftrag so formulieren, dass der andere meint, es sei eigentlich seine eigene Idee gewesen. Jede dieser Methoden führt zu einem Ergebnis, doch nur bei einer wird sich die betreffende Person wohl fühlen. Natürlich funktioniert das nicht bei jedem Individuum auf die gleiche Weise.

Der Schlüssel zum Erfolg liegt darin, den für jeden einzelnen Menschen richtigen Weg in eurem Team finden. Dazu muss man allerdings erst einmal herausfinden, wie die einzelnen Teammitglieder funktionieren. Handelt es sich um eine starke Persönlichkeit oder eher um einen Mitläufer? Welche Vorlieben hat derjenige bei seiner individuellen Kommunikation? Entwickelt er lieber selbst Ideen oder folgt er gern den Ideen anderer? Befolgt er Instruktionen ohne zu fragen oder ist es besser, ihm selbst zuvor einige Fragen zu stellen, die ihn genau dahin bringen, wo ihr ihn haben wollt? Möchte er selbstständig arbeiten oder legt er Wert darauf, dass man selbst sich an den Arbeiten beteiligt?

Ohne jeden Zweifel ist Michael Schumacher einer der talentiertesten Rennfahrer aller Zeiten. Doch einer der Gründe für seinen ungeheuren Erfolg ist sein Engagement außerhalb des Cockpits. Er holt eben einfach mehr aus seinem Team heraus, als jeder seiner Konkurrenten.

Frank Williams: „Wenn man über Fahrer redet, zählt vor allem die Fähigkeit auf andere zuzugehen, und darin ist Michael ein Meister. Er ist ein Meister in all den Dingen, die man gleichzeitig beherrschen muss, um an die Spitze zu kommen. Darunter verstehe ich, dass er der Beste beim Testen ist, der Beste im Qualifying und der Beste im Rennen. Und er ist der Beste, wenn es darum geht, seinen Ingenieuren und dem Reifenhersteller das Optimum abzuverlangen. Die Liste ist endlos. Er arbeitet ständig mit ihnen und setzt sich selbst dabei die ganze Zeit unter Druck. Er denkt nur ans Gewinnen. Der Letzte, der so gearbeitet hat, war Ayrton Senna."

Der viermalige Formel-1-Weltmeister Alain Prost über Michael Schumacher: „Er ist der perfekte Fahrer für die heutige Formel 1. Ich bin sehr beeindruckt von dem, was er macht. Mit seinem Talent, einen Rennwagen zu steuern, liegt er wahrscheinlich unter den besten Fünf aller Zeiten. Doch was mich wirklich beeindruckt, ist die von ihm geschaffene Atmosphäre bei Ferrari. Er macht alles möglich und ist dabei immer motiviert.

Es ist mir nie gelungen, über einen längeren Zeitraum ein Team um mich herum aufzubauen. Es ist ein großes Glück für einen Fahrer, und auch die Erfolgsaussichten werden größer. Doch weder bei McLaren noch bei Ferrari ist es mir gelungen. Wenn ich Michael und Ferrari betrachte, dann ist er dort in einer wunderbaren Situation. Er hat beste Beziehungen zu den Menschen um ihn herum, und viele sind nur wegen ihm dort. Er hat begriffen, was für den Erfolg nötig ist und es ist offensichtlich, dass ihm dabei Rennchef Jean Todt und der technische Chef Ross Brawn sehr geholfen haben."

Zwar zählt Prost Schumacher nur zu den besten fünf Rennfahrern aller Zeiten, doch hat der Mann inzwischen alle Formel-1-Rekorde auf seinem Konto. Das zeigt einmal mehr, wie wichtig ein gutes Rennteam wirklich ist.

Das gibt Michael Schumacher auch selbst zu: „Es ist unmöglich erfolgreich zu sein, wenn man nicht die richtigen Menschen um sich herum weiß. Es hat eine Zeit gedauert, doch nun habe ich ein großartiges Team. Die ersten Jahre waren zwar schwierig, aber jetzt bin ich bei Ferrari sehr glücklich. Die Kontakte hier sind sehr sehr eng und wahrscheinlich die besten, die ich jemals in einem Team hatte."

Schumacher hat eine starke Mannschaft um sich herum aufgebaut. Als er von Benetton zu Ferrari wechselte, folgten ihm einige der wichtigsten Mitarbeiter. Er ist den Menschen, die ihm zu Siegen verholfen haben, sehr loyal verbunden und sie wiederum stehen loyal zu ihm. Das ist von überragender Wichtigkeit beim Aufbau eines Teams. Dennoch muss man sich ständig auch nach besseren Leuten umsehen, bessere Ingenieure oder Mechaniker suchen. Das mag unloyal und brutal klingen, gehört aber zum Geschäft. Genauso, wie man bestrebt ist, sich auf der Strecke ständig zu verbessern, muss man alles daran setzen, das eigene Team zu optimieren. Wer sein Team nicht permanent zur Verbesserung seiner Leistungen motivieren kann, wird wahrscheinlich auch seine Ziele auf der Strecke nicht alle erreichen.

Wertschätzung der Fans: Diese Eigenschaft ist zwar nicht entscheidend für den Erfolg, gehört aber dennoch dazu. Ein Pilot sollte seinen Fans Respekt entgegen bringen. Viele Fahrer sind so in ihrem eigenen Ego und dem Heldenstatus verfangen, dass sie darüber vergessen, wer sie eigentlich zu Superstars gemacht hat. Andere Fahrer hingegen haben dies nie vergessen, und es ist gewiss kein Zufall, dass diese Piloten von den Rennstallbesitzern eher einen Vertrag bekommen.

Und wenn es schon um Wertschätzung geht, muss man sie auch in einem gewissen Maß der Geschichte dieses Sports entgegen bringen. Man muss zwar

*115*

nicht unbedingt ein Motorsporthistoriker sein. Aber zu wissen, wer was wann geleistet hat, gehört einfach dazu. Es gibt Persönlichkeiten in diesem Sport, die besonderen Respekt für ihre Leistungen verdienen. Wenn ihr das vergesst, kann schon mal ein Vertragsangebot platzen.

Geld: Viele meinen, Geld spielt im heutigen Motorsport die unumstrittene Hauptrolle. Das sehe ich etwas anders. Natürlich ist es wichtig, über die notwendigen Finanzen zu verfügen. Doch hat man Talent und all die hier beschriebenen Fähigkeiten und Eigenschaften, kommen die Finanzen vielleicht sogar von selbst. Natürlich darf man dieses Thema nicht aus den Augen verlieren oder dem Selbstlauf überlassen. Man darf es auch bei noch so viel Talent nicht als unter seiner Würde ansehen, sich auch noch um die Finanzen kümmern zu müssen. Ohne dies kommt man nicht nach oben.

Netzwerke: Darunter verstehe ich den ständigen Aufbau und die Pflege von Kontakten mit jedem, der irgendwie bei der Karriere behilflich sein kann. Die Fahrer, die dieses Feld beherrschen, verstehen sich darauf, höflich mit Menschen im und außerhalb des Motorsports in Kontakt zu bleiben. Ich nenne das auch „höfliche Beharrlichkeit". Es geht darum, Menschen zu veranlassen, zuerst an euch zu denken, wenn sich eine Möglichkeit ergibt. Und es geht darum, ständig neue Kontakte aufzubauen, die später hilfreich sein können.

Viele Piloten meinen, dass ihnen auf dem Weg zum Weltmeistertitel nur das Geld fehlt. Ich glaube das nicht. Den meisten Piloten fehlt es an den richtigen Beziehungen. Hat man die richtigen Menschen um sich, erledigt sich das Finanzielle wie von selbst. Es gibt zahllose Beispiele dafür. Ich erkenne erst jetzt, dass ich dies während meiner Karriere oft außer Acht gelassen habe. Ich habe zwar viel Zeit und Energie in Meetings verbracht, um Menschen davon zu überzeugen, mich zu unterstützen. Doch ich habe zu verbissen nach Finanzierungen gesucht.

*ERFOLGSGEHEIMNIS NR. 29:*
*Umgebt euch mit den richtigen Menschen und*
*eure Karriere wird ein Selbstläufer.*

### Marketingfähigkeiten

Der Umgang mit den Medien: Der persönliche, direkte Kontakt zu den Medien spielt eine wichtige Rolle während der Karriere. Man muss begreifen, dass die Medien eine Karriere unterstützen oder auch behindern können. Eure Persönlichkeit und eure Fähigkeit, mit den Medien umzugehen, spielt eine wichtige Rolle beim Erfolg.

Öffentlichkeitsarbeit: Einige Piloten halten Öffentlichkeitsarbeit für unter ihrer Würde. Sie meinen, sie sind so gut, dass das jeder auch sofort erkennt. Na großartig. Glaubt mir, es ist alle Male besser für euch, wenn ihr begreift, wie man

Öffentlichkeitsarbeit betreiben kann; sie einsetzen kann für euren eigenen Erfolg, für euer Team und – wahrscheinlich am wichtigsten – für eure Sponsoren. Je früher ihr also ein entsprechendes Medientraining absolviert, um so besser. Dann nämlich könnt ihr eure Botschaften in Interviews auch kommunizieren. Das zeichnet einen professionellen Rennfahrer aus.

Sponsoring: Darunter verstehe ich die Fähigkeit, einen Marketing- und Promotionplan zu entwickeln, von dem auch ein finanzierendes Unternehmen und nicht nur ihr selbst profitiert. Entwickelt eine Strategie. Wie stellt ihr Kontakte zu potenziellen Sponsoren her? Wie macht ihr ihnen ein Engagement schmackhaft? Wie muss man einen Vertrag mit einem Sponsor aufsetzen? Und ist der Sponsor einmal gewonnen, wie sorgt ihr für seine Zufriedenheit? Das sind Fragen, die ein Rennfahrer beantworten muss.

Verkaufen: Ihr braucht Verkaufstalent. Was verkaufen, fragt ihr? Nun: eure Dienste als Fahrer an ein Team. Marketingprogramme an Sponsoren. Ideen an Teammitglieder, um die Leistung des Teams zu erhöhen. Einige Piloten sind dabei offensichtlich Naturtalente, andere müssen an dieser Fähigkeit hart arbeiten. Auf jeden Fall muss man die nötige dazu Bereitschaft mitbringen.

### ERFOLGSGEHEIMNIS NR. 30:
*Marketingtalent ist genauso wichtig wie die Fähigkeit, schnell zu fahren.*

**Mentale Fähigkeiten**

Blickwinkel / Konzentration: Ein Fahrer muss alle wichtigen Details und das Gesamtbild der Strecke und des Umfeldes im Auge haben. Dafür muss man in der Lage sein, einerseits so viele Informationen wie nötig aufzunehmen, anderseits aber auch Unnötiges auszublenden. Die wichtigen Informationen müssen schnell erfasst und gespeichert werden. Das erfordert erhebliche Aufmerksamkeit. Diese Fähigkeit kann mit entsprechendem strategischen Training erworben werden.

Anpassungsfähigkeit: Mitunter muss man sich in Geduld üben, dann aber wieder ungeduldig sein. Es gibt Momente, die nach Aggression und Dominanz verlangen und wieder andere, bei denen Zurückhaltung angebracht ist. Manchmal ist eine lässige Gangart die richtige, und zu anderen Zeitpunkten muss man sich selbst in den Mittelpunkt stellen. Und während manchmal jedes Detail zählt, muss man auch mal bereit sein, die Details zu vergessen. Das Ziel dabei ist, sich wie ein Chamäleon zu verhalten und sich perfekt der jeweiligen Situation anzupassen.

Beherrschung: Darunter versteht man die Vermeidung von unnötigen physikalischen Bewegungen und mentalen Prozessen. Das trifft sicherlich auch auf die Kunst zu, einen Rennwagen zu bewegen. Auch dabei sollte man nicht mehr, als

*117*

absolut nötig tun. Es ist die Definition dessen, was Jackie Stewart einmal als die „Ökonomie der Bewegung" beschrieben hat.

Das Lenkrad wird genau so weit gedreht, dass der Wagen in die Kurve fahren kann, und keinen Millimeter mehr. Das bedeutet, so stark zu bremsen, dass die Reifen ihr Traktionslimit erreichen, aber kein bisschen mehr, und es bedeutet schließlich, so auf das Gaspedal zu treten, dass eine maximale Beschleunigung erreicht wird, dabei die Reifen aber nicht durchdrehen.

Diese Einstellung lässt sich jeden Tag trainieren. Dabei ist es überhaupt nicht von Belang, ob man einen Rennwagen oder einen Alltagswagen fährt, oder mit etwas vollkommen anderem beschäftigt ist. Diese Übung dient der perfekten Kräfteeinteilung. Natürlich ist es wichtig, dass der Kräfteeinsatz auch dem richtigen Zweck dient. Mit mehr Einsatz in die falsche Angelegenheit erreicht man in den seltensten Fällen das gewünschte Ergebnis.

Beherrschung umfasst auch die Fähigkeit, sich wechselnden Bedingungen anzupassen und wenn nötig zu improvisieren. Es fällt in den seltensten Fällen schwer, einen Neuling auf der Rennstrecke zu erkennen. Er ist derjenige, der „technisch" alles perfekt macht. Champions wissen, dass es nichts absolut Richtiges oder Falsches gibt. Champions machen das, was notwendig ist, um den Job zu erledigen, doch kann dies der Zuschauer nicht erkennen. Es sieht einfach „richtig" aus, weil es in diesem Fall auch richtig ist, und ein Meister hinter dem Lenkrad sitzt.

Der Pilot, der sich am besten und am schnellsten anpassen und der bei Bedarf improvisieren kann, wird meist gewinnen. Einige Fahrer kennen nur eine einzige Methode, um einen Wagen zu lenken oder eine bestimmte Kurve zu durchfahren. Sie sind keine wirklichen Meister. Champions können die Linie, die Fahrzeugbalance oder ihre Fahrtechnik wechseln, wenn es die Situation erfordert. Wenn sich die Streckenverhältnisse oder das Handling des Wagens verändern oder ein Konkurrent die Bahn versperrt – der Champion improvisiert, ohne merkbaren Verlust an Geschwindigkeit.

Juan-Pablo Montoya war ein Meister in der Beherrschung der CART-Boliden. Verändertes Handling, kalte Reifen, dichtes Gedränge – nichts schien seine Geschwindigkeit zu beeinflussen. Er konnte sich praktisch allen Verhältnissen anpassen. Nichts schien ihn zu beunruhigen. Er improvisierte besser als jeder andere Fahrer. Das machte ihn zum Champion.

Vor allem unerfahrene Fahrer begehen den Fehler, immer nach der perfekten Linie zu suchen und vernachlässigen dabei ihre Geschwindigkeit. Ironischerweise erreicht man das letzte Quäntchen Geschwindigkeit, indem man sich eben nicht um die absolut perfekte Linienführung kümmert, sondern vielmehr improvisiert und dem Wagen freie Bahn lässt. Das nenne ich kreatives Fahren.

Für einen Champion ist das Fahren eines Rennwagens eine kreative Kunst, die viel mit Improvisation zu tun hat. Es ist Magie. Eine derartige Beherrschung der Fahrkunst sollte das Ziel eines jeden Piloten sein.

Vor einigen Jahren beschloss ich, Jonglieren zu lernen. Ich hatte das schon seit Langem vor und begriff sehr schnell, wie wohltuend Jonglieren für die Hirnarbeit und die Koordination ist. Nachdem ich die Grundlagen gelernt hatte, griff ich immer wieder nach den verschiedensten Dingen und trainierte. Doch ab einem gewissen Niveau schien ich zu stagnieren. Erst, nachdem ich begann, die Bälle mit unterschiedlichen Geschwindigkeiten und Laufbahnen immer höher zu werfen, trat eine erneute Verbesserung ein. Ich tat nichts anderes als zu improvisieren und beherrschte dadurch die Technik immer besser. Allerdings werde ich noch ein wenig trainieren, bevor ich zu brennenden Kettensägen greife.

### ERFOLGSGEHEIMNIS NR. 31:
### Mit Anpassung und Improvisation wird man zum Champion.

Geht hin und wieder auf die Rennstrecke und experimentiert: Versucht unterschiedliche Linien zu fahren, die Balance des Wagens zu verändern, vor einer Kurve früher oder später zu bremsen, langsamer oder schneller einzulenken. Das ist keine Entschuldigung für Nachlässigkeiten oder Fehler. Stellt Euch einen Musiker vor, der improvisiert oder einen Maler, der Farbe auf die Leinwand wirft, um zu sehen, was passiert. Lernt, was passiert, wenn ihr etwas anders macht. Entdeckt, was ihr tun oder nicht tun könnt, was funktioniert und was nicht.

Entscheidungen treffen: Auf der Rennstrecke werden Entscheidungen anders getroffen als im täglichen Leben. Hier ist keine Zeit für lange Überlegungen. Hinter dem Lenkrad fallen Entscheidungen im Nanosekundenbereich. Daher müssen sie im Unterbewusstsein getroffen werden – ohne Nachdenken. Die schnelle Entscheidung ist meist die richtige

Den „Flow" erzeugen: Großartige Athleten haben die Fähigkeit, sich „an-" und „abzuschalten". Sie erreichen fast jedes Mal, wenn sie antreten, mit einem Schlag diese „Flow" genannte sofortige Leistungsfähigkeit. Wenn man ein Champion sein will, muss man das können.

Fähigkeit und Wunsch, schnell zu lernen: Die größten Rennfahrer aller Zeiten waren deshalb so großartig, weil sie ständig nach Verbesserung strebten. Sie lernten schon frühzeitig, sich beständig zu verbessern, und sie nutzten diese Technik während ihres gesamten Lebens. Sie haben großartige Lernstrategien entwickelt.

Disziplin: Offensichtlich gibt es eine enge Beziehung zwischen dem Erfolg eines Fahrers und der Art und Weise, wie er seine persönliche Ausrüstung pflegt. Ich habe so gut wie nie einen siegreichen Piloten erlebt, der sich nicht fast schon penibel um seine Organisation, das Säubern und die Pflege seines Helms, Rennanzugs und dem Rest der Ausrüstung gekümmert hat. Die Ausrüstung wird nach dem Rennen nie achtlos in den Transporter geworfen. Der Anzug ist immer sauber und er trägt ihn niemals bei Arbeiten am Wagen. Sein Helm blitzt und die Visiere sind einsatzbereit.

Es ist alles eine Sache der Disziplin und in diesem Fall der Selbstdisziplin. Ohne sie wird ein Pilot nicht zu einem ständigen Sieger. Dabei ist die Disziplin im Vorfeld durchaus auch ein Indikator für die Disziplin auf der Strecke. Ohne Disziplin auf der Strecke wird ein Pilot niemals erfolgreich sein. Undisziplinierte Piloten haben viele Unfälle. Sie sind nicht beständig in ihren Leistungen. Sie geben auch kein gutes Feedback über das Verhalten des Wagens. Sie gehen ruppig mit dem Wagen um und scheiden häufig vor Rennende aus. Sie sind keine guten Rennfahrer.

Jeder Pilot benötigt Disziplin, wenn er ein Gewinner sein will. Heute kann sich kein Fahrer auf sein angeborenes Talent allein verlassen. Viele Fahrer haben Talent, ja, aber sie arbeiten auch hart daran, dieses Talent weiter zu entwickeln. Disziplinierte Fahrer haben oft auch einen besseren Wagen, ein harmonisches Team und manchmal auch das höhere Budget. Um da mitzuhalten oder besser zu sein, muss man an seinem Talent arbeiten und nicht aufstecken, bis es nicht voll entwickelt ist. Das verlangt viel Selbstdisziplin und Pflichtbewusstsein.

Pflichtbewusstsein: Im Allgemeinen ist das Pflichtbewusstsein eines Piloten das Ergebnis von drei Faktoren. Der Erste ist Erfahrung, das sind die Erfahrungen, die er in seinem Leben bereits gesammelt hat. Das hat viel mit dem familiären Hintergrund zu tun, wie er erzogen wurde und ob er gelernt hat, für seinen Lebensunterhalt zu arbeiten oder nicht.

Der zweite Faktor ist Motivation. Das hat auch etwas mit fehlendem Erfolg zu tun. Wenn ein Fahrer nur verliert, verlässt ihn möglicherweise die Motivation, hart zu arbeiten und er fragt sich, warum er das eigentlich alles auf sich nimmt.

Der dritte Faktor ist zu viel Erfolg. Ich habe dieses Problem viel zu oft bei talentierten, jungen Fahrern beobachtet. Sie schreiben die ersten kleinen Erfolge ihrem natürlichen Talent zu und glauben, dass alles so weiterlaufen wird. Sie sind nicht bereit, weiter zu lernen und sich zu verbessern. Aber so bleiben sie nicht an der Spitze. Ihr Niveau stagniert und ihre Karriere kommt zu einem Stillstand.

Erfolg führt viel zu oft zur Selbstzufriedenheit. Ein junger Fahrer mit Anfangserfolgen macht dafür sein Talent verantwortlich und arbeitet nicht mehr an sich, um besser zu werden. In der Zwischenzeit arbeitet ein anderer, bisher weniger erfolgreicher Fahrer hart an seiner Verbesserung, bis er eines Tages an der Spitze steht und der andere Pilot nur noch sagen kann, „aber damals habe ich ihn in Grund und Boden gefahren..."

Seien wir realistisch: Es gibt weniger Champions, die bereits am Anfang ihrer Karriere erfolgreicher waren als jene, die hart arbeiten mussten, um ihr Talent weiterzuentwickeln. Viele der Piloten, die auf Anhieb erfolgreich sind, arbeiten nicht genug an sich und realisieren daher nie ihr volles Potenzial. Sie werden nie zu den Champions, die sie hätten werden können.

Was meint ihr denn, unabhängig davon, wie gut ihr schon seid, wollt ihr euch nicht weiter verbessern? Selbst Michael Schumacher arbeitet unablässig an seiner Verbesserung. Wenn ihr die Spitze erreichen wollt, müsst ihr hart daran arbeiten. Jeder Moment, den ihr nicht eurer Weiterentwicklung widmet, wird von euren Konkurrenten gegen euch genutzt.

Engagement: Ich kenne keinen Piloten, der es nach ganz oben geschafft hat, ohne dafür viele Opfer zu bringen. Man muss sich in der Tat über alle Maße engagieren, um seinen Weg zu gehen.

Während meiner gesamten Karriere, vor allem als ich IndyCars gefahren bin, traf ich immer wieder auf Menschen, von denen ich zu hören bekam, „Ich wünschte, ich könnte auch dabei sein", oder „Ich wollte schon immer Rennfahrer werden". Ich nickte dann meistens und erwiderte: „Ich hatte eben viel Glück, um das zu tun, was ich tue".

Natürlich dachte ich etwas ganz anderes. „Nein, du willst eben nicht das machen, was ich mache. Dann würdest du alles geben, um Rennfahrer zu werden." Wer es wirklich will, lässt sich von nichts und niemandem davon abhalten. Und ich wusste genau, ich verdanke es eben nicht dem Glück, dass ich mein Geld als Rennfahrer verdiene.

Wenn ein Mensch wirklich Rennwagen fahren oder Weltmeister werden will, dann genügt es eben nicht, sich das einfach nur zu wünschen. Wenn man sich wirklich intensiv engagiert, wenn man alles Notwendige tut, um dieses Ziel zu erreichen, dann hat man auch Erfolg.

Oft fragen mich Männer, meistens Anfang 20, was sie machen sollen, um es an die Spitze im Motorsport zu schaffen. Ich weiß genau, sie wollen von mir das Geheimnis hören, wie man den Millionen schweren Sponsor aufreißt, oder wie man auf der Strecke an die Spitze kommt. Ich frage sie dann, ob sie einen Wagen, eine Stereoanlage oder andere Luxusgegenstände besitzen und ob sie eine Freundin oder Frau haben. Sie sind dann meistens etwas verwirrt und enttäuscht, wenn sie meine Antwort hören: „Verkauf den Wagen, die Stereoanlage, verkauf alles, was du besitzt und trenn dich von deiner Freundin oder Frau." Das ist nicht die Antwort, die sie erwartet haben.

Ich behaupte natürlich nicht, dass man, wenn man an die Spitze kommen will, alles verkaufen und sich von der Liebe seines Lebens trennen muss. Doch wenn man nicht bereit ist, genau das zu tun, sind die Chancen auf eine erfolgreiche Karriere sehr gering. Wer nicht bereit ist, viel zu opfern hat wenig Chancen, jemals Weltmeister zu werden.

Viele junge Fahrer glauben auch, dass man unbedingt aus einer reichen Familie stammen muss, um überhaupt eine Chance zu bekommen. Fragt doch mal Jimmy Vasser oder Michael Schumacher, ob das zutrifft. Sie haben es an die Spitze geschafft, ohne das ein superreicher Vater im Hintergrund den Sponsor spielte.

Wenn ein Mensch wirklich etwas erreichen will, dann wird er auch einen Weg dahin finden. Ist es einfacher, eine Karriere mit viel Geld im Rücken zu star-

*121*

ten? Im Allgemeinen ja, aber nicht zwingend. Ich habe reiche Jungs erlebt, die einfach nur ausgenommen wurden, obwohl sie als Fahrer mehr Talent hatten als so manch anderer.

Noch einmal: Wer wirklich den Willen hat und bereit ist, hart zu arbeiten und Opfer zu bringen, wird es so weit bringen, wie es seinem Wunsch entspricht und sein Talent es zulässt. Unabhängig vom festen Willen und den Finanzen, muss man eben in der Lage sein, überhaupt Rennen zu gewinnen.

Die Fähigkeit, das mentale Vorstellungsvermögen zu nutzen: Es gibt Leute, die haben offensichtlich ein fast natürliches Talent, Dinge zu visualisieren. Das sind Menschen wie Michael Schumacher, Michael Jordan, Tiger Woods oder Wayne Gretzky. Wenn man nicht eine starke Wunschvorstellung erzeugen kann, von dem, was man erreichen will, wird man es nie schaffen. Glücklicherweise kann man das erlernen.

Fokus auf die Leistungsfähigkeit: Wenn man Champions aus anderen Sportarten genau zuhört, wird man feststellen, dass sie sich auf ihre Leistungsfähigkeit fokussieren und weniger auf das Ergebnis. Dabei handelt es sich um eine der schwieriger zu lernenden mentalen Aufgaben. Dies aber ist unumgänglich. Je mehr man sich auf seine eigentliche Leistungsfähigkeit und deren Verbesserung konzentriert, desto eher kommen die Ergebnisse, die man erreichen will.

Fokus auf die Gründe für den Motorsport: Nehmt euch einen Moment Zeit und versetzt euch in eure Schulzeit. Erinnert euch an zwei unterschiedliche Stunden. Die eine, die Spaß gemacht hat, und die andere eher langweilige. An welchen Moment kann man sich besser erinnern? Von welcher Stunde kommen die meisten Erinnerungen zurück? Wo hat man das meiste gelernt?

Viel zu viele Rennfahrer vergessen, warum sie das tun, was sie tun. Sie vergessen einfach den Spaß und nehmen die ganze Angelegenheit viel zu ernst.

Ich will nun nicht sagen, dass man den Motorsport nicht ernst nehmen sollte. Natürlich sollte man das. Schließlich ist es viel zu gefährlich, dies nicht zu tun. Dennoch sollte man einen Grund nie vergessen, wegen dem man sich für diesen Sport entschieden hat, den Spaß.

Ich weiß nur zu gut aus eigener Erfahrung, dass ein Pilot, der Spaß hat und sich gut fühlt, bessere Leistungen bringt. Kaum jemand ist zu Spitzenleistungen fähig, wenn er sich nicht wohl fühlt, bei dem, was er tut. Doch leider kann man den Spaß an der Sache nicht einfach bestellen. Aber man kann sich auf die angenehmen Elemente beim Rennfahren fokussieren. Also nicht an das denken, was gerade nicht funktioniert. Einfach aufs Fahren konzentrieren, Spaß an der Leistung haben und nicht an die Ergebnisse denken, egal, ob sie dann am Ende gut oder schlecht ausfallen.

Wenn man sich so verhält und noch immer keinen Spaß verspürt, dann sollte man sich vielleicht anderen Sportarten zuwenden. Der vermeintliche

„Glanz" eines Rennfahrers ist es nicht wert, so hart an einer Sache zu arbeiten, die keinen Spaß macht.

## ERFOLGSGEHEIMNIS NR. 32:
## Habt Spaß!

Intensität: Die Intensität eines Fahrers ist eine empfindliche Angelegenheit. Zu viel davon, und man ist zu aggressiv. Darunter leidet die Leistung. Zu wenig, und man hat nicht die nötige Einstellung, um auch das Letzte aus dem Wagen heraus zu holen.

Das Problem besteht darin, dass es kein einheitliches Intensitätsniveau für alle Fahrer gibt. Man muss für sich selbst entdecken, welches Niveau man braucht und es dann innerlich programmieren. Und dann muss man diese Intensität auf Anhieb abrufen können. Man braucht sie ab dem Moment, an dem der Wagen angelassen wird. Das benötigt eine innere Konditionierung und die Entwicklung einer Art Auslösers.

So gut wie alles, was wir im Leben machen, ist das Ergebnis eines mentalen Programms. Wenn man zum Beispiel einen Ball wirft, dann denkt man auch nicht über jede Phase des Ballwurfs nach. Man ruft einfach das Programm „Ballwerfen" im Gehirn ab.

Sogar Emotionen sind programmiert. Wird man zum Beispiel auf der Autobahn von einem anderen Fahrer geschnitten, dann wird ein emotionales Programm gestartet – meistens Ärger. Mit bewusstem mentalen Training lassen sich andere Programme aufbauen. In diesem Fall anstelle von Ärger ein entspanntes und ruhiges Lächeln.

Dieser Prozess muss genutzt werden, um das eigene Intensitätsniveau auszulösen. Nachdem man das ideale Niveau entdeckt hat, muss es auf der Festplatte im Kopf gespeichert werden. Jedes Mal, wenn man in den Rennwagen steigt, muss es abrufbereit sein.

Geduld: Nur wenige Menschen halten Geduld für eine der wichtigsten Eigenschaften eines erfolgreichen Rennfahrers. Sie ist auch eher eine der am wenigsten anerkannten Eigenschaften. Schließlich bringen die meisten Menschen Geduld nicht mit einem Rennwagen in Verbindung. Doch das Wissen, wo man schnell unterwegs sein kann und wo nicht, kann gar nicht genug betont werden.

Rick Mears war wahrscheinlich einer der besten Rennfahrer auf Ovalkursen. War er in seinem Wagen geduldig? Wenn das Rennen oder sein Wagen nach Geduld verlangte, war Mears absolut vorbildlich. Doch wenn die letzten Runden bevorstanden und er das Ziel ins Visier nahm, dann gab es kein Halten mehr und er setzte sich an die Spitze. Man erinnere sich nur daran, wie er Michael Andretti überholte, um 1991 die Indy 500 zu gewinnen. Doch wäre er bis zu diesem Zeitpunkt nicht geduldig gewesen, hätte er keine Chance gehabt, dieses Rennen das vierte Mal für sich zu entscheiden.

Antizipation: Warum gelingt es einigen Piloten, den großen Unfällen vor ihnen aus dem Weg zu fahren, eine Lücke zu finden, die vor einer Zehntelsekunde noch gar nicht existierte, während andere Fahrer wie von einem Magnet angezogen hineinrasen? Manche nennen das Glück. Andere großartige Reflexe. Ich bin nicht sicher, ob diese beiden Einschätzungen zutreffen.

Es geht hier um die Fähigkeit des Fahrers, die Situation lange im Voraus zu erkennen. Indem sie die Linien und das Verhalten der Wagen vor ihnen beobachten, können einige Piloten vorhersagen, wann der Wagen vor ihnen verunglücken wird. Auch das gehört zum vorausschauenden Fahren.

Ein Beispiel: Unterwegs auf einem Ovalkurs will man einen Wagen auf der Innenseite überholen. Dieser Wagen beginnt leicht nach oben zu driften. In diesem Moment wird jedem erfahrenen Piloten klar, dass der Wagen auf den schmutzigen Teil der Strecke und dort ins Schleudern geraten wird und eine Kollision verursachen kann. Wenn man diese Gefahr rechtzeitig erkennt, kann man ihr ausweichen. In diesem Fall empfiehlt es sich, etwas vom Gas zu gehen, um dem Konkurrenten mehr Platz einzuräumen, oder aufs Gas treten, um ihn so schnell wie möglich zu passieren, sodass er einen selbst nicht treffen kann, wenn er ins Schleudern gerät.

Der Glaube an sich selbst: Ein anderer Auslöser für die Fähigkeit, Problemen aus dem Weg zu gehen, ist der Glaube an sich selbst. Wenn ein Fahrer ehrlich daran glaubt, dass er die spezielle Gabe besitzt, Ärger zu vermeiden, stehen die Chancen gut, dass ihm dieses auch gelingen wird. Das Gegenteil trifft natürlich auch zu. Es ist schon fast eine sich selbst erfüllende Prophezeiung. Durch einen unglücklichen Zufall wird ein Pilot in einen Unfall verwickelt. Etwas später passiert ihm das Gleiche, und er beginnt zu grübeln. „Warum passiert das immer mir", denkt er, und ist im Unterbewusstsein davon überzeugt, dass er immer das Pech hat, auf der Strecke in Probleme verwickelt zu werden.

Ein anderer Fahrer, der eine ähnliche Situation erlebt und es irgendwie schafft, ohne Schaden davonzukommen, glaubt vielleicht, dass er einfach gut ist und Probleme vermeiden kann. Dann verunglückt ein weiterer Fahrer vor ihm, und wieder gelingt es ihm, auszuweichen. Jetzt weiß er, dass er die Fähigkeit hat, derartigen Problemen aus dem Weg zu gehen.

Der Glaube an sich selbst spielt eine überragende Rolle im Rennsport.

Immer, wenn ich die erstaunliche Stärke dieses Glaubens an sich selbst erlebe, wundere ich mich manchmal, ob diese innere Kraft eines Piloten auch die tatsächlichen physikalischen Kräfte außer Kraft setzen kann, die auf einen Rennwagen einwirken. Kann ein Pilot so stark an seine Fähigkeiten glauben, dass sein Wagen jenseits der Grenzen operiert, von denen uns die Physiker immer wieder erzählen?

Ein hervorragendes Beispiel dafür ist Ayrton Sennas erste Runde beim Grand Prix von Europa im britischen Donnington im Jahr 1993. Sein McLaren war damals ausnahmsweise nicht so topfit wie üblich, und er belegte daher nach dem Qualifying nur den fünften Startplatz. Doch Senna überholte im strömenden Regen Michael Schumacher, Karl Wendlinger, Damon Hill und Alain Prost. Sein Sieg wurde Teil der Grand-Prix-Historie. Physiker und alle anderen, die das Rennen verfolgten, waren einhellig der Meinung, dass er eigentlich gar nicht tun konnte, was er tat, und dass er weit jenseits des Grenzbereiches fuhr. Offensichtlich hatte niemand Senna die Gesetze der Physik erklärt. Es hatte einfach den Anschein als zwang er dem Wagen seinen Willen auf. Er glaubte einfach, dass es möglich war, und daher war er auch erfolgreich.

Kann der Glaube eines Fahrers an sich selbst die Gesetze der Physik außer Kraft setzen? Ich glaube nicht, doch wissen wir wirklich, welche Grenzen die Physik eigentlich hat? Schließlich sind einige der bisher als unumstößlich geltenden physikalischen Gesetze in der Vergangenheit immer wieder in Frage gestellt worden. Also der Glaube an sich selbst kann wahrscheinlich keine physikalischen Gesetzmäßigkeiten umstoßen, doch eines ist sicher: Die Leistungsfähigkeit eines Fahrers wird vor allem durch den Glauben an sich selbst bestimmt.

Ich möchte, dass ihr jetzt etwas ausprobiert. Schließt die Augen, entspannt euch, atmet tief und langsam durch. Nachdem ihr euch einige Minuten entspannt habt, versetzt euch an den Start eines Rennens. Die Startampel ist gerade erloschen. Nun seht und fühlt die Wagen um euch herum. Hört mit dem Lesen auf und bleibt in dieser Vorstellung für einige Minuten und lest dann weiter.

Willkommen zurück. Auf welchem Platz habt ihr euch in die Startaufstellung versetzt? Erster, Dritter oder Zehnter? Wenn ihr euch auf den zehnten Platz gesetzt habt, werdet ihr auch genau von diesem Platz starten. Bis ihr euch an erster Stelle sehen könnt, werdet ihr wahrscheinlich kein einziges Rennen anführen.

Indem man das mentale Vorstellungsvermögen nutzt, kann man zugleich auch den Glauben an sich selbst verändern. Tatsächlich ist ein derartiges Vorstellungsvermögen eine starke und wirkungsvolle Methode, dies zu tun. Und bis zu jenem Tag, an dem ihr eure Augen schließt und ihr auf Anhieb den ersten Platz einnehmt, müsst ihr dieses mentale Vorstellungsvermögen nutzen, um euer Glaubenssystem zu ändern.

Nigel Roebuck beschrieb in seiner Kolumne „Fifth Column" im Magazin „Autosport" (8. Juni 2000), wie sich David Coulthard vor Beginn der Saison 2000 verändert hatte:

„Als er im Januar über die bevorstehende Saison sprach, erklärt er, dass er das Image des ‚braven Jungen' ablegen werde, um sich ganz auf die Weltmeisterschaft zu konzentrieren. Er fühlte zweifellos, dass seine Erfolge beständiger werden mussten, um seinen Vertrag bei McLaren über das Jahr 2000 hinaus zu sichern. Doch ich zweifelte, ob es klug wäre, sich auf diese Weise selbst neu zu erfinden.

Und ich glaube auch nicht, dass er es geschafft hat. Stattdessen machte er auf mich einen eher noch entspannteren Eindruck und schien mit sich im Frieden zu sein – und das trotz der furchtbaren Ereignisse am Flughafen von Lyon, wo er einen Flugzeugabsturz knapp überlebte, bei dem Pilot und Copilot ums Leben kamen.

Ein solches Ereignis zu überleben, muss die Einstellungen zum Leben einfach verändern und Wichtiges oder weniger Wichtiges neu definieren. Vielleicht irre ich mich, doch ich glaube, dass DC den Motorsport inzwischen weit weniger verbissen betrachtet, dass sein Fahrstil und seine Arbeitsmethode davon profitiert haben. Er hat jetzt eine gewisse unbekümmerte Art, die es bis dahin nicht gab."

Was Roebuck und andere an Coulthard beobachteten, war meiner Meinung nach ein Wechsel in dessen Glaubenssystem. Das machte sich vor allem in der ersten Hälfte der Saison 2000 bemerkbar, als sein Teamgefährte Mika Häkkinen leicht außer Form war. Der Glaube an sich selbst wird durch eine ganze Reihe von Faktoren geprägt. Bei Coulthard war es möglicherweise eine Kombination aus gezielter mentaler Programmierung und einem äußeren „Ereignis" (Häkkinens Formtief). Häufig ist so ein „Ereignis" einfach ein glücklicher Umstand. Mitunter bedingen sich die Dinge aber auch gegenseitig. Anders gefragt trug Coulthards Leistungssteigerung zu Häkkinens Problemen bei?

Das andere, was Roebuck an Coulthard beobachtete, war dessen entspanntes Auftreten. Es ist kein Zufall, dass die meisten Athleten, die Höchstleistung bringen, genau diese Eigenschaft besitzen. Nur selten gelingt es jemandem, der sich immer wieder anstrengt, wirklich gut zu sein. Das gilt vor allem für den Motorsport. Sich anzustrengen ist eine bewusste Aktion und führt nicht zu einer optimalen Leistung.

Tony Dodgins zitiert in seiner Kolumne „Prix Conceptions" (Zeitschrift „On Track" vom 8. Juni 2000) Frank Williams' und Patrick Heads Meinung über Ralf Schumacher:

„Das Williams-Team braucht harte Fahrer – Männer wie Alan Jones und Nigel Mansell. Schumacher passt da perfekt ins Bild. Fragt Frank Williams, wo er Ralfs größte Stärken sieht, und der Mann antwortet sofort: ‚Es ist genau dieses Wort – Stärke'. Große physische Stärke. Und auch eine große mentale Kraft. Ralf ist sehr stark in seinem Kopf. Wie Jacques Villeneuve hat er vor niemandem Angst. Ohne eingebildet zu sein, glaubt er, dass er hinter niemandem zurücksteht. Er denkt ganz selbstverständlich, dass er der Beste in der Welt ist, doch er spielt sich dabei nicht so auf. Er ist intelligent und erfahren. Und wahnsinnig schnell."

Die Strategien, Anregungen, Beispiele, Schwerpunkte und die integrierten Übungen in diesem Buch haben einen doppelten Effekt, weil sie in zwei Richtungen wirken. Zunächst werden euch die psychologischen und physikalischen Fakten vermittelt. Und dann stärkt es den Glauben an die eigene Leistungsfähigkeit und die mentalen Wege zu ihrer Verbesserung.

Euer Bewusstsein, oder besser der richtige Einsatz eueres Bewusstseins, kann die Wirklichkeit formen. Was ihr glaubt und was ihr mental seht, wird Wirklichkeit, wenn ihr euch darauf fokussiert.

## ERFOLGSGEHEIMNIS NR. 33:
## Wer meint, er kann nicht, kann auch nicht.
## Wer meint, er kann, kann auch.

**Technische Sensibilität**

Technisches Wissen: An anderer Stelle habe ich gesagt, dass Kenntnisse im Geschäftsleben wichtiger sind als Ingenieurswissen, und das trifft im Großen und Ganzen auch zu. Doch je besser ihr die Dynamik und die Mechanik eures Rennwagens kennt, desto eher werdet ihr Erfolg haben. Ihr benötigt unbedingt das Wissen über die Parameter, die die Leistungsfähigkeit eures Wagens beeinflussen und wie diese verändert werden können.

Feedback / Kommunikation: Technisches Wissen und Verständnis allein sind nicht genug. Ihr müsst in der Lage sein anderen auch mitzuteilen, wie sich der Wagen auf der Strecke verhält und wie er funktioniert. Champions haben die Begabung, jedes Detail des Fahrverhaltens förmlich ich sich aufzusaugen und diese Informationen präzise abzurufen, wenn sie mit dem Team in der Box sprechen.

Empfindlichkeit für Veränderungen: Einige Piloten haben das Gespür dafür, was der Wagen macht, während andere vielleicht schnell fahren können, aber keinerlei Gefühl für die Technik entwickeln. Sie können natürlich auch keine Hinweise für die Optimierung der Abstimmung liefern. Sie fahren den Wagen einfach in der einmal vorhandenen Konfiguration. Glücklicherweise lässt sich diese Sensibilität für die Technik aber erlernen.

In fast allen Fahrzeugklassen spielt die Aerodynamik eine wesentliche Rolle. Daher ist es wichtig, dass ihr als Fahrer begreift, ob der Auslöser für ein Handlingsproblem in einer aerodynamischen Unausgeglichenheit oder im Fahrwerk zu suchen ist.

Ich habe immer wieder versucht, Piloten die unterschiedlichen Symptome bei aerodynamischen und mechanischen Problemen zu erklären. Das Gespür dafür ist eines der am schwierigsten zu beschreibenden Gefühle. Als grobe Richtschnur lässt sich sagen, dass aerodynamische Probleme den Wagen herunterdrücken, während mechanische Probleme ihn eher zur Seite ziehen. Natürlich spielt auch die Geschwindigkeit eine Rolle. Wenn der Wagen in langsamen Kurven untersteuert, dies aber in schnellen Biegungen nicht auftritt, dann liegt wahrscheinlich (aber nicht immer) ein mechanisches Problem vor. Mit dieser zugegebenermaßen vagen Beschreibung, muss man dann arbeiten. Das heißt, Stück für Stück Erfahrungen sammeln, wann eine aerodynamische Veränderung ein Problem löst und wann ein Eingriff in die

Mechanik notwendig ist. Im Laufe der Zeit lernt man die Unterschiede zu fühlen und zu identifizieren.

Detailorientierung: Am Ende eines stümperhaft gefahrenen Rennens spielen Details keine Rolle mehr. Dann muss man sich nicht mehr darum kümmern, was der Wagen macht und auch was wir machen, ist schon egal. Doch beim Testen dreht sich alles um Details, darum, wie sich der Wagen verhält und was man unternehmen kann, um die Leistung weiter zu steigern.

**Abschließende Gedanken zum perfekten Fahrer**
Das einzig Konstante im Rennsport sind die ständigen Veränderungen. Das bedeutet auch, dass die Definition des perfekten Rennfahrers in einem Jahr und erst recht in fünf Jahren vollständig überholt sein kann. Doch wenn ihr zwei der Schlüsselforderungen verinnerlicht habt – Anpassungsfähigkeit und das brennende Verlangen zu lernen – dann werdet ihr euch immer weiterentwickeln, ganz egal wie das künftige Fahrerprofil definiert wird.

Jeder Pilot hat seine starken und seine schwachen Seiten. Man kann dies von zwei Seiten aus betrachten. Wenn man einen Schwachpunkt festgestellt hat, kann man daran arbeiten, wenn man wirklich Erfolg haben will. Auf der anderen Seite kann man eine Schwäche in dem einen Bereich durch Stärken in einem anderen bis zu einem bestimmten Maß ausgleichen. Wenn man zum Beispiel Defizite beim Thema Marketing aufweist, kann man dies durch Stärken in allen anderen Bereichen kompensieren. Und wenn man ein guter Teamplayer ist, kann man möglicherweise ein anderes Teammitglied motivieren, diese Marketingpflichten zu übernehmen.

Letztlich wird der Fahrer der Erfolgreichste sein, der in sich den besten Kompromiss aus all diesen Bereichen vereint.

*ERFOLGSGEHEIMNIS NR. 34:*
*Je mehr Fähigkeiten ihr in euch vereint,*
*desto erfolgreicher werdet ihr sein.*

Nein, keine Sekunde lang meine ich, dass ein Pilot nicht auch schnell fahren muss oder dass die anderen Fähigkeiten diesen Mangel ausgleichen können. Im Rennen dreht sich alles um Geschwindigkeit und kein Pilot wird ohne die Begabung schnell zu fahren jemals Erfolg haben. Ich hätte nicht mein Leben damit verbracht, genau das zu lernen und dieses Wissen weiter zu geben. Geschwindigkeit spielt die entscheidende Rolle. Doch angesichts der aktuellen Entwicklungen im Motorsport muss man alle anderen Faktoren hinzufügen, wenn man es weit bringen will.

## Kapitel 15

## Lernen

Wenn sie gefragt werden, was die wichtigsten Zielvorstellungen sind, mit denen man auf eine Rennstrecke geht, antworten die meisten Rennfahrer: „Schneller sein, gewinnen, den Wagen optimieren". Oder etwas in der Art. Und das sind auch genau die richtigen Zielvorstellungen. Doch meiner Meinung nach gibt es noch etwas Wichtigeres, das dazu führen wird, alle diese Ziele zu erreichen. Diese Zielvorstellung ist zu lernen. Wer ständig lernt, wird ganz natürlich schneller und besser.

**Die Lernformel**
Das vielleicht Wichtigste, dass ich beim Schreiben meiner Bücher gelernt habe, ist die sogenannte Lernformel. Es könnte die wichtigste Information in diesem Buch sein, wenn man sie richtig benutzt.

Die Formel ist MB + B = Z. MB steht für das Mentale Bild, B für Bewusstsein und Z beschreibt das Ziel (wie viel man lernen will). Wenn man diese Formel jedes Mal beim Versuch sich zu verbessern benutzt (also immer, wenn man auf der Strecke unterwegs ist oder den ganzen Tag über), wird man erstaunt sein, wie deutlich sich die Lernfähigkeit verbessert.

Vor einigen Jahren trainierte ich einen jungen Fahrer bei seinen ersten Auftritten auf einem Ovalkurs. Es gehört zu den Herausforderungen, die jeder Pilot bei seinem Debüt auf einem Oval meistern muss, der Betonmauer an den Kurvenausgängen möglichst nahe zu kommen. Wenn man die Lenkung nicht loslässt und den Wagen in Richtung Mauer fahren lässt, vernichtet man im besten Fall Geschwindigkeit und im schlimmsten dreht man sich. Über Funk erinnerte ich ihn ständig daran, an den Ausgängen näher an die Mauer heranzufahren.

$$MB + B = Z$$

*Die Lernformel für die ständige Verbesserung: MB steht für das Mentale Bild, B für das Bewusstsein und Z ist das Ziel.*

Keines meiner Worte half. Er kam nie näher als einen guten Meter an die Mauer heran. Dann verstand ich das Problem und ich fragte ihn, wo sein Wagen am Ausgang von Kurve vier sein sollte. „Ungefähr 30 Zentimeter neben der Mauer", kam die Antwort. Ich forderte ihn auf, sich ein klares Bild vor seinem inneren Auge zu machen, wie das vom Cockpit aus aussehen würde. Weil es sich um einen privaten Testtag handelte, konnten wir auf die Strecke gehen, und uns das genau ansehen. Er verbrachte danach zehn Minuten damit, sich zu entspannen, schloss die Augen und stellte sich dabei immer wieder vor, wie sein Wagen aus Kurve vier, gerade 30 Zentimeter von der Mauer entfernt herausfuhr. Er entwickelte sein mentales Bild.

Ich begann ungeduldig zu werden und wollte, dass er den Wagen nun endlich dicht an die Mauer fährt. In dem Moment begriff ich den Stellenwert des Bewusstseins im Lernprozess und meine Gleichung war geboren. Ich schickte meinen Fahrer also wieder auf die Strecke, nachdem er sein MB entwickelt hatte. Jedes Mal, wenn er durch Kurve vier fuhr, bat ich ihn, mir über Funk den Abstand seines Wagens von der Mauer mitzuteilen. Im Prinzip zwang ich ihn, sich seiner selbst bewusst zu werden, und ebenfalls das B der Gleichung hinzuzufügen.

Bei seiner ersten Runde war es noch ein guter Meter. Bei der zweiten Runde blieb es dabei. In der dritten Runde waren es nur noch sechzig Zentimeter und in der vierten Runde schließlich meldete er über Funk dreißig Zentimeter. Innerhalb von vier Runden hatte er den Wechsel geschafft, an dem wir zuvor fünfzig oder sechzig Runden lang gearbeitet hatten. Innerhalb einiger Minuten hatte er das Problem gelöst, das mehr als zwei Stunden lang unlösbar schien. Indem MB durch B ergänzt wurde, konnte er Z, sein Ziel, erreichen. Wir mussten danach nie mehr an der Entfernung zur Mauer arbeiten.

Wie man sich leicht vorstellen kann, war ich von dieser Lernmethode auf Anhieb begeistert. Seit Jahren benutze ich selbst und vermittle anderen Fahrern dieses Verfahren der Visualisierung, um so fahrerische Techniken und Fähigkeiten zu verbessern. Und es funktioniert. Mittels Visualisierung lernt man nicht nur viel schneller, es erhöht sich auch die Aufnahmefähigkeit während des gesamten Lernprozesses. Daher vertrauen auch Athleten aus anderen Sportarten auf diese Technik. Inzwischen weiß ich aber auch, dass dieses mentale Programmieren mittels Visualisierung einige Zeit beansprucht.

Immer, wenn ich etwas an meiner Fahrtechnik ändern will, nutze ich die Visualisierung. Um ein klares MB zu entwickeln, gehe ich dann auf die Strecke und werde mir der Problemlage bewusst. Mein Bewusstsein baue ich mir in der Regel auf, indem ich Fragen stelle. Diese Fragen drehen sich meistens um Dinge wie „Kann ich mit mehr Geschwindigkeit in die Kurve gehen?" oder „Wie durchsetzungsfähig bin ich?" oder „Wie weit in der Kurve bin ich auf Vollgas?" Wenn diese Fragen mit einem passenden MB kombiniert werden, helfen sie mir, mein Ziel schnell, effektiv, sicher und unkompliziert zu erreichen.

## ERFOLGSGEHEIMNIS NR. 35:
## MB + B = Z

Ich kenne keinen schnelleren Weg, etwas zu lernen als diese Lernformel. Setzt sie auf der Strecke und auch sonst im Leben ein.

### Selbsttraining
Es wäre wünschenswert, bei jeder Runde auf der Piste von einem qualifizierten Trainer betreut zu werden, um so die Leistungsfähigkeit zu verbessern. Ich hoffe, ihr wünscht euch das auch. Doch es ist kaum realisierbar. Das liegt zum einen an den finanziellen Hindernissen zum anderen aber auch an der Tatsache, dass es nicht genügend qualifizierte Trainer für alle Piloten gibt. Daher muss man lernen, sich selbst zu trainieren. Selbsttraining ist die Methode, mit der man sich selbst zum Leistungsmaximum bringt.

Das fängt damit an, das man sich erst einmal über sich selbst und den aktuellen Leistungsstatus klar werden muss. Das erfordert bewusste Aufmerksamkeit. Man muss die Hauptprobleme erkennen und die Hauptziele definieren. Ohne dieses Bewusstsein wird es keine Verbesserung oder Fortschritt geben.

Mit einem solchen Formular kann man die eigene Aufmerksamkeit erhöhen. Nach jeder Runde auf der Piste wird notiert, wie weit man sich mit seinem Wagen dem Limit angenähert hat.

Eine der besten Methoden, die ich kenne, seine Selbstwahrnehmung zu verbessern, besteht darin, sich selbst Fragen zu stellen und die eigenen Leistungen und Fähigkeiten in verschiedene Kategorien einzuordnen. Ich benutze zum Beispiel eine Skala von eins bis zehn, wenn ich meine Fahrweise in allen Details bewerte. Dafür benutze ich ein Formular wie auf der vorhergehenden Seite. Das vereinfacht das Ganze. Die Idee hinter diesem Stück Papier besteht darin, festzuhalten, wie nahe die Reifen jeweils dem Limit gekommen sind. Auf meiner Skala bewerte ich jeden Streckenteil, wobei zehn am Ende der Traktion steht. So verfahre ich mit Bremszone, Kurveneingang, Mitte und Kurvenausgang.

## ERFOLGSGEHEIMNIS NR. 36:
### Steigert die Selbsterkenntnis durch Selbstwahrnehmung.

Natürlich kann man sich auch ohne ein derartiges Formular selbst bewerten. Doch ich glaube, diese Informationen schriftlich festzuhalten, bringt einen höheren Nutzen aus dieser Strategie. Allein der Akt des Aufschreibens schärft bereits das Bewusstsein und befördert die Genauigkeit der Wahrnehmung. Außerdem ist man ehrlicher, wenn man die Noten auf einem Stück Papier festhält.

Neben dem Formular für die Selbstkontrolle empfehle ich auch, dass man sich vor und nach dem Training auf der Strecke einige Fragen stellt, wie sie im Anhang B aufgeführt sind. Wenn man sie beantwortet und sich dabei die entsprechende Mühe gibt, wird man ein wesentlich höheres Niveau hinter dem Lenkrad erreichen. Das Ziel dieser Fragen ist es, sich darüber klar zu werden, was genau man tut. Und wenn man das weiß und sich zusätzlich darüber im Klaren ist, was man tun will, dann wird man schnell und ganz natürlich Fortschritte machen.

### Die Lernkurve
Kinder zu beobachten, wie sie etwas lernen, ist eine einmalige erzieherische Erfahrung. Durch die Beobachtung meiner Tochter habe ich die Stufen kennen gelernt, die ein Kind beim Lernprozess durchläuft. Genau dann, wenn es scheinbar überhaupt keinen Fortschritt mehr zu geben scheint, kommt plötzlich der Durchbruch. Es ist eben kein kontinuierlicher Prozess. Die Lernkurve ist eigentlich eher eine Treppe mit vielen Stufen.

Ich schweife jetzt ein wenig ab und nehme meine Tochter als Beispiel. Als sie vier Jahre alt war, hielt ich es für an der Zeit, sie ihr Fahrrad ohne Stützräder fahren zu lassen. Ich war es, der dies beschloss. Ich entfernte also die Hilfsräder. Die nächsten Stunden verbrachte ich mit dem Versuch, ihr beizubringen, wie man das Gleichgewicht hält. Das war für mich ohne Zweifel eine gute Fitnessübung. Im Endeffekt aber war meine Tochter weder bereit noch in der Lage, so mit dem Fahrrad zu fahren. Die Stützräder kamen also wieder dran.

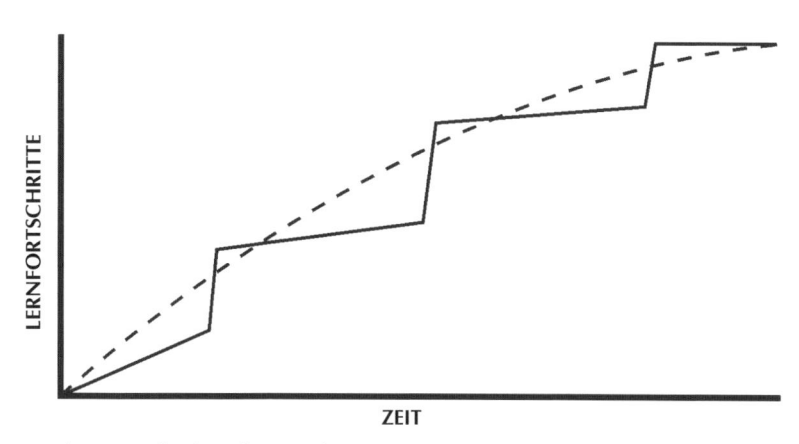

*Die Lernkurve verläuft nicht wie die meisten Menschen denken entlang der gepunkteten Linie. Sie ist selten eine Kurve und sollte daher Lerntreppe genannt werden.*

Einige Monate später kam sie zu mir und bat mich, die Stützräder zu entfernen. Jetzt hatte sie beschlossen, dass es an der Zeit war, ein Zweirad zu fahren. Innerhalb weniger Minuten hatte sie es gelernt. Und nach einer halben Stunde zeigte sie mir, wie sie mit einer Hand am Lenker steile Hügel rauf und runter fahren konnte!

Hier gab es, von außen beobachtet, keine Entwicklung. Der Eindruck war, als sei ihre Lernkurve absolut flach, um sich dann in eine perfekte vertikale Stufe zu verwandeln. Tatsächlich aber lernte sie ständig, doch darüber waren wir uns nicht bewusst.

Was ist nun das Interessante daran? Die Rennfahrer, die ich beobachtet oder mit denen ich gearbeitet habe, folgen in ihrer Entwicklung ebenfalls diesem Muster. Daher rate ich immer wieder dazu, geduldig zu bleiben, wenn einige Zeit keine Fortschritte sichtbar werden. Das ist genau die Phase, in der man kurz vor dem nächsten großen Schritt steht. Um die hier beschriebene Strategie zu nehmen, das ist der Moment, kurz bevor die Stützräder abgenommen werden. Wenn man nicht an eine weitere Verbesserung glaubt, wenn man sich längere Zeit auf ein und demselben Niveau bewegt oder sich sogar noch verschlechtert, steht der Durchbruch kurz bevor. Die einzigen Piloten, die diesem Muster nicht folgen, sind jene, die frustriert aufgeben. Also, habt Geduld.

## *Erfolgsgeheimnis Nr. 37:*
## *Wenn man glaubt, sich nicht zu verbessern, steht man kurz davor.*

In den vergangenen Jahren haben viele Kollegen über den Einfluss des Kartsports auf den Erfolg der Top-Piloten geschrieben. Wenn man die ersten Reihen der Startaufstellungen betrachtet, findet man dort in der Tat viele Fahrer, die im Kartsport angefangen haben. Und wenn man untersucht, was sie zwischen den Rennen machen, dann findet man viele auf einer Kartstrecke wieder.

Die meisten gelegentlichen Beobachter fragen sich allerdings, wie sich ein 30 bis 40 PS starkes Kart zu einem 500 bis 800 PS starken Boliden verhält. Die übliche Antwort verweist auf das ähnliche Verhältnis zwischen Leistung und Gewicht, auf die Kurventraktion und darauf, wie schnell alles mit einem Kart geht. All das soll den Fahrern helfen, mental und physisch in Form zu bleiben. Und so ist es. Doch da gibt es noch einen zweiten Bereich, wie Kartfahren einem Rennfahrer helfen kann: zu lernen, wie man schnell fährt.

Jedes Mal, wenn man auf einer Rennstrecke unterwegs ist, versucht man herauszufinden, wie man schneller fahren könnte. Wer das nicht tut, ist kein echter Rennfahrer.

Ob man nun mit einem 700 PS starken Boliden oder einem fünf PS starken Mietkart durch eine Kurve fährt – man muss ein Gefühl dafür entwickeln, wie das Fahrzeug reagiert. Man muss die Traktion spüren – sich im Unterbewusstsein darüber im Klaren werden, ob noch Traktionsreserven vorhanden sind, die sich nutzen lassen, um schneller zu fahren. Man sollte analysieren, ob es sich lohnt, früher oder später einzulenken, ob man besser einen flacheren oder größeren Radius wählt, um so mehr Geschwindigkeit aus der Kurve mitzubringen. Man sollte mit dem Anbremspunkt experimentieren, um so einen früheren Beschleunigungspunkt zu finden und dadurch zu einer schnelleren Rundenzeit zu kommen.

Das ist ein ständiger Lernprozess mit dem Ziel der Geschwindigkeitserhöhung. Und da macht es keinen wirklichen Unterschied, was man fährt, um dies zu lernen. Ich habe zum Beispiel selbst ein Kart, um in Form zu bleiben. Ich fahre aber auch Mietkarts auf Indoorbahnen, und manchmal frage ich mich, wann ich mehr lerne. Natürlich ist mein eigenes Kart allein schon wegen der Geschwindigkeit dem Rennwagen näher, doch zu lernen, ein sechs PS starkes Miet-Kart auf einer glatten Piste zu beherrschen, ist genauso herausfordernd. Wenn ihr das letzte Quäntchen Zeit noch herausschinden wollt, um den Rekord auf eurer Indoorbahn zu brechen, dann werdet ihr auch bessere Rennfahrer.

# Kapitel 16
## Mentales Programmieren

Alles, was wir tun, ist das Ergebnis eines in unserem Hirn ablaufenden Programms. Zum Beispiel, einen Ball zu werfen. Als Kind haben wir einmal gesehen, wie jemand einen Ball geworfen hat. Später warf uns vielleicht unser Vater einen Ball zu und forderte uns auf, ihn zurückzuwerfen. Ohne Mühe schafften wir es, den Ball in irgendeine Richtung zu schleudern. Zu jenem Zeitpunkt entstand eine Nervenbahn in unserem Gehirn, die den physische Akt des Ballwerfens definierte. Wir warfen den Ball ein zweites, drittes und viertes Mal, und dieser Pfad wurde ständig stärker.

Als wir den Ball die ersten Male warfen, mussten wir uns noch bewusst darauf konzentrieren, was zu tun war. Dann wurde die Programmierung der Nerven stark genug, und wir dachten gar nicht mehr darüber nach. Wir warfen den Ball automatisch, und im Unterbewusstsein lief das mentale Programm Ballwurf ab.

Das Gleiche gilt auch für die Techniken, die nötigt sind, einen Rennwagen zu fahren. Zuerst, wenn man noch mitten im Lernprozess steckt und die Techniken erst programmiert werden müssen, denkt man ganz bewusst nach, was als Nächstes getan werden muss. Danach beginnt das Hirn, Nervenbahnen oder Programme auszubilden, die uns in die Lage versetzen, auf die Piste zu fahren und das entsprechende Programm zur passenden Zeit einfach abzurufen.

Man kann sich das folgendermaßen vorstellen: Wenn man einen Eimer Wasser auf einem Erdhügel ausgießt, dann versucht das Wasser beim ersten Mal, dort zu fließen, wo der geringste Widerstand existiert. Das ist fast so wie bei den Nervenbahnen, wenn man etwas zum ersten Mal macht. Beim zweiten Mal sucht sich das Wasser entweder die gleichen Bahnen oder findet bessere, natürliche Bahnen. Wenn es den gleichen Weg wie beim ersten Mal folgt, dann werden die Bahnen tiefer und breiter, wie die Nervenbahnen in unserem Hirn, nachdem wir etwas zum zweiten Mal gemacht haben. Nimmt das Wasser einen anderen Weg, beginnt die Bahnenbildung neu.

Nun stelle man sich vor, man würde einen Eimer Wasser über dem gleichen Hügel einige tausend Mal pro Jahr, und das 20 Jahre lang, ausgießen. Die Bahnen wären dann außerordentlich tief ausgespült. Es wäre dem Wasser so gut wie unmöglich, einen anderen Weg zu wählen.

So tief waren meine Nervenbahnen ausgeprägt, wenn es darum ging, den rechten Fuß kurz anzuheben, um hochzuschalten. Nach mehr als einer Viertel-

*135*

million Wiederholungen dieses Vorgangs musste ich dieses Programm ändern, als ich zum ersten Mal einen Rennwagen mit sequenzieller Schaltung fuhr. Statt das Gaspedal wie bisher beim Schalten kurz freizugeben, blieb der Fuß nun einfach darauf stehen, während ich den Schalthebel nach vorne schob.

Natürlich fiel es mir schwer, den Fuß jetzt einfach stehen zu lassen. Und das aus guten Gründen. Erst nach den zahllosen Wiederholungen hatte sich dieses mentale Programm tief in mein Hirn eingebrannt, und es war für mich fast so natürlich geworden wie zu atmen.

Die gute Nachricht dabei ist die Tatsache, dass dieses Programm wirklich perfekt entwickelt war. Ich musste nicht den Bruchteil einer Sekunde darüber nachdenken und mein Bewusstsein war offen für andere wichtige Dinge. Ich konnte überlegen, welche Auswirkungen eine Veränderung meiner Kurvenlinie haben würde, oder wie eine andere Stoßdämpferkennung dem Handling meines Wagens helfen würde, oder wo meine Konkurrenten sich in der Sekunde befanden.

Genau das ist ja auch der Grund, warum die elementaren Fahrtechniken eine Gewohnheit, ein Reflex oder ein mentales Programm werden müssen. Man kann sich auf wesentlich wichtigere Dinge konzentrieren.

Nun die schlechte Nachricht. Jede Technik, die sich ins Hirn eingebrannt hat, lässt sich nur schwer wieder ändern. Diese Erfahrung musste auch ich machen, als ich lernen musste, beim Schalten den Gasfuß nicht mehr vom Pedal zu nehmen. Verändern sich Rennwagen? Verändern sich die Bedingungen auf der Strecke und verlangen nach unterschiedlichen Techniken? Reagieren alle Rennwagen gleich und benötigen die gleiche Fahrtechnik? Die Antworten lauten natürlich ja, ja und nein. Was wiederum nichts anders bedeutet, als dass man sein mentales Programm schnell und wirkungsvoll anpassen muss.

Doch es gibt eine weitere gute Nachricht: Mentale Programme lassen sich ändern. Und wie geschieht das? Durch den bewussten Einsatz der Methode, die viele Visualisierung nennen, doch bei der es sich tatsächlich um ein mentales Vorstellungsvermögen handelt. Wo liegt der Unterschied zwischen Visualisierung und mentalem Vorstellungsvermögen? Visualisierung setzt, das besagt schon das Wort an sich, ausschließlich einen Sinn ein, das Sehen. Mentale Vorstellungskraft hingegen nutzt die visuellen, akustischen und ertasteten Erfahrungen unseres Hirn.

## *ERFOLGSGEHEIMNIS NR. 38:*
*Fahrt in eurem Gehirn, bevor ihr auf der Strecke fahrt.*

Es ist unmöglich, einen Rennwagen mit seiner Geschwindigkeit auf einer Ebene des bewussten Denkens zu bewegen. Man kann den Akt des Fahrens nicht bewusst steuern, also „fang jetzt an zu bremsen, schalte vom fünften in den vierten Gang herunter und geb gleichzeitig Gas, dreh jetzt am Lenkrad und geh gleichzeitig von der Bremse." Rennwagen sind viel zu schnell und entziehen sich daher dieser Methodik.

Jacques Villeneuve sagte einmal etwas Interessantes über den damals 20-Jährigen Jenson Button, nachdem der junge Mann bei Williams für die Saison 2000 unterschrieben hatte („On Track", 17. Februar 2000):

„Die Formel 1 ist körperlich Schwerstarbeit und dann kommt noch die Geschwindigkeit hinzu. Wenn du das erste Mal so schnelle Wagen fährst, passiert alles so schnell. Dein Puls steigt um zwanzig bis dreißig Schläge. Du brauchst Zeit, dich anzupassen. Es dauert länger, darüber nachzudenken, was man tun sollte, als es tatsächlich zu tun. Das dauert Kilometer. Man kann schnelle Runden fahren, doch erst wenn alles wie von selbst geht, kann man sich mit Feingefühl dem Wagen widmen und hält ein ganzes Rennen durch."

Mit der Bemerkung „wenn alles wie von selbst geht" beschreibt Villeneuve genau das Fahren auf einer unterbewussten Schiene. Aber bis das Fahren am Limit Teil des Unterbewusstseins wird, beschäftigt sich der bewusste Teil des Hirns mit dem, was man gerade macht, anstatt wichtigere Dinge ins Visier zu nehmen.

## Computersimulation

Jacques Villeneuve hat wahrscheinlich mehr für die Computerspiel-Industrie getan als sich die meisten von uns vorstellen können. Vielleicht habt ihr gelesen, dass er während seiner ersten Formel-1-Saison viele Computerspiele genutzt hat, um die für ihn neuen Strecken kennenzulernen. Bevor er zum ersten Mal in Spa antrat, eine der schwierigsten Grand-Prix-Strecken überhaupt, übte er Runde für Runde auf dem Computer. Und was war das Ergebnis, als er dort zum Rennwo-

*Computerspiele und Simulationen werden immer realistischer und sind daher ein gutes Übungsinstrument.*

chenende eintraf? Nach wenigen Trainingsrunden stellte er seinen Wagen auf die Pole Position. Danach stürmten viele Rennfahrer die Geschäfte und deckten sich mit Computerspielen ein!

Ich muss zugeben, dass ich nicht viel Zeit mit Computerspielen verbracht habe, obwohl mich die aktuell auf den Markt gekommenen Varianten schon reizen würden. Tatsächlich können diese Spiele, und besser noch die speziellen realistischen Simulationen viel dazu beitragen, die mentale Vorstellungskraft zu verbessern.

Ich glaube, dass vor allem diese Simulationen für einen Piloten sehr wertvoll sein können, wenn es darum geht, virtuelle Wirklichkeiten zu erschaffen. Natürlich haben sie auch ihre Grenzen. Von den drei sensorischen Einflüssen (visuell, akustisch und vom Tastsinn) bieten Simulatoren relativ viel im Bereich des Visuellen und des Akustischen, aber nur wenig für den Tastsinn. Doch was hilft es einem Formel-Ford-Piloten, wenn er eine Runde in einem Formel-1-Boliden in Spa simuliert? Das mentale Probefahren eines bestimmten Rennwagentyps lässt sich nicht notwendigerweise auf einen anderen Typ übertragen.

Allerdings gibt es einige Dinge, die der Simulatorpilot für die reale Fahrt auf einer Strecke üben kann. Er kann seine Konzentration trainieren, und er kann gleichzeitig das Gefühl für die Bedienung des Lenkrads weiterentwickeln. Er lernt immer dazu. Wie bereits erwähnt, macht es erstmal keinen Unterschied, ob man einen 900 PS starken Champ Car, ein sechs PS starkes Kart bewegt oder im Simulator fährt – es ist der immer gleiche Prozess herauszufinden, was funktioniert und was nicht, welche Auswirkungen ein Wechsel in der Fahrtechnik hat oder was sonst geändert werden muss. Diesen Lernprozess zu verinnerlichen, das ist einer der wichtigsten Faktoren für den Erfolg. Setzt man die Simulation also dementsprechend ein, ist sie für den Fahrer mit Sicherheit ein wirkungsvolles Mittel. Er entwickelt Fähigkeiten, die ihm auf der Strecke helfen, seine Leistungsfähigkeit zu optimieren.

**Erwartungen und Möglichkeiten**
Erwartungen können eine gefährliche Sache sein. Möglichkeiten und Potenziale hingegen sind etwas Wunderbares. Erwartungen haben keine definierte Richtung. Es ist ungefähr so als würde man sagen, „Ich würde New York gern einmal kennenlernen". So kommt man mit Sicherheit nicht nach New York. Es gibt keinen Plan, keine Strategie oder Richtung. Wenn ich aber sage „Ich fahre nach New York", veranlasst mich das, einen Plan für diese Reise zu entwickeln.

Wenn man ein bestimmtes Ergebnis erwartet und es stellt sich dann nicht ein, ist man schnell enttäuscht. Auch Gefühle helfen nicht weiter, um ein bestimmtes Ergebnis zu realisieren. Wenn man sich aber auf klare Ziele konzentriert, etwa die bestmögliche Leistung zu erbringen, hat man eine Richtung, der man folgen kann und mit der man aller Wahrscheinlichkeit nach die gewünschten Ergebnisse erreichen wird.

Erwartungen können auch zu Beschränkungen führen. Wenn man sich zum Beispiel vor einem Qualifying denkt, eine 1:20,5 wird für die erste Reihe schon ausreichen, dann wird man vermutlich nach einigen Anläufen diese Zeit sogar erreichen. Doch wie sehen die Chancen aus, noch schneller zu werden? Nicht gut. Schließlich hat man seine Erwartungen erfüllt. Im Unterbewusstsein ist man mit dem Erreichten nicht ganz zufrieden, doch das Bewusstsein wird alles tun, die Erwartungen zu erfüllen und nicht darüber hinaus gehen. Und was passiert, wenn sich die Streckenverhältnisse verbessern? Einige Strecken verändern sich deutlich während eines Rennwochenendes und werden mit jeder Trainingssitzung schneller. Daher reicht die 1:20,5, die man sich vorgenommen hat, am Ende vielleicht nur für die vierte oder fünfte Startreihe.

Karl Wendlinger, der 1994 bei einem Unfall im Grand Prix von Monaco schwer verletzt wurde, lieferte ein gutes Beispiel dafür. In Christopher Hiltons Buch „Inside the Mind of the Grand Prix Driver" berichtet Wendlinger, wie er 1995 zum Sauber Team zurückkehrte, nachdem er fast ein Jahr nicht mehr im Cockpit gesessen hatte:

„Weil ich nur wenig gefahren war, hatte ich Zeit, meinen Körper zu trainieren. Ich machte viele Konzentrationsübungen. Dann kam ich nach Mugello zu einem zweieinhalbtägigen Test. Am Vorabend dachte ich mir, dass eine Minute 30,4 eine gute Zeit wäre. Ich konzentrierte mich, schloss meine Augen, und als ich über die Linie fuhr, drückte ich auf meine Stoppuhr. Ich fuhr eine ganze Runde in meinem Kopf und blickte danach auf die Stoppuhr. Sie zeigte 1:30,4. Am nächsten Tag fuhr ich auf der Strecke 1:30,4.

Danach sagte ich zu mir: ‚Das war zu leicht. Morgen musst du 1:29,3 erreichen.' Heinz-Harald Frentzens (Wendlingers Teamkollege) schnellste Rundenzeit in Mugello lag bei 1:29,0. Weil ich so wenig Praxis hatte, hielt ich eine 1:29,3 für konkurrenzfähig. Ich saß wieder in meinem Hotel und ‚fuhr' die Runde. Am nächsten Tag kam ich tatsächlich auf 1:29,3. Und das Verwunderlichste daran war – und das fasziniert mich über alle Maßen –, dass ich die 1:29,3 nur deshalb hatte, weil mir ein Fehler unterlief und dabei drei Zehntelsekunden verloren gingen. Wäre mir dieser Fehler nicht passiert, hätte ich 1:29,0 erreicht, doch am Abend zuvor hatte ich mein Bewusstsein auf 1:29,3 fixiert und nicht auf null, und genau das trat dann ein. Hätte ich mir die 1:29,0 vorgenommen, hätte ich den Fehler vielleicht nicht gemacht und ich hätte die Zeit leicht erreicht."

Wie schon gesagt, oft sind Erwartungen gleichzeitig Begrenzungen, und man übertrifft nur selten seine Erwartungen. Wendlinger bewies das zusammen mit der Wirkung der mentalen Vorstellungskraft. Erwartungen programmieren Ergebnisse ins Hirn und das Bewusstsein ist bestens darauf präpariert, diese Programme abzuspulen. Manchmal sogar zu effektiv. Bei Wendlinger hat es den Anschein, als seien die negativen Kräfte der Erwartungen wirkungsvoll gewesen.

## ERFOLGSGEHEIMNIS NR. 39:
## Weg mit euren Erwartungen. Setzt auf die Möglichkeiten.

**Gedanken**

Habt ihr jemals im Cockpit eures Rennwagens gesessen und gedacht, „das war dumm von dir" oder „warum habe ich so früh in die Kurve eingelenkt"? Hatten diese Gedanken eine positive Wirkung? Ich fürchte nein. Ich bin fast überzeugt, dass sie eher geschadet haben, statt zu nutzen. Wenn man während der Fahrt Gedanken entwickelt (und das wird zweifellos eintreten, das hoffe ich wenigstens), dann sollte es sich nicht um beurteilende Gedanken handeln.

Ist es gefährlich, über zurückliegende Situationen nachzudenken? Ganz bestimmt. Denn die Nanosekunde, die mit dem Gedanken an Vergangenes verbracht wird, fehlt bei der Beurteilung der aktuellen Situation. Kann man denn irgendetwas an dem ändern, was schon geschehen ist? Mit absoluter Sicherheit nicht. Wenn euch ein Fehler in Kurve zwei unterlaufen ist, hilft oder behindert euch das Nachdenken darüber bei Kurve drei? Es behindert euch mit aller Wahrscheinlichkeit. Hilft es euch weiter, sauer darüber zu sein, wie ein Konkurrent euch in Kurve fünf abgedrängt hat? Nein. Vergesst den Fehler in der Sekunde, in der ihr ihn gemacht habt. Was ihr oder ein anderer Fahrer gemacht habt, spielt keine Rolle mehr.

Kann man stattdessen irgendetwas dafür tun, was in der Zukunft geschieht? Ja! Wie? Mit dem, was ihr gerade macht. Wenn man seine ganze Aufmerksamkeit auf die Gegenwart richtet, verbessert man seine Chancen. So bringt man Leistung auf einem Niveau, mit dem man die gesetzten Ziele erreichen kann.

Ehrlich gesagt ist es besser, sich überhaupt keine Gedanken zu machen, als den ganzen Kopf voller Grübeleien zu haben. Im buddhistischen Zen wird von Anfängern ein leerer Kopf gefordert. Ein Kopf voller Gedanken wird nie instinktiv und natürlich reagieren können.

In seinem Buch „Zen Mind, Beginner's Mind" schreibt Suzuki Roshi:

„Wenn dein Kopf leer ist, ist er offen für alles. Im Anfängerkopf gibt es viele Möglichkeiten. Im Expertenkopf nur wenige."

Das Gleiche gilt für die Methode der mentalen Vorstellungskraft oder der Visualisierung. Viele Fahrer haben mich gefragt, wie man sich den Start eines Rennens und alle möglichen Abläufe und Eventualitäten vorstellen kann. „Das könnt ihr nicht", ist meine Antwort. Das gleiche gilt, wenn man sich mental mittels Visualisierung auf einen Wagen vorbereiten will, den man noch nie gefahren ist. Wie kann man etwas visualisieren, von dem man keine Vorstellung hat, nicht weiß, wie es aussehen könnte?

Stattdessen benötigt man eine Art offene mentale Vorstellungskraft, die einen bereit sieht für alle nur denkbaren Möglichkeiten. Versetzt euch zum Beispiel mental an den Start eines Rennens. Wenn man auf der Innenseite nicht durchkommt, wählt man die Außenseite und überholt. Wenn man dem Feld nicht sofort davon fährt, gleicht man es in der zweiten Hälfte der ersten Runde aus. Man kann sich nicht jedes mögliche Szenario vorstellen. Aber man kann seine Bereitschaft entwickeln, die richtigen Manöver zu fahren.

Michael Jordan, einer der größten Athleten aller Zeiten, bereitet sich auf schwierige Situation vor, indem er Bilder vergangener Erfolge abruft. Der ehemalige Trainer der Chicago Bulls, Phil Jackson, beschreibt in seinem Buch „Sacred Hoops", dass Jordan nicht daran glaubt, einen Ballwurf im Detail zu visualisieren.

„Ich weiß genau, wie das Ergebnis aussehen wird, aber ich versuche doch nicht, mich schon beim genauen Wurf zu erblicken. 1982 wusste ich, dass ich diesen Wurf machen werde (der Wurf in der letzten Sekunde, mit dem North Carolina die amerikanische Unimeisterschaft gewann). Ich wusste nicht, von wo ich werfen würde oder was für ein Wurf es sein würde. Ich war davon überzeugt, dass ich es tun kann und ich tat es."

Das ist die offene Vorstellungskraft. Sie benötigt den offenen Kopf, einen Anfängerkopf, einen ohne Erfahrung.

## Kapitel 17

# Sensorische Erfahrungen

Das gesamte Kapitel kann in dem folgenden Merksatz zusammengefasst werden.

**ERFOLGSGEHEIMNIS NR. 40:**
**Je mehr ihr wisst und erfahrt, um so besser kann euer Gehirn reagieren und um so besser werdet ihr den Wagen steuern.**

Betrachtet es einmal so: Jede auch noch so kleine Information, die euer Gehirn erreicht (beim Rennfahren vor allem visuelle und akustische Eindrücke), haben eine Entscheidung oder eine physische Bewegung zur Folge. Und genauso wie ausführliche finanzielle Informationen bei der Beurteilung eines Unternehmens und bei Investitionsentscheidungen helfen können, verbessern sich die Entscheidungen in einem Rennwagen, wenn man weiß, wo sich der Wagen genau befindet, wo die Konkurrenten fahren, wie viel Traktion die Reifen noch haben, wie schnell der Wagen gerade ist, wie stark die Fliehkräfte wirken, welche Geräusche der Motor und die Reifen entwickeln und wo möglicherweise Vibrationen ihren Ursprung haben.

Niemand wird bestreiten, dass die Koordination von Augen und Händen bei der Beherrschung eines Rennwagens eine große Rolle spielt. Doch nur wenige Menschen können euch sagen, wie man sie verbessert. Im Grunde besteht die Koordination zwischen Augen und Händen aus folgenden Prozessen: Informationen werden von den Augen aufgenommen, an das Gehirn weiter transportiert, dort verarbeitet und danach werden die Hände (oder andere Teile des Körpers) veranlasst, einen ganz bestimmten Befehl auszuführen. Diese einfache Erklärung verdeutlicht, dass eine Zunahme der von den Augen aufgenommenen und an das Gehirn weitergegebenen Informationen zu einer verbesserten Koordination führen sollte.

Genau so vertrauen wir auf eine Ohr-Hand-Koordination, wo die vom Ohr erfassten Informationen verarbeitet und in entsprechenden Reaktionen ihren Niederschlag finden. Man kann sich auch die Hand-Hand-Koordination ansehen – ertastete oder anderweitig gefühlte Informationen, die an das Gehirn weitergegeben werden.

Stellt euch einmal vor, ihr würdet versuchen, einen Rennwagen auf der idealen Kurvenlinie zu fahren, wenn eure Sicht um 90 Prozent verringert wäre. Oder wenn der Körper vollständig vom Wagen isoliert wäre und man weder die Vibrationen, die Fliehkräfte, die Bewegungen des Fahrwerks oder den Abstand wahrnehmen könnte. Oder wenn man als Gehörloser keinerlei Geräusche wahrnehmen könnte. Würde das die Fähigkeiten beeinflussen, den Wagen am Limit zu bewegen? Mit Sicherheit!

**Visuelle Wahrnehmung**
Habt ihr euch jemals gefragt, ob das was ihr seht, auch von anderen Menschen genau so gesehen wird? Habt ihr schon mal gefragt, ob das, was ihr als Rot seht, auch von euren Mitmenschen als Rot wahrgenommen wird?

Habt ihr euch nicht auch schon mal gefragt, warum andere Fahrer scheinbar mehr als ihr sehen? Wie kommt es, dass einige Piloten scheinbar so viel mehr sehen und alles aufnehmen, was um sie herum geschieht, während andere offensichtlich mit Scheuklappen unterwegs sind?

Es ist nun einmal eine Tatsache, dass man im Grunde nur das sieht, was im Gehirn als Bild erzeugt wird. Die Augen stellen die Datenmengen zur Verfügung, die dann in nützliche Informationen umgewandelt werden. Die meisten Menschen denken, dass die Augen die Bilder liefern, die wir sehen. Tatsächlich aber liefert unser Gehirn die Bilder. Forscher haben das längst bewiesen. Deshalb sehen verschiedene Menschen mit gleicher Sehkraft unterschiedlich viel. Das ist auch die Erklärung dafür, warum einige ältere Rennfahrer, deren Sehstärke schlechter ist als die der jungen Piloten, trotzdem mehr sehen und wahrnehmen.

Einige Piloten sehen einen kleinen Schatten im Rückspiegel und wissen genau, um was es sich handelt. Bei anderen Fahrern reicht die gleiche Datenmenge nicht aus, um im Gehirn eine visuelle Information zu erzeugen und mit allen Konsequenzen weiterzuverarbeiten. Das ist auch einer der Gründe dafür, dass einige Piloten Probleme förmlich anzuziehen scheinen, während andere davon verschont bleiben. Es liegt daran, dass diese Fahrer mitunter die minimalen Datenmengen in ihrem Gehirn nicht entsprechend verarbeiten können.

Es gibt immer wieder Fahrer, die andauernd falsche Entscheidungen treffen und daher in viele Unfälle verwickelt werden. Außenstehende begreifen das oft nicht. Schließlich waren diese Fahrer ansonsten so schnell unterwegs und hatten doch scheinbar auch Talent. Sie schreiben sie einfach als möglichen Champion ab. Die wirkliche Schande ist aber, dass niemand diesen Piloten hilft, sich zu verbessern. Und die Kur besteht meistens darin, die wahre Ursache ihrer Probleme zu finden.

Das Grundübel bei einem Fahrer mit starker Unfallneigung ist meistens ein Mangel an Reizeinwirkung, vor allem an visuellen Reizen. Während zum Beispiel die meisten Piloten, die in einem Feld in eine Kurve fahren, richtig einschätzen,

*143*

dass der Platz nicht für ein Überholmanöver reicht, erkennt unser „Unfallfahrer" möglicherweise eine Lücke. Für den Bruchteil einer Sekunde erfasst er nicht das präzise Bild, weil seine visuelle Aufnahmefähigkeit aus verschiedenen Gründen eingeschränkt ist. Und wie wir alle wissen, braucht nur ein kleines Puzzleteil zu fehlen, um bei Renngeschwindigkeit einen Fehler zu machen.

Mit diesen Informationen im Hinterkopf wird es verständlich, warum einige Fahrer mehr Fehler als andere machen, warum sie Probleme magisch anziehen und warum sie so viele falsche Entscheidungen treffen. Ich habe in unseren Seminaren Piloten mit perfekter Sehkraft erlebt, bei denen die visuelle Aufnahme um 30 Prozent eingeschränkt war.

Glücklicherweise lässt sich dieses Defizit ausgleichen. Unter anderem, indem man die Sehkraft für einen kurzen Zeitraum einschränkt. Das kann zu einer Verbesserung der visuellen Wahrnehmungskraft führen. Betrachten wir uns einmal blinde Menschen. Trotz der fehlenden Sehkraft sind ihre anderen Sinne (Tasten, Hören, Geschmack, Geruch) im Allgemeinen besser ausgebildet als bei sehenden Menschen. Warum ist das so? Weil sie gezwungen sind, sich stärker auf die anderen Sinne zu verlassen. Indem man einige Sinne für einen kurzen Zeitraum einschränkt, ist man gezwungen, die anderen stärker auszubilden. Natürlich kann man sich das nicht bewusst vornehmen. Das regelt das Gehirn von selbst. Ich habe immer wieder im Scherz erklärt, dass man, wenn man mit einem Tuch vor den Augen auf der Rennstrecke fahren würde, die anderen Sinne schärfen könnte – vorausgesetzt man überlebt.

Wenn man die Datenmenge, die das Auge an das Gehirn senden kann, einschränkt, vom Gehirn aber so viele Informationen wie möglich verlangt, muss das Gehirn diesen Unterschied irgendwie ausgleichen. Das geht so natürlich nicht auf der Rennstrecke. Es ist gefährlich, hier mit auch nur leicht eingeschränkter Sicht zu fahren. Aber wenn man stattdessen übt, die von den Augen normalerweise aufgenommene Datenmenge im Gehirn besser zu verarbeiten, dann übt man tatsächlich, seine Wahrnehmung zu steigern und die Verarbeitungsqualität des Gehirns zu optimieren. So wird man empfindlicher für visuelle Daten.

Man sollte dies nicht nur auf der Rennstrecke üben, sondern auch im Straßenverkehr oder bei anderen Aktivitäten. Wenn man zum Beispiel auf der Autobahn fährt, und man seine Sehkraft wie üblich einsetzt, sollte man dem Gehirn so viele Informationen wie möglich abverlangen. Listet alle Informationen über den Straßenrand auf. Registriert alles am Rand der Straße, registriert den Seitenstreifen, das Gras und die Bäume so detailliert wie irgend möglich. Registriert aber nicht nur die Tatsache, dass sie sich am Straßenrand befinden. Merkt euch die Farben, die Art und die Menge der Blätter an den Bäumen, den Zustand der Rinde, wie der Boden beschaffen ist – und die Geschwindigkeit, mit der ihr an ihnen vorbeifahrt.

Dabei darf man allerdings nicht direkt auf den Straßenrand blicken. Der Blick bleibt auf die Straße gerichtet wie immer, stattdessen fordert das Gehirn aber dazu auf, sozusagen nebenbei zusätzliche Informationen über die Dinge am Straßenrand aufzunehmen. Zwar haben die Augen eine natürliche Grenze bei der Wahrnehmung, doch das Gehirn verfügt über grenzenlose Verarbeitungskapazitäten. Mit dieser Übung trainiert ihr im Prinzip, den Dingen um euch herum mehr Aufmerksamkeit entgegen zu bringen. Je mehr man dies übt, desto besser wird eure Leistung auf der Strecke werden. Und das ohne die Konzentration auf etwas Bestimmtes außerhalb der eigentlichen Piste deutlich zu steigern. Und je weniger man sich auf seine Konkurrenten konzentrieren muss, desto mehr Aufmerksamkeit kann man in die Streckenverhältnisse, Referenzpunkte sowie in das Geschwindigkeits- und Traktionsfühlen investieren.

### ERFOLGSGEHEIMNIS NR. 41:
### Übt jeden Tag, aufmerksam zu sein.

Eine der größeren Herausforderungen – vor allem auf Rundkursen – ist die Sicht in den Kurven. Häufig ist die Sicht hier eingeschränkt. Doch man muss in den Kurven gute Sicht haben.

Vor einigen Jahren, als Al Unser Jr. auf der Höhe seines Erfolges war, beobachtete ich, dass er seinen Kopf am Kurvenanfang zur Seite neigte. Es sah so aus, als würde er seinen Hals strecken, um durch die Absperrungen auf die Innenseite der Kurve zu blicken. Ich war mir nicht sicher, ob Unser dies mit Absicht tat – aber es hatte den Anschein. Heute glaube ich, dass er dies unbeabsichtigt tat, einfach um seine Sicht in die Kurve hinein zu verbessern. Ich frage mich noch heute, ob dies einer der Gründe für seine herausragende Rolle auf den Rundstrecken war.

Wenn man ganz bewusst versucht, seine Sicht zu optimieren, versucht man, so weit wie möglich in die Kurve hinein zu blicken, auch wenn man dafür seine Vorstellungskraft zu Hilfe nehmen muss. Das übt man immer wieder während des Trainings, bis es irgendwann eine Gewohnheit oder ein mentales Programm wird. Dann macht man es, ohne darüber nachzudenken – wie Al Unser Jr. Es ist, als ob man ein mentales Bild entwirft, um die Lücken im tatsächlichen Bild aufzufüllen.

**Gefühlte Informationen**

Die Einflüsse über den Tastsinn und das Gehör ähneln sehr den visuellen Einflüssen, weil auch sie erst im Gehirn entstehen. Wenn man immer wieder übt, Dinge mit den Händen zu fühlen, werden diese dann empfindsamer? Ja und nein. Tatsächlich werden die Hände nicht empfindsamer, aber das Gehirn steigert sein Vermögen, die Empfindungen besser aus den zur Verfügung gestellten Daten zu konstruieren. Am Ende werden sie empfindsamer, weil das Gehirn empfindsamer geworden ist.

Ronn Langford und ich demonstrieren diesen Effekt mit einer spannenden Übung während unserer Seminare. Als Teil der Demonstration, wie wichtig die fühlbaren Einflüsse sind und auch als Teil der Unterhaltung, bitten wir zwei Teilnehmer zu einem besonderen Rennen. Dabei müssen sie sich nicht auf der Strecke messen, sondern zwei Damen-Nylonkniestrümpfe mit verbundenen Augen und dicken Skihandschuhen so schnell wie möglich anziehen. Wie man sich leicht vorstellen kann, ist diese Aufgabe ohne die notwendigen sensorischen Einflüsse eine echte Herausforderung und sorgt auch für den einen oder anderen Lacher beim Rest der Truppe.

Ronn und ich wussten schon, wie lange die einzelnen Personen so benötigen, um die Aufgabe zu erledigen. Doch dann trafen wir auf einen Teilnehmer, der damit in weniger als der Hälfte der bis dahin üblichen Zeit fertig war. Es hatte den Anschein, als würde er die Nylons ohne Handschuhe anziehen. Wie sich am Ende der Übung herausstellte, war der Mann Kieferchirurg und daran gewohnt, den ganzen Tag mit Handschuhen zu arbeiten. Selbst durch die dicken Skihandschuhe konnte er etwas fühlen. Diese Sensitivität hatte sich im Laufe der Jahre ausgebildet.

Wenn man üben würde, mit richtig dicken Handschuhen zu fahren, um sie danach zum Training gegen dünnere Exemplare auszutauschen, würde sich die Sensitivität der Hände deutlich verbessern. Und auch das Leistungsniveau würde sich steigern.

Der Punkt ist, dass sich die sensorische Aufnahme verbessern und entwickeln lässt, und sich dabei gleichzeitig auch die Beherrschung des Wagens im Grenzbereich steigern lässt. Viele Mitmenschen gehen durchs Leben, ohne zu begreifen, was sich um sie herum abspielt – was sie sehen, fühlen, hören und schmecken registrieren sie nur oberflächlich.

## Akustische Einflüsse

Auch für das Gehör gilt das bisher Gesagte. Versucht einmal im Training, mit starken Ohrstöpseln zu fahren, die das Gehör weitgehend ausschalten. Nehmt danach die üblichen Ohrstöpsel und nun registriert, um wie viel sich die akustischen Einflüsse verstärkt haben

Stellt euch einmal eine Streckenrunde mit den extra starken Ohrstöpseln vor, die so gut wie alle Geräusche blockieren. Ihr fahrt über die Strecke, schaltet hoch und runter, der Motor marschiert durch die verschiedenen Drehzahlbereiche, die Reifen quietschen, die Bremsen knirschen, und man bekommt von all dem so gut wie nichts mit. Man strengt sich an, den Motor zu hören, aber genau genommen muss sich auf den Drehzahlmesser verlassen, um den richtigen Schaltpunkt zu finden. Die akustischen Datenmengen, die das Gehirn erreichen, liegen weit unter dem sonst üblichen Maß. Man strengt das Gehör über alle Maßen an, um so viel wie möglich mitzubekommen.

Wenn man dann am Ende der Trainingsrunden angekommen ist, hat man sich an die fehlenden akustischen Einflüsse gewöhnt und hat seinen Rhythmus wieder gefunden. Tatsache ist, dass das Gehirn außerordentlich anpassungsfähig ist. Während der kurzen Zeit des Trainings hat es gelernt, fast auf dem gleichen Niveau wie vor dem eingeschränkten Gehör zu arbeiten. Es hat gelernt, sensitiver zu sein.

Bei der nächsten Trainingssitzung setzt man sich die regulären Ohrverschlüsse ein. Die schützen die Ohren gerade so weit, dass sie keinen Schaden nehmen, gestatten aber ein deutlich höheres Maß an akustischen Einflüssen. Erstaunlich, wie viele akustische Einflüsse man bisher wahrgenommen hat. Doch jetzt kommt die eigentliche Überraschung. Man hört wie nie zuvor, wie der Motor auf jeden Gasstoß reagiert. Und auch das Geräusch der Reifen, wenn sie ein Stück Beton in der Kurvenmitte überfahren, hat man so noch nie gehört. Was besagt das über den noch vorhandenen Grip der Reifen? Eine deutliche Veränderung, oder?

Am Ende sagt man sich dann, was für eine Trainingsfahrt! Man war wie verzaubert im Wagen. Es war, als ob alles wie von selbst funktionierte und man musste sich gar nicht anstrengen, schnell zu fahren. Das passiert, wenn man nur einen sensorischen Einfluss ankurbelt. Man zwingt das Gehirn, mit begrenzten Einflüssen zu arbeiten. Wenn es gelernt hat, mit eingeschränkten sensorischen Datenmengen zu arbeiten, wird es dann, wenn es wirklich zählt, aus der vollen Datenmenge alles herausholen.

Noch eine ernste Warnung an diesem Punkt. Ohne angemessenen Ohrenschutz einen Rennwagen über die Strecke zu fahren, oder sich an der Piste aufzuhalten, ist ein großer Fehler. Innerhalb kürzester Zeit kann man sein Gehör dauerhaft schädigen. Und jetzt sollte man eigentlich wissen, wie sehr ein eingeschränktes Gehör die Leistung im Rennwagen beeinflusst. Also versucht erst gar nicht, mit geringem oder gar keinem Schutz auf die Strecke zu gehen.

## Gefühl für Geschwindigkeit

Das Gefühl für Geschwindigkeit vor allem beim Einfahren in eine Kurve berührt eine ganze Reihe von Bereichen. Zuerst muss man eine angeborene Begabung haben, die ideale Geschwindigkeit bei der Kurveneinfahrt zu bestimmen. Nur damit keine Missverständnisse aufkommen. Darunter versteht man nicht eine genau definierte Geschwindigkeit am Einlenkpunkt. Die ließe sich auch gar nicht ablesen, weil man in diesem Moment viel zu viel zu tun hat. Daher benötigt man diese intuitive Fähigkeit.

Der zweite Bereich betrifft die Begabung, die Geschwindigkeit auch tatsächlich und regelmäßig zu fahren. Es nutzt wenig, wenn man tief im Inneren weiß, wie schnell man in die Kurve fahren könnte, aber den Unterschied zwischen 130 und 125 km/h nicht empfindet. Die großen Rennfahrer fühlen Unterschiede von zwei km/h und die Superstars sind in dieser Disziplin noch besser. Sie können außerdem den Wagen konstant mit dieser Geschwindigkeit dirigieren.

## Übungen

Es gehört nicht eben zu den einfachen Dingen, ein Gefühl für die Geschwindigkeit zu entwickeln. Man benötigt dafür ungeheuer viel Zeit und viele Kilometer auf der Strecke. Ich habe aber einige Übungen entwickelt, mit denen sich dieser Prozess verbessern und beschleunigen lässt.

Die Erste kann man im normalen Verkehr mit einem Alltagsauto durchführen. Man schätzt dabei einfach die Geschwindigkeit durch die Verarbeitung der sensorischen Einflüsse und ohne auf den Tachometer zu blicken. Schneidet euch ein Stück Pappe zurecht, mit dem sich der Tachometer abdecken lässt, und beginnt eure Tour. Wenn ihr 90 km/h erreicht habt, deckt den Tachometer ab. Wechselt nun die Geschwindigkeit, indem ihr beschleunigt und bremst und versucht dann, wieder auf 90 km/h zurückzukehren. Entfernt nun die Abdeckung und überprüft, wie genau ihr das Tempo getroffen habt. Das macht ihr wieder und wieder.

Als Alternative deckt man den Tacho von vornherein ab und wählt eine Geschwindigkeit. Dann beschleunigt man, bis man glaubt, diese Geschwindigkeit erreicht zu haben, entfernt die Abdeckung und vergleicht, wie nahe man der Geschwindigkeit gekommen ist.

Wenn man diese Übungen ständig wiederholt, entwickelt man bald ein gutes Urteilsvermögen, wie schnell man unterwegs ist und vor allem, wie zügig man eine bestimmte Geschwindigkeit erreicht. Es macht dabei keinen Unterschied, dass man nicht so schnell fährt wie auf der Rennstrecke. Das wichtigste Ziel besteht darin, eine Geschwindigkeit zu erreichen und sie innerhalb von zwei km/h einzuhalten. Und das allein mit den Mitteln der sensorischen Wahrnehmung. Das nenne ich ein genaues und konstantes Gefühl für Geschwindigkeit.

Bei einer anderen Technik, mit der sich das Gefühl für Geschwindigkeit entwickeln lässt, benötigt man eine Radarpistole, einen Helfer, der sie bedienen kann und einen Rennwagen. Dafür wählt man die wichtigste Kurve der Strecke und positioniert den Helfer, sodass er die Geschwindigkeit am Kurveneingang messen kann, wenn man einlenkt. Dafür eignet sich ein Pylon oder eine Markierung auf dem Asphalt. Nach einigen Aufwärmrunden fährt man zehn Runden mit dem Ziel, die Kurve in der stets gleichen Geschwindigkeit zudurchfahren. Natürlich ist es wenig sinnvoll, bei dieser Übung eine langsame Gangart zu wählen. Man sollte höchstens einige Zehntelsekunden von der besten Rundenzeit entfernt sein. Am besten lässt man sich die Geschwindigkeitswerte von seinem Helfer über Funk ansagen.

Dabei ist das Ziel natürlich, die Kurve möglichst immer mit der gleichen Geschwindigkeit anzusteuern. Variieren die Werte um mehr als zwei km/h, muss man dies noch länger üben. Am Ende sollte man in der Lage sein, alle Kurven auf der Strecke zehn Runden lang mit einem maximalen Unterschied von zwei km/h zu bewältigen.

Als Nächstes sollte euch der Helfer auffordern, die Eingangsgeschwindigkeit um drei km/h zu steigern. Nun registriert man, wie sich dieser geringe Zuwachs bemerkbar macht. Versucht es mit einem km/h weniger – wie macht sich das bemerkbar? Das Ziel ist, das Gefühl für Geschwindigkeit so einzustellen, dass es mit der Wirklichkeit übereinstimmt. Und um das zu erreichen, ist es besser, wenn man das Tempo nicht um sechs, sondern um genau ein km/h steigert.

Das lässt sich natürlich auch mit einem elektronischen System durchführen, doch kommt dabei das Feedback verzögert. Bei einem sofortigen Feedback durch einen Helfer ist der Lerneffekt wesentlich größer.

**Gefühl für Traktion**

Das Gefühl für Traktion macht den Unterschied zwischen einem wirklich großen Rennfahrer und dem Rest des Feldes aus. Um wirklich im Grenzbereich zu fahren und auch noch das letzte bisschen herauszuholen, muss man in der Lage sein zu fühlen, über wie viel Traktion die Reifen noch verfügen. Ich weiß, dass sich das ziemlich banal anhört, doch genau das ist das Gefühl für Traktion: Die Fähigkeit an allen Punkten der Strecke genau mitzubekommen, wie viel Traktion der Wagen noch besitzt. Es ist die Fähigkeit zu registrieren, ob und wann der Wagen die Traktionsgrenze erreicht hat.

Ich werde oft von jungen Rennfahrern gefragt, wie man genau bestimmen kann, wann man am Limit fährt. Das ist wahrscheinlich die am schwierigsten zu beantwortende Frage. Denn das ist der Schlüssel zum Fahren im Grenzbereich, und es ist eine Begabung, die man entwickeln muss. Ich glaube nicht, dass es eine Person gibt, die damit auf die Welt gekommen ist, obwohl einige Fahrer mehr von diesem Instinkt mitbekommen zu haben scheinen als andere. Doch wie die anderen Dinge lässt sich auch diese Fähigkeit lernen.

Wo kommt dieses Gefühl für die Traktion der Reifen her? In erster Linie von eurer Wahrnehmung und vor allem von euren Sinnen für Fühlen, Sehen und Hören.

Indem man sich auch im Alltag ständig auf den Grip der Reifen konzentriert, verbessert sich das Gefühl für die Traktion.

*Um schnell zu sein, muss man das Gefühl für die Traktion entwickeln – das bedeutet, genau zu wissen, wie viel Traktion jeder Reifen besitzt und sie entsprechend einzusetzen.*

Zusätzlich gibt es einige Übungen, die sich einsetzen lassen, um dieses Gefühl zu verbessern.

## Übungen

Die wahrscheinlich beste Möglichkeit, um ein erstes Gefühl für die Traktion eines Wagens zu entwickeln, ist eine Schleuderfläche. Wenn man bedenkt, wie viel Geld Fahrer und Teams ins Testen investieren, ist es schon lächerlich, wie wenig für das Training auf Schleuderflächen ausgegeben wird.

Während meiner einjährigen Aufbauarbeit mit einem meiner Schüler machten wir ein paar Übungen auf einer Schleuderfläche. Obwohl nur wenig Zeit zur Verfügung stand, war es einer der lohnendsten Teile des Trainings. Sein Verständnis für Unter- und Übersteuern wurde ebenso verbessert, wie sein Gefühl für Traktion. Viele haben ihrer Meinung nach gar kein Problem damit, ein Unter- oder Übersteuern zu beherrschen. So war es auch bei diesem Piloten. Doch erst wenn man immer und immer wieder den Einfluss des Gaspedals und der Lenkung geübt hat, beherrscht man es wirklich. Ich bin überzeugt, dass sich seine Beherrschung des Wagens nach dieser einen Sitzung bereits um 50 Prozent verbessert hatte.

Man benötigt aber nicht unbedingt eine voll ausgebaute Schleuderfläche. Wie bei meinem Beispiel reicht ein glatt asphaltierter Parkplatz, eine Möglichkeit, ihn zu bewässern (wir beschafften uns einen Tankwagen) und einige Pylonen. Daraus baut man einen Kreis mit mindestens 18 Metern Durchmesser. Nun fährt man den Wagen mit steigender Geschwindigkeit um den Kreis, bis die Front- oder Heckräder die Traktion verlieren. Auf einer solchen Fläche sollte man in der Lage sein, den Wagen für mindestens drei oder vier Runden im Drift zu halten. Das heißt, ihr solltet es schaffen, den Wagen Runde für Runde über- oder untersteuernd zu beherrschen.

Damit diese Übung wirklich wirkungsvoll gestaltet werden kann, ist es unter Umständen notwendig, den Wagen ein wenig zu modifizieren. Ich ging dabei sogar so weit, vorne Regenreifen und hinten Slicks zu montieren oder umgekehrt. Meistens reicht es jedoch, die Stabilisatoren entsprechend einzustellen oder ganz zu demontieren. Das Ziel ist dabei, die Eigenschaften des Wagens zu übertreiben.

Ich gehöre zu denjenigen, die davon überzeugt sind, dass man auch den Straßenverkehr nutzen kann, wenn man seine Renntalente entwickeln will. Man benötigt dafür nicht einmal Renntalente. Tatsächlich kann dies sogar eher kontraproduktiv sein. Nur ein Idiot würde so schnell auf öffentlichen Straßen fahren, denn hier geht es in erster Linie darum, spezielle Fähigkeiten und Techniken in einer entspannten und gemütlichen Atmosphäre gedanklich zu programmieren. Und wenn man dann später auf der Rennstrecke fährt, fließen diese Techniken ganz natürlich und unbewusst in die Fahrweise ein.

*Auf einem großen Parkplatz kann man sich seine eigene Gleitfläche gestalten, in dem man mit Pylonen einen Kreis von mindestens 18 Metern aufbaut, Wasser hinzugibt und dann spielt...*

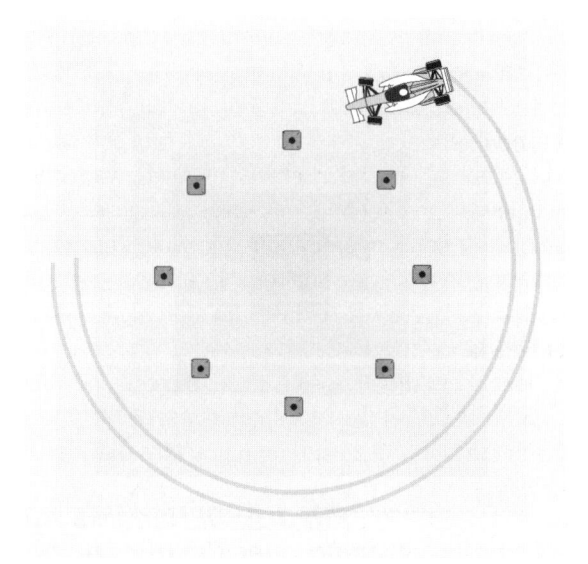

## ERFOLGSGEHEIMNIS NR. 42:
### Nutzt den Straßenverkehr, um ein besserer Rennfahrer zu werden.

Eines der ersten Dinge, für die man den Straßenverkehr nutzen kann, ist die Weiterentwicklung des Gefühls für die Traktion der Reifen. Dies erreicht man am besten, indem man die Geräusche der Reifen und die Rückmeldung im Lenkrad genau verfolgt. Registriert die Veränderung, wenn ihr von einer Geraden in eine Kurve wechselt. Auf der Straße sind diese Veränderungen eher dezent. Doch wenn ihr die Traktion der Reifen auf diesem Niveau „lesen" könnt, wird es euch auf der Rennstrecke bei wesentlich höheren Geschwindigkeiten viel leichter fallen.

Und dann macht doch einfach mal ein Experiment. Umfasst das Lenkrad fest mit den Händen, sodass die inneren Handflächen Kontakt mit dem Lenkrad haben. Und jetzt registriert die Vibrationen des Lenkrads. Als Nächstes haltet ihr das Lenkrad ganz entspannt nur mit euren Fingerspitzen. Und wieder registriert ihr die Vibrationen. Wann habt ihr das größere Feedback? Wann habt ihr die meisten Vibrationen gefühlt? Mit den Fingerspitzen am Lenkrad, oder?

Sagt euch das etwas, wie ihr das Lenkrad halten solltet? Ich hoffe ja. Wenn ihr übt, das Lenkrad in euren Alltagswagen mit den Fingerspitzen zu halten, entwickelt sich daraus eine Gewohnheit. Natürlich weiß ich, dass einige Rennwagen einen zupackenderen Griff verlangen, doch wenn man diese Art der leichten Berührung zur Regel macht, dann wird man auch das Lenkrad des Rennwagens so leicht wie möglich anfassen. Das wiederum führt zu einer größeren Empfindsamkeit und verbesserten Fähigkeiten, die Traktionseigenschaften zu begreifen.

Bei allen Trainings, die ich unternahm, waren die Übungen für eine Verbesserung des Traktionsgefühls die Wichtigsten. Der Teil des Trainings also, der der Traktion der Reifen gewidmet ist. Wenn ihr auf der Rennstrecke unterwegs seit, solltet ihr die Vibrationen und das Feedback im Lenkrad aufmerksam registrieren. Wird das Lenkrad leicht- oder schwergängiger, wenn die Reifen stärker rutschen? Entwickeln sie dabei mehr oder weniger Geräusche? Und überhaupt, welches Feedback liefert der Wagen dabei? Wie viele Reserven haben die Reifen, bevor sie stark rutschen? Vergesst dabei alles andere – vor allem die Rundenzeiten – und versucht zu begreifen, wie viel Traktion die Reifen an den verschiedenen Stellen der Strecke besitzen.

Dabei empfiehlt es sich sogar, eine eigene Tabelle von eins bis zehn anzulegen, wobei zehn den absoluten Grenzbereich bezeichnet, wenn die Reifen anfangen die Haftung zu verlieren und eins die Traktion auf der Geraden ist.

***ERFOLGSGEHEIMNIS NR. 43:***
***Trainiert ständig euer Gespür für die Traktion, um eure Fähigkeit, am Limit zu fahren, zu verbessern.***

# Kapitel 18

# Der Grenzbereich

Das Ziel ist es, ständig so schnell wie möglich zu fahren – im Rahmen der eigenen Grenzen und der des Wagens. Wie kommt man an diese Grenzen? Und vor allem, woher weiß man, dass es die Grenzen sind?

Bevor man auf erstmals auf einer Rennstrecke war, ist das schwierig. Man analysiert dann eben seine bisherigen Erfahrungen und legt sich einen Plan zurecht, wie man das Fahrzeug abstimmen will und für die eigene Fahrweise. Die Alternative ist die Methode Versuch und Irrtum spontan auf der Strecke. Die erste Variante kann gefährlich werden, wenn man anhand falscher Informationen plant und analysiert. Während man für die zweite Möglichkeit auf die Strecke muss. Das kann wiederum kostspielig sein.

Zum theoretischen Planen und Analysieren mag sich eine Streckenkarte eignen, doch muss man sich darüber im Klaren sein, dass selbst die beste Karte die tatsächlichen Streckenverhältnisse nur unzureichend darstellt. Wechselnde Beläge, Steigungen oder Neigungen sind selten dargestellt, und Karten können zudem auch fehlerhaft sein. Das kann zu falschen Einschätzungen beispielsweise für Kurvendurchfahrten führen. Auf der Strecke dann muss man möglicherweise erst einmal den falschen „theoretischen" Weg wieder „verlernen". Das nimmt kostbare Zeit in Anspruch. Diese Methode sollte also nur im Notfall und dann mit großer Vorsicht eingesetzt werden.

Besser ist es, erst dann zu planen und zu analysieren, wenn man bereits auf der Strecke gewesen ist. Man muss wissen, was man tut, um sich dann zu verbessern. Analysiert also eure Fehler und stellt fest, wo ihre Ursachen liegen. Dabei muss man sich nicht mit jedem einzelnen Detail beschäftigen, doch studiert die Entscheidung oder Aktion, die zu dem Fehler geführt hat, um so sicher zu gehen, dass sie einmalig bleibt.

Sich selbst zu beobachten, ist einer Schlüssel, um aus Fehlern zu lernen. Mitunter ist es sogar gut, kleine Irrtümer zuzulassen, um beispielsweise zu sehen, ob eine andere Linie funktioniert – oder auch nicht. Und außerdem muss man begreifen, dass man einen Fehler kaum noch korrigieren kann, nachdem man ihn bemerkt hat. Meistens lassen sich nur die Auswirkungen noch irgendwie verringern. Und das ist es auch, worum es geht: die Auswirkungen des Irrtums so schnell wie möglich zu korrigieren.

Fehler sind eine natürliche Angelegenheit, daher muss man sie auch nicht um jeden Preis vermeiden wollen. Stattdessen sollte man begreifen, was man aus dem

Fehler lernen kann, sich neu mental programmieren und ausrichten, und nach vorne blicken. Um es beim nächsten Mal richtig zu machen.

Es lohnt sich, durch Beobachtungen, Abwägen und Nachahmen zu lernen. Die Nachahmung ist die ultimative, ja natürliche und instinktive Lerntechnik. Schließlich haben wir als Kinder nichts anderes gemacht. Wenn man eine Fähigkeit erlernen will, sucht man sich am besten jemand, der besonders gut darin ist. Bei der Beobachtung sollte man auch kleinste Details erfassen. Das gilt nicht nur für den Umgang mit dem Rennwagen. Auch wie sich ein Fahrer außerhalb des Cockpits benimmt, ist wichtig. „So tun, als ob" man Michael Schumacher oder Mario Andretti wäre, wird euch auf der Strecke weiterhelfen.

Selbst wenn man nicht in der Lage ist, einen anderen Piloten vollständig nachzuahmen, werden allein die Versuche euer Verständnis darüber schulen, welche Fähigkeiten, Techniken und mentalen Einstellungen ihr noch ausbauen müsst. Natürlich muss man sich vorbereiten, um einen anderen Piloten zu imitieren. Versucht nicht die Techniken eines Champions nachzuahmen, bevor ihr nicht die Grundlagen beherrscht. Und dann vergesst nicht, die Lernkurve nimmt bei jedem Fahrer einen anderen Verlauf. Einige lernen schneller, andere benötigen mehr Zeit. Doch ist das keine Aussage darüber, wie viel Talent ein Fahrer besitzt.

**Fahren am Limit**
Woher weiß man eigentlich genau, dass man sich am Limit bewegt und das Letzte aus dem Wagen herausholt?

Einfach gesagt wird eure Geschwindigkeit durch drei Faktoren bestimmt: Motorleistung, Aerodynamik und Traktion. Mit zusätzlicher Leistung ist man auf der Geraden schneller. Mit mehr Traktion kann man am Kurveneingang stärker verzögern, schneller durch die Kurve fahren und schneller herausbeschleunigen. Und die Aerodynamik hilft, wenn der Luftwiderstand wächst.

Wenn man einmal hinter dem Lenkrad sitzt, kann man an der Leistung des Motors oder der Aerodynamik nichts mehr ändern. Doch an der Traktion lässt sich immer noch arbeiten. Zwar kann man die Traktion des Wagens nicht steigern, doch man kann so fahren, dass man den gesamten Traktionsbereich effektiv nutzt.

Wie bereits erwähnt, verfügen die Reifen über mehr Traktion je flüssiger man in die Kurve einlenkt. Die Reifen entwickeln mehr Traktion, wenn man sie nicht durch ruckartige Fahrmanöver überfordert. Und eine stetig ausgeglichene Balance des Wagens wird den nutzbaren Traktionsbereich vergrößern.

Noch einmal: Wenn man am Limit fährt, beschäftigt man sich mit drei unterschiedlichen Parametern: dem Wagen, der Strecke und sich selbst. Man muss alle drei im Auge haben und maximieren, wenn man schneller fahren will. Zwar kann man die Traktion der Strecke nicht verändern, und der Wagen ist eine Sache der Mechaniker und Ingenieure – wobei sie natürlich auf eure Informationen angewiesen sind –, doch das eigene Limit nach hinten zu verschieben, das ist euer beständiges Ziel.

Wenn man im Grenzbereich fährt, müssen sich die Reifen ständig an ihrem eigenen Haftungslimit befinden – beim Bremsen ebenso wie bei Kurvenfahrten und beim Beschleunigen. Teilt jetzt für einen Moment eure Fahrt in diese drei Phasen auf: Bremsen, Kurvenfahrt und Beschleunigen. Wir wissen, dass wir uns bei den meisten Fahrzeugen in einem höheren als dem ersten Gang beim Beschleunigen nicht in der Nähe des Traktionslimits befinden. Das würde die Beschleunigungsphase ziemlich einfach machen. Doch wie der Traktionskreis deutlich gezeigt hat, sollen sich die drei Phasen ja überschneiden. Und wenn sich Beschleunigen und Kurvenfahrt oder Bremsen und Kurvenfahrt überschneiden, hängt das Traktionsvermögen vor allem von eurem Geschick ab, die Kräfte gefühlvoll zu verteilen.

Um den Grenzbereich zu erfahren, muss man so spät wie möglich beim Einlenken bremsen. Wenn die eigentliche Kurvenphase beginnt, nimmt man den Fuß von der Bremse (nun müssen sich Bremsen und Kurvenfahrt so überschneiden, dass die Reifen an ihrem Traktionslimit bleiben), bis man den Scheitelpunkt der Kurve erreicht hat. Zu diesem Zeitpunkt tritt man auf das Gaspedal, während man die Lenkung lockert (hier überschneiden sich nun Kurvenfahrt und Beschleunigung).

Wenn dies alles genau so abläuft, befindet sich der Wagen an seiner Haftungsgrenze. Und vergesst nicht, dass die Reifen im Grenzbereich immer etwas rutschen. Also seid nicht erschrocken, wenn der Wagen durch die Kurve rutscht. So sollte es sein. Wenn der Wagen durch die Kurve fährt, sollte er leicht rutschen, und ihr solltet mit nur ganz leichten Korrekturen mit den Bremsen, der Lenkung und dem Gaspedal die Reifen in ihrem optimalen Grenzbereich halten.

Doch die Traktion eures Wagens muss nicht so gut sein, wie die des nächsten Piloten. Warum? Weil euer Wagen vielleicht nicht die notwendige Balance hatte und das Gewicht eben nicht gleichmäßig auf alle vier Räder verteilt war, was die Balance entscheidend beeinflusst. Daher ist es durchaus möglich, dass ihr mit eurem Wagen am momentanen Limit fahrt, und ein anderer Pilot dennoch schneller ist. Es kann aber auch anders kommen, und ihr seid besser als der andere Fahrer. Es ist alles eine Frage der Balance.

Habt ihr euch zum Beispiel nie gewundert, warum Ayrton Senna häufig schneller war als sein McLaren Teamkollege Alain Prost? Das lag nicht daran, dass Sennas Wagen etwa schneller war, weder war er mutiger noch fuhr er eine bessere Linie durch die Kurven. Es lag sicher auch nicht daran, dass Alain Prost nicht am Limit fuhr. Nein, Senna verstand sich darauf, dem Wagen eine so perfekte Balance zu geben, dass sein Traktionslimit etwas besser als das des Franzosen war. Damit war er in den Kurven den Bruchteil einer Sekunde schneller als Prost, was sich wiederum in einer höheren Geschwindigkeit auf den Geraden auszahlte.

Während des gesamten Trainings oder Rennens gibt der Wagen sein Feedback an den Fahrer. Je besser man diese Informationen aufnimmt und verarbeitet, desto besser kann man den Wagen im Grenzbereich bewegen. Viele Menschen meinen, dass die Fahrer die meisten Rückmeldungen durch den Hosenboden registrieren. Ich weiß nicht, wie es bei euch ist, aber ich habe mehr Nervenenden im Kopf als am anderen Ende des Körpers.

Die meisten Informationen sind dabei visueller Natur. Geruchssinn und Geschmack spielen beim Rennfahren keine Rolle. Das Gehör ist wichtig und auch das Fühlen, aber nichts ist wichtiger als die Sicht.

Stellt euch vor, wie ihr über die Frontpartie eures Wagens seht. Wenn der Wagen nun zu übersteuern beginnt, registriert ihr das, weil der Blick plötzlich in eine leicht veränderte Richtung gerichtet ist. Würde man nun einen entfernteren Punkt anfixieren, fast bis zum Horizont, würde man einen wesentlich größeren Unterschied in der Richtung registrieren. Mit anderen Worten: Je weiter man blickt, desto aufmerksamer kann man auch leichteste Richtungsänderungen wahrnehmen. Die Sicht spielt beim Fahrgefühl eine große Rolle.

Doch wie erfährt man eigentlich, dass man sich tatsächlich am Limit bewegt? Das merkt man nur, in dem man es überschreitet. Das bekommt dem Wagen nicht immer gut, es sei denn, man ist in der Lage, ihn wieder abzufangen, bevor man von der Piste rast. Das ist der schwierige Teil der Sache.

Tatsächlich muss man, wenn man konstant am Limit fahren will, auch in der Lage sein, den Wagen jenseits des Grenzbereiches zu beherrschen. Erinnert euch an die vier fiktiven Fahrer im fünften Kapitel, als wir uns mit der Thematik Schräglaufwinkel beschäftigt haben. Der zweite Fahrer fuhr außerhalb des optimalen Winkels, der Wagen schleuderte daher stärker und erreichte nicht die maximale Traktion. Wenn man einmal den Grenzbereich überschritten und den Wagen dabei irgendwie in der Nähe der Ideallinie auf der Strecke gehalten hat, lernt man daraus. Mit entsprechenden Erfahrungen hinsichtlich der Überreaktionen des Wagens fällt es leichter, ihn wieder in den Grenzbereich zurückzubringen. Wer gewisse Grenzen nie überschritten hat, wird den Grenzbereich nicht wirklich beherrschen.

Wenn man einen Rennwagen mit einem extremen Grenzbereich fährt, dann braucht man eine Weile, bis man das Limit tatsächlich gefunden hat. Erst, nachdem ich es geschafft hatte, auch einen solchen Problembolide ständig hart am Rande des Grenzbereiches zu bewegen, war ich davon überzeugt, dass ich wirklich in der Lage bin, Rennen am Limit zu fahren.

Beim IndyCar-Rennen 1994 in Detroit fuhr ich einen 92er Lola mit einem Chevy-Illmor-A-Motor, der ungefähr 100 PS weniger als die Konkurrenztriebwerke hatte. Im ersten Training erreichte ich eine Zeit, mit der das Team sehr zufrieden war. Sie lag unter der, die wir ein Jahr zuvor mit dem gleichen

Wagen erreicht hatten. Doch der Wagen untersteuerte ein wenig, und ich wusste, dass mehr drin war.

In der zweiten Trainingssession ließ ich den Wagen laufen und versuchte nicht, das Untersteuern abzustellen. Ich konzentrierte mich allein auf das Fahren, fuhr etwas schneller in die Kurven, bremste mich ein wenig länger hinein, beschleunigte in jeder Kurve etwas früher und stand zwischen den Kurven auf dem Gas. Ich war aggressiv und flott unterwegs. Am Ende lag ich eine ganze Sekunde unter meiner ersten Zeit. Und der Wagen untersteuerte nicht mehr, er war wie entkrampft und übersteuerte sogar ein bisschen.

Zwei Punkte sind es wert, festgehalten zu werden: Erstens versuchte ich nicht, zu viele Veränderungen am Wagen vorzunehmen. Ich wusste, in mir stecken die Reserven – ich musste mich also nur auf das Fahren und nicht auf den Wagen konzentrieren. Hätte ich versucht, das Untersteuern einzuschränken, hätte das dadurch provozierte Übersteuern den Wagen unfahrbar gemacht. Ich wusste, dass der zunehmende Gummiabrieb auf der Strecke dem Asphalt zusätzlichen Grip geben würde. Und ich wusste auch, dass die Frontreifen, wenn ich schneller fuhr und die Reifen stärker beanspruchte, zusätzlichen Grip aufbauen würden.

Zweitens hatte ich mir kein bestimmtes Tempo als Höchstgeschwindigkeit vorgenommen. Selbst als die meisten um mich herum die Zeit aus dem ersten Training für das Optimum hielten, wusste ich, dass ich aus dem unveränderten Wagen noch mehr herausholen konnte. Ich glaubte die ganze Zeit daran, dass da noch mehr drin war. Das war eine wichtige Lektion. Es passiert immer wieder, dass man glaubt, man habe das Geschwindigkeitslimit bereits ausgereizt. Vielleicht, weil die anderen Wagen auch nicht schneller unterwegs waren – doch man darf sich selbst keine solchen Grenzen setzen. Glaubt immer daran, dass mehr drin ist.

Versucht einfach in jeder Kurve, so spät wie möglich zu bremsen. Wann ist dieser Punkt erreicht? Das ist eben der allerletzte Moment, an dem man noch gerade so in der Lage ist, den Wagen korrekt einzulenken. Viele Piloten machen den Fehler, so spät zu bremsen, dass sie am Ende nicht mehr korrekt einlenken können.

Lenkt in jede Kurve mit einem Tempo ein, das eurer Meinung nach leicht über dem Limit liegt. Macht dann die notwendigen Korrekturen an der Balance, lasst den Wagen durch den Rest der Kurve rutschen. Beschleunigt so früh und kräftig wie möglich, ohne aber den Wagen aus der Balance zu bringen, und baut so die höchstmögliche Geschwindigkeit für die Gerade auf. Das ist wahrscheinlich in der Praxis einfacher, als es hier zu erklären.

Vergesst dabei nicht, die absolut perfekte Linie zu fahren – oder bleibt höchstens einen Zentimeter davon entfernt. Vielen Fahrer gelingt dies in einer Kurve oder einer Runde, doch das Ziel muss es sein, dies Runde für Runde zu tun. Man kann auch auf der falschen Linie im Grenzbereich fahren, doch wird man dann nicht der Sieger sein.

Der Unterschied zwischen einem schnellen und einem langsamen Fahrer liegt darin, dass der langsame Fahrer nicht konstant in allen Teilen der Strecke am Limit fährt. Der Unterschied zwischen einem schnellen Fahrer und einem Sieger liegt darin, dass der Sieger konstant am Limit und auf der Ideallinie fährt.

Ich habe meinen eigenen mentalen Test, ob ich am Limit fahre. Immer wenn ich das Gefühl habe, ich könnte an irgendeinem Punkt der Kurve das Lenkrad ein wenig mehr bewegen und den Radius verkleinern, ohne dass der Wagen einen Dreher macht oder stärker schleudert, weiß ich, dass ich mich nicht am absoluten Limit befinde. In der nächsten Runde fahre ich dann etwas schneller, um mich dem Limit anzunähern.

# Kapitel 19
## Schneller fahren

Wir kommen jetzt in den Bereich der erfahreneren Piloten. Nachdem man die Grundlagen verinnerlicht hat, fragt man sich: „Wie kann ich schneller werden?" Nur Sekundenbruchteile schneller als die bisherige Bestzeit und man wäre ein wesentlich glücklicherer Fahrer. Die folgenden Gedanken und Ideen könnten sich dabei als hilfreich erweisen.

Während meiner eigenen Anfängereinweisung in Indianapolis erklärte Rick Mears mir seine Methode, schneller zu fahren, und daran habe ich mich seitdem gehalten. Wenn man schneller fahren will, tastet man sich an den Grenzbereich heran, wird in jeder Runde schneller, bis man das Gefühl hat, hart an der Grenze des Limits unterwegs zu sein – man nähert sich diesem Bereich in kleinen Schritten. Wenn man zu aggressiv fährt, überschreitet man zu schnell den Grenzbereich.

Wenn man versucht, sein Tempo zu steigern, sollte man folgende negative Gedanken vermeiden: „Warum nur kann ich diese Kurve nicht schneller nehmen?", „Ich habe nicht hart genug gebremst.", „Ich habe keine gute Linie in dieser Kurve gehabt.". Stattdessen sollte man sich positive und aufbauende Fragen stellen: „Wo kann ich schneller fahren?", „Um wie viel kann ich Kurve vier schneller fahren?".

Ein Pilot benötigt mehr als den einfachen Vorsatz: „Ich werde Kurve vier schneller nehmen." Man muss einen genauen Plan entwickeln, wie man diese Kurve schneller fahren kann. Nach jedem Training zieht man sich dann zurück und denkt darüber nach. Betrachtet die Streckenkarte und stellt euch vor, wie ihr eben gefahren seid, und dabei macht ihr euch Notizen über Bereiche, in denen ihr euch verbessern könnt. Denkt darüber nach, was ihr während der Kurvendurchfahrt in den entscheidenden Phasen unternehmt: Bremsen, Einlenken, Einbremsen, Übergang, Balance, Gas, Scheitelpunkt, Gasgeben, maximale Beschleunigung und Kurvenausgang. Dann fragt euch, was man ändern kann, um schneller zu werden.

Die Geschwindigkeit am Kurveneingang ist überaus wichtig. Wenn sie nicht stimmt, verbringt man viel Zeit und Konzentration damit, diesen Fehler zu korrigieren. Stattdessen benötigt man so viel Konzentration wie möglich, um die Traktion und die Balance zu optimieren und die Linie zu treffen. Der Rat, „langsam in die Kurve einfahren und schnell wieder herauskommen", kann dieses Problem beheben. Ich habe diesen Ratschlag bereits an anderer Stelle gegeben, und ich wiederhole ihn. Aber nicht übertreiben, nicht zu langsam in die Kurve einfahren. Wenn man dann nämlich beschleunigt, um die korrekte Geschwindigkeit zu erreichen, wird die Traktion der Reifen überfordert und die Antriebsräder drehen durch. Das Ergebnis ist ein niedriges Tempo, obwohl man meint, im Grenzbereich zu sein. Bei der Korrektur dieses Fehlers geht viel Zeit verloren.

Es ist wichtig, dass man den Wagen vor einer Kurve nicht zu stark über die Bremsen verzögert. Bremsen, so das Sprichwort, „sind wie Rechtsanwälte – sie kosten jedes Mal, wenn man sie braucht." Jedes Mal, wenn die Bremsen eingesetzt werden, muss man sich anstrengen, um wieder an Geschwindigkeit zuzulegen.

Ein Beispiel: Wenn man mit 80 km/h in eine Kurve fahren könnte, aber bis auf 76 km/h verzögert hat, muss man wieder auf 80 km/h beschleunigen. Dabei kann man leicht die Traktionseigenschaften der Reifen an der Antriebsachse überfordern. Das Ergebnis ist bei einem heckgetriebenen Wagen massives Über- und bei einem Fronttriebler deutliches Untersteuern. Wäre man gleich mit 80 km/h in die Kurve gegangen, hätte man den Fehler nicht korrigieren müssen.

Je mehr man den Wagen am Kurvenanfang verzögert und je länger man wartet, wieder aufs Gas zu gehen, desto wahrscheinlicher wird man die fehlende Geschwindigkeit mit einem beherzten Tritt aufs Gaspedal auszugleichen versuchen – wahrscheinlich zu beherzt. Das Ergebnis ist je nach Antriebsart wieder Über- beziehungsweise Untersteuern. Wiederum war der Tempowechsel zu extrem.

Den Rennen im Regen verdanke ich eine wichtige Lehre, die auch im Trockenen oft beherzige. Wenn ich den Wagen vom ersten Augenblick an selbst zum Rutschen bringe, kann ich ihn wesentlich runder und entspannter und gleichzeitig schneller durch die Kurve lenken. Der Grund: Ich brauchte mir keine Sorgen zu machen, dass mich der Wagen überrascht. Ich war sozusagen in meiner Komfortzone unterwegs. Nachdem ich das einmal begriffen hatte, gewann ich auch Rennen.

Man sollte sich vornehmen, etwas schneller als vom Traktionslimit bestimmt in die Kurve einzufahren (so lange man den Wagen sauber einlenken kann), sodass der Wagen beim Übergang vom Bremsen zum Gasgeben ins Rutschen gerät. Damit erreicht man zwei Dinge:

Während der Wagen beim Rutschen Geschwindigkeit abbaut, kann man den Übergang auf das Gaspedal genau wählen, ohne zu viel an Tempo zu verlieren. Ohne das Rutschen würde der Wagen weit mehr an Geschwindigkeit verlieren und man müsste entsprechend reagieren.

Und man ist auf das Rutschen gefasst und wird nicht überrascht.

Lasst euch bei eurer Kurveneingangsgeschwindigkeit nicht von euren Fehlern verwirren. Wenn der Wagen nicht bei 80 km/h in die Kurve geht, heißt das längst nicht, dass dies als Eingangstempo zu hoch ist. Es kann auch an der fehlenden Balance des Wagens liegen oder wie man eingelenkt hat. Versucht an eurer Kurventechnik zu arbeiten und die 80 km/h zu erreichen – oder besser noch schneller zu sein.

Meistens ist die maximale Geschwindigkeit auf der Geraden das Ergebnis der höchsten Geschwindigkeit in der Kurvenmitte. Und um die zu erreichen, muss man die Kurve so schnell wie möglich anfahren – am Limit. Hier muss man einfach entscheiden, ob man die Kurve besser etwas langsamer beginnt und dann schneller aufs Gas wechselt oder ob man von vornherein schneller in die Kurve einfährt.

Wenn man schneller werden will, konzentriert man sich am besten auf die Problembereiche und vernachlässigt seine Stärken. Und man geht dabei Schritt für Schritt vor. Man registriert alle Rundenzeiten und lässt einen Helfer alle Sektorzeiten nehmen, um so zu ermitteln, wo man schnell unterwegs ist und wo nicht. Man teilt die Strecke in Segmente auf, nimmt seine eigene Zeit und die der Konkurrenten an diesen Stellen. So lässt sich feststellen, wo man Zeit gewinnt oder verliert.

Wenn ich eine neue Strecke kennenlerne, konzentriere ich mich zuerst auf die schwierigen Stellen und versuche mich an zwei oder drei Punkten zu verbessern. Es ist zwecklos, von Beginn an überall an der Geschwindigkeit zu arbeiten. Das Gehirn ist nicht in der Lage, zu viele Informationen auf einmal zu verarbeiten. Ich suche mir stets zwei oder drei Stellen, wo ich glaube, die größten Verbesserungen zu erreichen. Und ich arbeite nur daran, bis ich sie im Griff habe. Danach widme ich mich weiteren Stellen. Mehr als drei Bereiche würden mein Gehirn überfordern. Und natürlich ist das allerletzte, winzigste Stück in diesem Puzzle am schwierigsten zu entdecken.

Veränderungen in der Abstimmung des Wagens sind die naheliegende Methode, um schneller zu werden. Aber lasst euch nicht verwirren. Gebt nicht vor, eine Veränderung am Fahrwerk oder der Aerodynamik zu bemerken, wenn dies nicht der Fall ist. Nicht jede Veränderung ist fühlbar.

Und außerdem sollte man nichts an der Technik verändern, bevor man die Strecke kennt und gefahren ist. Nehmt euch Zeit. Seid sicher, dass ihr ständig am Limit fahrt, bevor ihr zu drastischen Veränderungen greift. Auf diese Weise begreift man, ob der Wagen oder der Mann im Cockpit den Unterschied macht.

Alles, was man unternehmen kann, um möglichst lange mit Vollgas unterwegs zu sein, lohnt sich. Selbst wenn es darum geht, nur Bruchteile einer Sekunde zwischen zwei Kurven herauszuholen.

### *ERFOLGSGEHEIMNIS NR. 44:*
### *Der rechte Fuß sollte entweder auf der Bremse sein oder das Gaspedal durchdrücken.*

Will man versuchen, auch die letzten Zehntel- oder Hundertstelsekunden aus einem Wagen herauszuholen, muss man sich die Bereiche vornehmen, in denen man den Wagen eigentlich nicht jagt. Das sind diese sehr kurzen Abschnitte auf der Strecke, wo man meint, dass achtzig Prozent Gas genug sind. Doch genug reicht eben nicht, wenn man Sieger werden will. Man braucht Vollgas. Man muss auch aggressiv dem Wagen gegenüber sein – rund, aber aggressiv. Und man muss der Strecke Paroli bieten.

Meistens haben Piloten mit den schnellen Kurven die größten Probleme, den Kurven, die mit Vollgas genommen werden sollten. In Indianapolis habe ich einen Trick gelernt, der mir bei diesem Kurventyp auch auf allen anderen Strecken geholfen hat.

Das Problem bei diesen Kurven besteht darin, dass der Wagen dann am besten arbeitet – mit Balance und entsprechend gutem Grip –, wenn man über den ganzen Bereich Vollgas beibehält. Wenn man einmal den Fuß vom Gas nimmt oder während der Kurve etwas nachlässt, wird der Wagen bockig. Er hat zu wenig Grip entwickelt. Doch eine Kurve mit Vollgas anzugehen, verlangt viel Selbstvertrauen, und die meisten Piloten zucken kurz vor der Kurve mit dem Gasfuß. So wird die Balance des Wagens gestört. Man benötigt viel Training, um mit Vollgas in die Kurve zu steuern.

In Indianapolis machte ich eine andere Erfahrung, die ich seitdem oft nutze. Zuerst geht man deutlich vor der Kurve vom Gas und verringert die Geschwindigkeit so weit, dass man Selbstvertrauen gewinnt. Dann gibt man wieder Vollgas und fährt durch die Kurve. Auf diese Weise hat der Wagen während der gesamten Kurvenfahrt ausreichend Balance. In jeder Runde verringert man jetzt die Verzögerung, bis man in der Lage ist, die Kurve mit Vollgas zu nehmen

Am Ende des Kapitels betrachten wir drei spezielle Möglichkeiten (tatsächlich gibt es Tausende) schneller zu fahren:

Der späte Bremser: Bei den Durchschnittsfahrern ist dies die am meisten verbreitete und viel zu oft eingesetzte Technik. Sie bremsen erst tief in der Kurve drin und versprechen sich einen Vorteil davon, auf der Geraden vorher möglichst lange eine hohe Geschwindigkeit beizubehalten. Das ist nur natürlich. Schließlich lässt man einen Fahrer auch dann hinter sich, wenn man später bremst.

Doch wenn sie dann bremsen, treten sie auch härter auf das Pedal, sodass der Wagen letztlich mit einer Geschwindigkeit wie beim frühen Bremsen in die Kurve einfährt. Einfach nur später bremsen, ohne die eigentliche Kurvengeschwindigkeit zu erhöhen, bringt also wenig. Man erreicht damit nur, dass man zuvor auf der Geraden noch einige Meter schneller unterwegs ist. Dass macht vielleicht ein paar Hundertstelsekunden aus, nicht mehr. Mit mehr Geschwindigkeit durch die Kurve zu fahren (solange man den Wagen beherrschen und beschleunigen kann), bringt wesentlich deutlichere Verbesserungen.

Wenn man auf einer durchschnittlichen Strecke jede Kurve zwei km/h schneller nehmen kann, gewinnt man eine halbe Sekunde bei jeder Runde. Das ist ein riesiger Gewinn.

Das große Problem beim späten Bremsen ist vor allem die Tatsache, dass man sich dabei zu sehr auf das Bremsen konzentriert. Eigentlich müsste man die Konzentration auf andere Dinge richten. Mitunter ist man so stark auf das Bremsen fokussiert, dass man überreagiert und die Bremsen zum Blockieren bringt. Meistens bremst man so spät, dass man nur noch ans Durchkommen und nicht ans korrekte Bremsen oder daran denkt, was man nach dem Bremsen unternehmen muss.

Der leichte Bremser: Das ist vielleicht der erste Schritt in Richtung schnelleres Fahren. Man bremst an der gleichen Stelle wie zuvor, aber mit weniger Druck auf die Bremse. So nimmt man mehr Geschwindigkeit in die Kurve mit. Wenn man nur zwei km/h schneller ist, wirkt sich das dramatisch auf die Rundenzeit aus.

Der späte, korrekte Bremser: Das ist das Ziel. Man bremst später als zuvor, aber mit dem ursprünglichen Druck. So gewinnt man doppelt, indem man die Geschwindigkeit auf der Geraden länger aufrecht erhalten kann (kleiner Gewinn), und mit mehr Tempo in die Kurve einfährt (großer Gewinn). Außerdem hat man seine Aufmerksamkeit nicht ausschließlich dem Bremsen gewidmet. So wird man schneller! Bedenkt aber, dass es auch dabei eine Grenze gibt.

# Kapitel 20

# Der Fahrstil

Die besten Rennfahrer der Welt haben eine Sache gemeinsam: Jackie Stewart, Alain Prost, Ayrton Senna und Michael Schumacher in der Formel 1, Mario Andretti, Al Unser Jr., Rick Mears, Richard Petty, Darrell Waltrip und Dale Earnhardt Jr. bei den US-Serien verdanken ihren Erfolg ihrem runden und feinfühligen Fahrstil. Auch wenn es nicht immer den Anschein hat.

Mit wachsender Erfahrung entwickelt man seinen eigenen Fahrstil, der zur Persönlichkeit und zum Wagen passt. Jeder Pilot hat seinen eigenen Stil, und es bleibt zu hoffen, dass ihr ebenfalls diesen runden und feinfühligen Umgang mit Wagen und Strecke lernt.

Wegen der individuellen Fahrstile sind auch die Wagen der einzelnen Fahrer entsprechend individuell abgestimmt. Wenn zum Beispiel euer Wagen in langsamen Kurven leicht untersteuert und ihr eigentlich ein Übersteuern bevorzugt, überlegt, wie ihr euren Stil so ändern könnt, dass ihr die Situation meistert. Auf die meisten wirkt Untersteuern frustrierend und sie versuchen, dem Wagen eine schnellere Gangart aufzuzwingen. Doch damit wird das Untersteuern nur noch schlimmer und der Wagen langsamer. Es zahlt sich eher aus, wenn man in einer solchen Situation einfach Geduld an den Tag legt. Daher verzögert man am besten ein bisschen mehr am Kurvenanfang, arbeitet an der Balance und konzentriert sich auf die Beschleunigung auf die Gerade.

Verhält sich der Wagen nicht so, wie man es sich vorstellt, sollte man zuerst überlegen, seinen Fahrstil dem Wagen anzupassen. Das ist auf jeden Fall einfacher und weniger aufwendiger, als den Wagen zu modifizieren und neu abzustimmen.

### Fahrstil und Handlingprobleme

Der Fahrstil kann die entscheidende Ursache für vermeintliche Handlingprobleme sein. Wenn ein Problem mit dem Handling auftaucht, denkt also nicht zuerst über Modifikationen in der Abstimmung nach, sondern über den eigenen Fahrstil oder mögliche Fahrfehler. Der erste Gedanke bei Handlingproblemen sollte sich darauf konzentrieren, inwieweit man selbst die Ursache der Probleme sein könnte. Analysiert also euren Fahrstil und bleibt dabei ehrlich. In jeder Kurve werden die Gewichtsverteilung und die Traktion auf vielfältige Weise beeinflusst. Tritt man zum Beispiel zu stark auf das Gaspedal, weil man am Eingang der Kurve zu

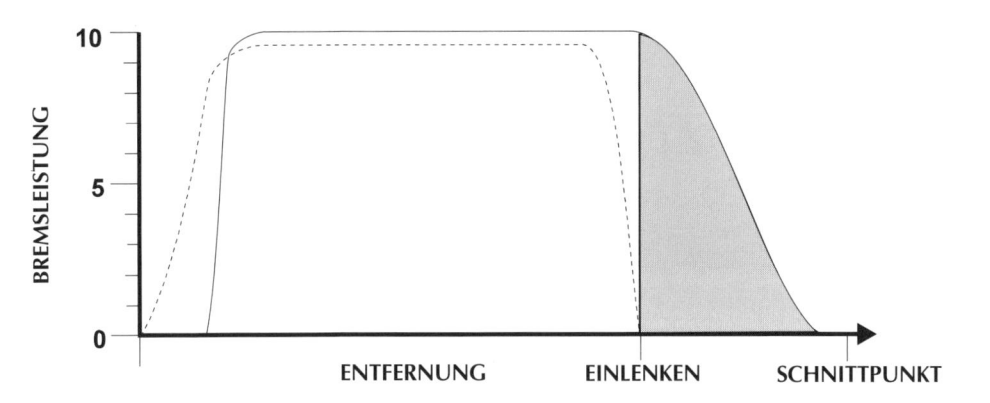

*Die durchgezogene Linie beschreibt die perfekte Einteilung der Bremsleistung. Der schraffierte Teil definiert den Bereich des Einbremsens in die Kurve. Die gepunktete Linie zeigt drei weit verbreitete Irrtümer beim Bremsen. Zunächst wird zu früh und zu zögerlich gebremst. Dann nutzt der Fahrer nicht die gesamte abrufbare Bremsleistung und, der vermutlich schlimmste Fehler, dann hört der Fahrer zu früh auf zu bremsen. Ohne die Belastung durch das Einbremsen wird der Wagen schon am Einlenkpunkt zum Untersteuern neigen. Ist das dann noch ein Abstimmungproblem?*

langsam war und nun die verlorene Zeit wieder gut machen will, kann man leicht Über- oder Untersteuern verursachen. Die Art zu lenken, zu bremsen und Gas zu geben kann ein Problem heraufbeschwören, aber auch abstellen.

Wenn man beispielsweise zu stark in eine Kurve einlenkt, und so den Reifen keine Chance gibt, die Traktion allmählich aufzubauen, erlebt man ein anfängliches Untersteuern. Das gilt vor allem dann, wenn man sich nicht in die Kurve einbremst. Ist dieses Untersteuern nun ein Handlingproblem, das nach einer neuen Einstellung des Fahrwerks verlangt?

Natürlich sollte man auch an der Verbesserung des Fahrwerks arbeiten, um Probleme abzustellen. Doch damit kann man auch neue Probleme wie Übersteuern in der Kurvenmitte oder am -ende hervorrufen. Stattdessen macht es mehr Sinn, den eigenen Fahrstil beziehungsweise die Fahrtechnik zu verbessern. Der Schlüssel zu allem ist eine genaue Analyse, mit der man die Probleme erkennen kann.

Um kein Missverständnis aufkommen zu lassen: Ich schlage hier nicht vor, alle Handlingprobleme durch einen veränderten Fahrstil zu beheben. Denkt immer darüber nach, wie sich der Wagen verbessern lässt. Aber macht euch nichts vor. Betrachtet eure Fahrtechnik ebenfalls.

## Kapitel 21

# Training und Test

Die mentale Vorbereitung ist für das Testen und das Training von entscheidender Bedeutung. Dabei kommt es darauf an, die Atmosphäre des Wettkampfes so genau wie möglich zu simulieren. Im Training zeigt man das gleiche Engagement und die gleiche Entschlossenheit wie im Rennen. Trainiert man nur mit neunundneunzig Prozent Einsatz, wird man auch im Rennen nicht mehr Leistung bringen. Es ist sehr schwer, sich nachher auf einhundert Prozent Leistungsbereitschaft zu steigern.

### ERFOLGSGEHEIMNIS NR. 45:
*Trainiert genau so, wie ihr das Rennen fahren wollt, dann fahrt ihr im Rennen wie im Training.*

Konditioniert euch im Training bereits so, als wäre es tatsächlich das Rennen. Nehmt das Training nicht auf die leichte Schulter. Dann werdet ihr im Rennen so gelassen und ruhig wie im Training sein.

Es macht keinen Sinn, überhaupt auf die Rennstrecke zu gehen, wenn man nicht bereit ist, einhundert Prozent Leistung zu bringen. Auch wenn man für ein Langstreckenrennen trainiert oder daran teilnimmt, und man nicht unbedingt von der ersten Runde an ans Limit gehen will, sollte man gedanklich auf einhundert Prozent fokussiert und vor allem zu einhundert Prozent konzentriert sein. Es gibt keinen einzigen Grund, eine nachlässig gefahrene Kurve als gut genug zu akzeptieren. Schließlich soll „gut genug" nicht zur Gewohnheit werden. Und die einzige Methode, dies auszuschließen, ist stets mit einhundert Prozent hinter dem Lenkrad zu sitzen.

Wir glauben oft, dass jedes Training die Fahrtechniken und die Fertigkeiten immer weiter verbessert. Das muss aber nicht so sein, und auch Erfahrung ist längst nicht alles. Tatsächlich besteht das Risiko, dass eine falsch trainierte Technik zur schlechten Gewohnheit werden kann. Es ist sehr einfach, immer die gleichen Fehler zu wiederholen.

### ERFOLGSGEHEIMNIS NR. 46:
*Training allein macht nicht perfekt. Nur perfektes Training macht perfekt.*

Daher also besser am Anfang auf zu häufiges Üben verzichten. Man läuft sonst Gefahr, falsche Abläufe zu verinnerlichen. Am besten beginnt man mit einigen wenigen Runden mit intensiver Konzentration und voller Aufmerksamkeit. Fahrt nur dann mit dem Üben fort, wenn Konzentration und Motivation stark genug sind. Wiederholen sich Fehler, lassen Konzentration und Aufmerksamkeit nach, ist es am besten, erst einmal aufzuhören. Macht den Kopf frei, konzentriert euch aufs Neue und beginnt dann wieder.

Ein Fahrer kann viele Techniken, die zum Siegen notwendig sind, auf der Straße trainieren. Dort lassen sich rundes und konstantes Bremsen, Gasgeben und das gefühlvolle Betätigen des Gaspedals ebenso wie das Kurvenfahren, die Wahl der Ideallinie und die Balance des Wagens üben.

Dabei muss man gar nicht schnell fahren. Das ist keine physische Übung, doch so wie ein Tennis- oder Golfspieler seinen Schwung übt, trainiert ihr die Beherrschung des Wagens. Jedes Mal, wenn man auf die Bremse tritt, oder am Lenkrad dreht, werden diese Aktionen im Gehirn programmiert. Je besser diese Techniken auf der „Festplatte" gespeichert sind, desto natürlicher lassen sie sich auch während des Rennens abrufen

Viele Rennfahrer zeichnen sich im Straßenverkehr durch schlechte Angewohnheiten aus. Sie halten das Lenkrad falsch, sie lassen ihr Hand auf dem Schalthebel und treten auch nicht korrekt auf Gas- oder Bremspedal. Wie können sie bei höheren Geschwindigkeiten auf der Rennstrecke anders fahren, wenn diese schlechten Angewohnheiten in ihren Köpfen programmiert sind? Wer nicht in der Lage ist, irgendetwas bei geringen Geschwindigkeiten auf der Straße zu beherrschen, schafft es auch nicht auf der Rennstrecke. Das gilt übrigens für jeden Sport. Was würde wohl passieren, wenn André Agassi das ganze Jahr über eine einhändige Rückhand übt, und dann in Wimbledon auf einmal die zweite Hand dazu nimmt?

Eines der wichtigsten Ziele im Training besteht darin, die optimale Fahrwerksabstimmung für das Rennen oder das Qualifying herauszufinden. Im Rennen verlangt man nach einem ausgewogenen, konstanten und zuverlässigen Setup. Im Qualifying braucht man eine Abstimmung, die nicht so ausgewogen, dafür aber mit geringerem aerodynamischem Abtrieb gut für zwei oder drei schnelle Runden ist. Eine gute Rennabstimmung erlaubt es dem Fahrer, an das Niveau des Qualifying anzuknüpfen.

Die ersten Trainingsrunden eignen sich gut, neue Bremsbeläge oder Reifen einzufahren. Bei den meisten Bremsbelägen empfiehlt es sich, sie allmählich auf Betriebstemperatur zu bringen. Also kräftig bremsen, aber mit Gefühl und ohne sie zu überhitzen. Dann ein paar vorsichtige Runden, um sie wieder abkühlen zu lassen. Auf jeden Fall sollte man sich beim Hersteller nach der am besten geeigneten Methode erkundigen.

Konzentriert euch auf die Einstellung des Wagens und darauf, was man unternehmen kann, um sie zu verbessern. Es gehört zu den Aufgaben des Fahrers, ein Gefühl für den Wagen zu entwickeln.

Überprüft die Bremskraftverteilung. Dazu geht ihr an verschiedenen Streckenpunkten voll auf das Pedal und stellt fest, ob die Front- oder Heckbremsen zuerst blockieren. Wie verhält sich der Wagen in langsamen Kurven? In den mittelschnellen Kurven? Den schnellen Kurven? Wie ist das Einlenkverhalten? Kommt es zu Über- oder Untersteuern? Wie verhält er sich in der Mitte der Kurven? Kommt die Beschleunigungskraft am Kurvenausgang auf die Straße oder drehen die Räder durch? Schlägt der Wagen nach Unebenheiten auf, oder kann man ihn noch tieferlegen? Fühlt sich der Wagen zu weich an und wankt zu stark in den Kurven? Ist er zu steif und fühlt sich an, als würde man auf Kufen mit zu wenig Grip über die Strecke fahren? Sind die Stoßdämpfer zu weich oder zu hart eingestellt? Wie verhalten sich die Stabilisatoren?

Wie sind die Gangübersetzungen? Wie hoch sind die maximalen Drehzahlen auf der längsten Geraden? Gibt es Kurven, wo ein länger oder kürzer übersetztes Getriebe von Vorteil wäre?

Bedenkt dabei immer die Auswirkungen auf andere Parameter. Wenn man zum Beispiel das Handling für eine bestimmte Kurve verändert, hat dies Auswirkungen auf die Getriebeübersetzung, die dann vielleicht nicht mehr zur Geschwindigkeit passt und kostbare Geschwindigkeit am Kurvenausgang kostet.

Natürlich kann man erst dann zur genauen Einstellung übergehen, wenn man die Strecke genau kennt. Wenn man jede Runde anders fährt, ist es schwer, herauszufinden, ob die mechanischen Einstellungen tatsächlich geholfen haben. Hier kommt einer gleichmäßigen Fahrweise eine besondere Bedeutung zu.

Gleichzeitig ist das Training dafür geeignet, verschiedene fahrtechnische Dinge auszuprobieren. Versucht einmal, eine Kurve in einem höheren Gang zu nehmen. Versucht, später zu bremsen und mehr Geschwindigkeit in die Kurve mitzunehmen. Oder macht das Gegenteil, bremst früher und arbeitet daran, früher wieder Gas zu geben. Was funktioniert am besten? Folgt einem schnelleren Fahrer, registriert, wann er bremst und wie er durch die Kurve fährt.

Besprecht euch nach jedem Training mit eurem Mechaniker und geht mit euch selbst zurate. Notiert alles, was den Wagen und euren Fahrstil betrifft. Die wichtigste Frage ist dabei jedes Mal: „Was kann ich noch tun, um schneller zu werden?"

Noch ein abschließender Kommentar zum Training: Es ist schlicht gesagt dumm, im Training zu verunglücken. Beim Training soll man die Strecke kennenlernen und die richtige Abstimmung für das Rennen finden, um danach im Qualifying schnell zu sein. Verschwendet keine Zeit durch Unfälle. Es ist nicht gerade aufmunternd, wenn man zu hören bekommt: „Schade wegen des Unfalls, du hättest fast das Training gewonnen."

## Kapitel 22

# *Qualifying*

Selbstverständlich ist es wichtig, sich für einen guten Startplatz zu qualifizieren. Je weiter vorne man steht, desto weniger Wagen muss man später überholen. Außerdem hat man natürlich auch einen psychologischen Vorteil gegenüber den Konkurrenten im Fahrerfeld.

Das Qualifying ist eine eigene Kunst. Es geht schlicht darum, die eine extrem schnelle Runde hinzulegen.

Wenn man zusammen mit anderen Piloten ins Qualifying muss (das ist fast die Regel bei Rundstreckenrennen), empfiehlt es sich, auf eine Lücke im Fahrerfeld zu warten. Es macht keinen Sinn, zusammen mit anderen Wagen zu fahren, die einen nur aufhalten können. Man konzentriert sich dann mehr auf das „Rennen" mit den Wagen um einen herum, als sich auf eine optimale Zeit zu fokussieren.

Doch auf der anderen Seite bringen einige Piloten tatsächlich immer dann ihre Bestleistung, wenn sie durch andere Wagen herausgefordert werden. Außerdem kann man auch vom Windschatten des vorausfahrenden Wagens profitieren. Doch man sollte sich auf keinen Fall von den Konkurrenten beeinflussen lassen. Konzentriert euch auf eure eigene Leistungsfähigkeit.

Wie bereits erwähnt, verändert man für das Qualifying den Wagen etwas. Mitunter ist eine Einstellung, bei der der Wagen leicht übersteuert oder weniger Abtrieb hat, für einige schnelle Runden gut. Doch so eingestellt lässt sich der Wagen wahrscheinlich nicht über die gesamte Renndistanz beherrschen.

Manchmal ist man im Qualifying zu einer, wie Niki Lauda sagte, „Chaosrunde" gezwungen, bei der man versucht, die letzten Zehntel- oder Hundertstelsekunden herauszuholen. Dabei fährt man ein wenig schneller in die Kurve und nimmt eigentlich nicht dafür geeignete Kurven mit absolutem Vollgas. Das ist möglicherweise die gefährlichste Runde – aber auch die aufregendste und lohnendste, wenn alles funktioniert.

Das Qualifying auf einem Ovalkurs, wenn ein Wagen nach dem anderen auf die Jagd nach der besten Rundenzeit geht, übt wahrscheinlich den größten Druck aus. Doch je mehr Erfahrung man in solchen Situationen gesammelt hat, desto leichter wird es.

Das sind die Schlüsselfaktoren für die Qualifyingrunde auf einem Oval:

Bringt die Antriebsreifen beim Fahren aus der Box zum Durchdrehen, sodass sie sich aufheizen können.

Die Frontreifen heizt man auf, indem man den Wagen in den Kurven zwei und drei zum Untersteuern bringt, aber vermeidet einen Dreher. Die kalten Reifen haben noch nicht genügend Grip aufgebaut.

Es ist wichtig, Geschwindigkeit so schnell wie möglich aufzubauen. Daher sollte man kräftig beschleunigen und das gesamte Drehzahlband nutzen.

Handelt es sich um eine Strecke, auf der gebremst werden muss (auf einigen Ovalen wird nur Vollgas gefahren), tritt man die Bremse mit dem linken Fuß auf der Gegengerade der Aufwärmrunde einmal voll durch.

Fahrt auf der Gegengerade so lange wie möglich in Schlangenlinien.

Fahrt so schnell wie möglich durch die Kurven drei und vier, um Schwung für die erste Runde aufzubauen.

Bei einigen Rennserien wird die erste Fahrt über die Ziellinie bereits gestoppt, während bei anderen die zweite Runde zählt. Unabhängig davon muss man sich auf die Geschwindigkeit aus der vierten Kurve heraus konzentrieren, wenn man in die erste gezeitete Runde geht.

Gleichgültig ob man sich allein auf einem Oval oder in einem Fahrerfeld auf der Rundstrecke befindet, in dem Augenblick zählt nichts als das Qualifying. Kümmert euch um nichts anderes, als um eine perfekte Fahrt und holt auch noch das Letzte aus dem Wagen heraus. Seid ihr auf der Strecke, dann fahrt, was das Zeug hält, macht keine Experimente. Wenn man sein Ziel genau vor Augen hat, genau weiß, was man will, geht das wie von selbst.

1995 fuhr ich in Sebring für das Team von Craig T. Nelson. Wir hatten während des Trainings einige Motorprobleme, und ein Aggregat platzte kurz vor dem Qualifying. Das Team tauschte den Motor aus, doch bei dem neuen Triebwerk war die Drosselklappe etwas anders eingestellt. Das Ergebnis war ein Gaspedal, das wie ein „Ein-/Ausschalter" wirkte. Das Pedal ließ sich nicht regulieren. Es war, als stellte man die Zündung ein und aus.

Das Team tat alles, um den Fehler zu beheben. Uns lief die Zeit davon. Ich startete zur Halbzeit eines 20-minütigen Qualifyings. Ich war während der Arbeiten im Wagen geblieben und hatte bemerkt, dass das Gaspedal leicht am Boden haftete. Jetzt ging es ums Qualifying. Alles andere war gleichgültig. Es spielte keine Rolle, wie schlecht der Wagen war, ich musste damit fertig werden. Jetzt ging es allein darum, trotz des Problems alles zu geben – sich dessen bewusst zu sein, aber nicht davon stören zu lasen. Ich hatte schließlich nur ein paar Runden, um eine vernünftige Zeit zu fahren.

Der Schlüssel lag darin, sich auf das wirklich Wichtige zu konzentrieren – und nicht auf die Probleme. Ich musste alles andere verdrängen. Während das Team noch am Wagen arbeitete, visualisierte ich jedes Detail meiner Qualifying-Runde. Ich konzentrierte mich darauf, wie ich meine Runde fahren würde, und blendete dabei alle Probleme aus. Es funktionierte. Wir kamen auf den sechsten Platz, mehr als eine Sekunde schneller als im Training.

# Kapitel 23

# *Das Rennen*

Vor dem Start des Rennens denkt man zuerst über den eigenen Startplatz nach. Wer sind die direkten Konkurrenten und welchen Stil fahren sie? Kann man ihnen in einer Rad-an-Rad-Situation vertrauen? Sind sie schnelle Starter? Beginnen sie nach einigen schnellen Runden nachzulassen? Diese Fakten muss man vor dem Rennbeginn analysieren, bevor man in die Startaufstellung rollt.

Während der Aufwärmrunde (oder auch der ersten Runde im Training und Qualifying) geht es darum, die Reifen und Bremsen auf Betriebstemperatur zu bringen. Die meisten Fahrer rollen daher in Schlangenlinien über die Strecke, um die Reifen aufzuheizen. Dabei sollte man aber auf jeden Fall Vorsicht walten lassen, um nicht vom griffigen Teil der Strecke abzukommen. Viele Fahrer haben sich dabei schon gedreht. Außerdem kann es bei diesen Manövern auch zu Kollisionen kommen. Daher muss man sich darauf konzentrieren, was die anderen Piloten machen. Man darf sich auch nicht von einem Piloten überraschen lassen, der zunächst stark beschleunigt, um dann plötzlich abzubremsen.

Rennreifen werden durch kräftiges Beschleunigen und starkes Abbremsen schneller auf Temperatur gebracht als durch das Fahren in Schlangenlinien. Ich bringe die Reifen während der Einführungsrunde durch Schlangenlinien auf Temperatur und heize dabei die Bremsen auf, indem ich gleichzeitig mit dem linken Fuß bremse. Auf der Geraden beschleunige ich kräftig (und lasse die Reifen durchdrehen) und bremse dann hart. Wenn möglich, lasse ich mich vor einer Kurve zurückfallen, um dann zu beschleunigen und die Kurve schnell zu nehmen und lenke währenddessen hin und her, um die Frontreifen aufzurauen. Gleichzeitig überprüfe ich die Strecke, ob sich dort Öl oder andere Dinge aus den vorausgegangenen Rennen befinden. Und wenn es regnet, teste ich, wie rutschig die Piste tatsächlich ist. Ich will dadurch einfach sicher gehen, dass sich der Wagen während der ersten Runden sauber fährt.

Beim Start blickt man weit nach vorne und nicht nur in die direkte Umgebung. Wenn möglich, sollte man die Starts anderer Rennen verfolgen, um zu sehen, wie der Starter mit der Startampel umgeht. Und wenn Funk vorhanden ist, kann man sich wichtige Tipps aus der Box geben lassen.

Mitunter kann man sich bei einem fliegenden Start ein wenig aus der Startposition zurückfallen lassen, bevor die Ampel auf Grün schaltet. Wenn das Timing stimmt, kann man sich so einen kleinen Vorteil gegenüber den anderen Fahrern verschaffen. Wenn es schief geht, kommt der Start also nicht schnell genug, muss man den Gasfuß ganz wenig zurücknehmen. Auf jeden Fall muss man den Fuß auf dem Gas haben, wenn das Startsignal kommt. Also auf keinen Fall komplett vom Gas gehen. Sonst läuft man gleich am Anfang Gefahr, Positionen einzubüßen. Dabei können zwei Dinge passieren: Entweder man ist erfolgreich und hat einen Vorteil gegenüber den anderen Startern oder man verursacht einen Fehlstart und muss die Konsequenzen tragen.

Der ersten Kurve sollte man sich mit Vorsicht nähern, weil es hier immer wieder zu Kollisionen kommt. Tatsächlich passieren hier die meisten Unfälle während des Rennens. Gleichzeitig ist aber auch ein flotter Start außerordentlich wichtig. Wenn man sich zu sehr zurückhält, verliert man schon am Anfang den Kontakt zum Feld und wird die so entstandene Lücke vermutlich nie wieder schließen können.

### ERFOLGSGEHEIMNIS NR. 47:
*Rennen werden nicht in der ersten Kurve gewonnen, können dort aber leicht verloren werden.*

Im Allgemeinen empfiehlt es sich, die ersten Runden so schnell wie möglich zu fahren, um dann in eine angemessene Geschwindigkeit zu wechseln, während man jede Möglichkeit zum Überholen nutzt. Niemals darf man eine Gelegenheit zum Überholen auslassen – sie wird wahrscheinlich nie wieder kommen.

### ERFOLGSGEHEIMNIS NR. 48:
*Die meisten Rennen werden während der letzten zehn Prozent eines Rennens entschieden.*

Es ist wichtig, am Ende eines Rennens noch Reserven zu haben. Daher ist eine entsprechende Einteilung von entscheidender Bedeutung. Das heißt, dass man den Wagen schont, die Bremsen und die Reifen sowie die Mechanik nicht überfordert.

Man darf niemals aufgeben, auch wenn es noch so unwahrscheinlich scheint, den direkten Konkurrenten noch zu überholen. Bis zuletzt sind einhundert Prozent gefordert. Vielleicht bekommt der Konkurrent doch noch Probleme, wenn er euren Angriff abwehren muss. Wie oft hat der Führende in einem Rennen kurz vor Schluss mit technischen Problemen aufgeben müssen? Solche Vorteile kann man nicht nutzen, wenn man sich nicht in Angriffsdistanz befindet.

### ERFOLGSGEHEIMNIS NR. 49:
*Man muss in Angriffsdistanz bleiben, um vom Pech des anderen zu profitieren.*

Die erfolgreichsten Rennfahrer aller Zeiten wie Jackie Stewart, Alain Prost, Al Unser, Rick Mears, Richard Petty oder Dale Earhardt haben oder hatten eines gemeinsam: Sie fahren die Rennen zu Ende. Wenn man die Statistiken betrachtet, haben sie dort einen gewaltigen Vorteil. Und vergesst nicht: „Um am Ende Erster zu sein, muss man am Ende noch fahren."

Die meisten dieser Piloten würden auch der These zustimmen, dass man mit der möglichst geringsten Geschwindigkeit gewinnen sollte. Einige Fahrer geben sich nicht damit zufrieden, Rennen einfach nur zu gewinnen. Sie meinen, man müsse in jeder Runde einen neuen Rekord fahren und das gesamte Feld überrunden. Die meisten dieser Piloten haben eine bescheidene Bilanz an Zielankünften und Siegen. Doch am Ende erinnert man sich nur an den Sieger. Es ist nicht entscheidend, mit welchem Vorsprung man gewinnt, entscheidend ist, dass man überhaupt gewinnt.

Erfahrung, Übung und ein wenig Nachdenken – natürlich neben einer gut trainierten Boxenmannschaft – sind die Schlüssel für erfolgreiche Boxenstopps. Dabei fällt dem Fahrer die Aufgabe zu, den Wagen auf den vom Team definierten Markierungen abzustellen, ruhig zu bleiben und den Aufforderungen der Mechaniker und Ingenieure zu folgen, und so schnell wie möglich wieder zu starten, wenn die Mannschaft ihre Arbeiten erledigt hat. Daher sollte man auch genau wissen, was die Boxenmannschaft von einem erwartet, bevor man in die Boxengasse einlenkt.

Auf einigen Strecken kann es durchaus schwierig werden, an der richtigen Stelle abzubremsen, um die Markierungen genau zu treffen. Daher sollte man auch die genaue Reihenfolge und Anordnung der verschiedenen Boxen und die Zeichen des eigenen Teams kennen.

Oft wird bei den Runden vor und nach den Boxenstopps ein wichtiger Aspekt übersehen. Viele Fahrer schalten bereits in der Runde vor dem Boxenstopp auf eine langsamere Geschwindigkeit um und brauchen danach fast eine Ewigkeit, um wieder ihre Renngeschwindigkeit zu erreichen. Stattdessen muss man bis zuletzt mit voller Beschleunigung unterwegs sein, bis man in die Boxengasse einlenkt, und dann so schnell wie möglich wieder ins Rennen zurückkehren. Dabei darf man aber nach einem Wechsel nicht die noch kalten Reifen vergessen. Es lohnt sich, Michael Schumacher in der Runde vor und nach seinen Boxenstopps zu beobachten. Der Mann verliert da so wenig wie irgend möglich.

## Langstreckenrennen

Rennen, die länger als drei Stunden dauern und einen Fahrerwechsel verlangen, gelten im Allgemeinen als Langstreckenrennen. Meistens dauern sie sechs, zwölf oder vierundzwanzig Stunden.

Es ist für jeden Fahrer hilfreich, wenn er an so vielen Langstreckenrennen wie möglich teilnimmt. Dabei ist es nicht entscheidend, in welcher Wagenklasse er dies tut. Wenn es um Fahrpraxis geht, gibt es nichts Besseres. Meistens fährt man mindestens anderthalb oder sogar drei Stunden. Es ist eine gute Übung und trainiert das Konzentrationsvermögen für eine längere Zeit. Das bringt viel für Sprintrennen, und außerdem lernt man einen schonenden Umgang mit der Mechanik, was sich wiederum auf die Fahrtechnik bei Sprintrennen auswirkt.

In den meisten Langstreckenrennen gehen viele unterschiedliche Wagentypen gemeinsam an den Start, sodass man dadurch auch viel Erfahrung beim Überholen und Überholtwerden gewinnen kann. Wahrscheinlich mehr, als wenn man eine Saison lang in einer speziellen Klasse an den Start geht.

Bei Langstreckenrennen ist es wichtig, früh seinen Rhythmus zu finden und die Geschwindigkeit zu halten, auf die man sich mit dem Team geeinigt hat. Daher sollte man harte Positionskämpfe vermeiden. Natürlich will man gewinnen, aber mit der selbst festgelegten Strategie. Und wenn man einen Konkurrenten nicht überholen kann, empfiehlt es sich, ihn erst einmal eine Weile zu verfolgen. Das führt häufig dazu, dass er die Konzentration verliert und einen Fehler macht.

Bei Langstreckenrennen spielen Boxenstopps eine wichtige Rolle. Daher sollte man sicherstellen, dass sie vorher geübt werden. Auch die Fahrerwechsel müssen vorher trainiert werden. Häufig entscheidet die Zeit, die man mit Auftanken und Fahrerwechsel verbringt, das Rennen.

Fahrerwechsel können kompliziert werden, vor allem, wenn die Piloten unterschiedlich groß sind, was bei der Sitzposition und dem Komfort (so weit er in einem Langstreckenrennwagen überhaupt vorhanden ist) zu Kompromissen führen muss. Weil die Sitzposition aber die Leistungsfähigkeit beeinflusst, sollte man den Kompromiss so klein wie möglich halten.

Als Regel für Langstreckenrennen lässt sich Folgendes sagen: Je weniger Zeit man in den Boxen verbringt, desto größer sind die Chancen auf den Sieg. Ich weiß, das klingt banal, doch es ist erstaunlich, wie viele Teams diese Tatsache ignorieren und sich allein auf die Leistung auf der Strecke verlassen. Nichts ist frustrierender, als wenn man einen Gegner auf der Strecke geschlagen hat und den Sieg verpasst, weil die andere Boxenmannschaft besser gearbeitet hat. Außerdem ist es preiswerter, die Qualität der Boxenmannschaft zu verbessern als den Wagen weiter aufzurüsten.

# Kapitel 24

# Der Fahrer als Leistungssportler

Sind Rennfahrer Leistungssportler? Diese Frage wird seit Jahren immer aufs Neue gestellt, wenngleich die Fakten mittlerweile bekannt sind. Wer mit Erfolg einen Rennwagen fahren will, benötigt ganz ohne Zweifel große körperliche Kräfte und Ausdauer. Und er muss der nervlichen Anspannung gewachsen sein.

Selbst für den kleinsten Erfolg auf der Rennstrecke muss der Fahrer körperlich fit sein. Will er wirklich gewinnen und gar den Motorsport zu seinem Beruf machen, geht das nicht ohne eine exzellente körperliche Verfassung.

Einen Rennwagen zu steuern, erfordert einen optimalen Kreislauf, starke Muskeln, eine hohe körperliche Belastbarkeit und eine vernünftige Ernährung. Ohne dies gibt es keine Stärke und keine Ausdauer, die ein erfolgreiches, sicheres Fahren erst ermöglichen. Lenkung, Bremsen, Gaspedal, Kupplung und Schalthebel eines Rennwagens zu bedienen, verlangt uns wesentlich mehr ab, als sich die meisten Menschen vorstellen können. Zusätzlich kommen noch die extrem starken Fliehkräfte und die Hitze im Cockpit ins Spiel.

Für die regelmäßige Erneuerung der Rennlizenz ist ein ärztliches Attest unumgänglich. Doch die Bescheinigung des Mediziners über die physische Gesundheit sagt noch überhaupt nichts aus über die Kraft, die Belastbarkeit, Beweglichkeit und die Ausdauer, über die der Untersuchte verfügt – oder eben auch nicht.

Wenn der Körper während eines Rennens ermüdet, die physischen Kräfte nachlassen, hat dies direkte Auswirkungen auf die nervliche Situation. Gleichzeitig mit der physischen Ermüdung machen sich plötzlich schmerzhafte körperliche Empfindungen bemerkbar, die den Fahrer ablenken. Das aber mindert die Konzentration auf das Wesentliche – so schnell wie möglich zu fahren. Je besser die Kondition, desto aufmerksamer bleibt der Fahrer, desto einfacher wird er mit Stress jeglicher Art fertig. Die permanente geistige Konzentration bringt ihrerseits auch eine starke Beanspruchung der körperlichen Leistungsfähigkeit mit sich.

Schon der kleinste Konzentrationsfehler kann zur Katastrophe führen. Wie oft ist von einem „Aussetzer" als Entschuldigung für einen Fehler die Rede? Häufig werden Piloten gegen Ende eines Rennens langsamer und führen dann die ermüdenden Reifen oder Bremsen beziehungsweise einen Leistungsverlust im Motor als Begründung dafür an. Tatsächlich aber ist die Ursache nur allzu oft ein Fahrer, der selbst Opfer der Ermüdung wurde.

Piloten, die behaupten, sich allein durch das Fahren von Rennen in Form zu halten, belügen sich nicht selten selbst. Die körperliche Anstrengung eines Rennwochenendes reicht bei weitem nicht aus. Parallel dazu braucht ein Rennfahrer dringend ein Trainingsprogramm.

**Leistungstraining**
Durch entsprechendes Training wächst die körperliche Fitness. Nötig ist ein ganzheitliches Körperbewusstsein. Laufen, Gewichtheben oder andere Übungen bringen den Körper in Form, lassen die Muskeln wachsen. Nach jeder Trainingseinheit (und der natürlich dazugehörenden Ruhephase) wird der Körper stärker.

Ein regelmäßiges Fitnessprogramm verbessert Koordination, Belastbarkeit und Beweglichkeit sowie Stärke und Ausdauer. Sportarten wie Laufen, Tennis, Badminton oder Squash stärken den Kreislauf und optimieren die Motorik. Ein zusätzliches spezielles Krafttraining samt Stretching-Programm kann über Sieg oder Niederlage entscheiden. Nicht zuletzt, weil dadurch auch die Reaktionsfähigkeit verbessert wird. Wer einen Formelrennwagen fahren will, sollte allerdings kein Muskelpaket sein, denn die Cockpits sind recht eng. Muskelausdauer ist mindestens so wichtig, wie die reine Kraft.

1985 und 1986 fuhr ich einen Wagen bei den Trans-Am-Rennen. Mein Team verfügte gegenüber den Werksteams nur über ein begrenztes Budget. Der Einsatz von Servolenkungen in Rennwagen hatte damals gerade begonnen. Ohne eine solche Lenkhilfe war die Arbeit in diesen Boliden ein echter Knochenjob. Es war ungeheuer viel Kraft nötig, um sie zu steuern. Irgendwann bekamen auch wir einen Wagen mit Servolenkung und ich konnte den Unterschied zunächst kaum fassen. Ich war plötzlich wesentlich schneller unterwegs und nachweislich verbesserten wir unsere Rundenzeiten ohne weitere Modifikationen um fast eine Sekunde. Der Unterschied war, dass ich nun konstant am Limit blieb. Ich staunte, wie viel Reserven ich vor allem in schnellen Kurven im Vergleich zu der alten Kiste mobilisieren konnte. Wenn ich so am Limit fahrend eine Unebenheit erwischte, ließ sich der alte Wagen beim besten Willen nicht in der Spur halten. Mit der Lenkkraftunterstützung fuhr ich nun konstant im Grenzbereich und musste mir keine Sorgen machen. Ich konnte den neuen Wagen in eine Kurve schleudern lassen und wusste, dass ich ihn wieder abfangen würde. Diese Erfahrung machte mir klar, wie wichtig Kraft beim Fahren tatsächlich ist. Da begriff ich, dass ich ein besserer IndyCar-Fahrer geworden war, weil ich meine körperlichen Kraftreserven entwickelt hatte.

Versteht ihr, der Wagen hat uns etwas zu sagen und darauf sollten wir hören. Wir müssen seine Bedienelemente beherrschen. Dazu ein kleiner Test: Zeichnet die Linien eines Gemäldes so genau wie möglich nach. Danach macht ihr fünfzig Liegestütze. Und nun versucht noch einmal, die Linien zu treffen. Was passiert? Wenn die Armmuskulatur ermüdet, geht uns die genaue Kontrolle verloren. Ohne die aber können wir keinen Rennwagen fahren!

Unser Kreislaufsystem steht während eines Rennens unter großer Belastung. Im Durchschnitt liegt der Ruhepuls eines Menschen zwischen 50 und 80 Herzschlägen pro Minute. Das ist weniger als die Hälfte des maximal Möglichen. Die meisten Leistungssportler erreichen während des Wettkampfs 60 bis 70 Prozent ihres Maximums. Studien über Rennfahrer ergaben, dass sie während des gesamten Rennens bei 80 Prozent liegen.

Die Belastbarkeit des Kreislaufes entscheidet also über Sieg oder Niederlage. Der einzige Weg, ihn in Form zu bringen, sind Belastungs- und Ausdauerübungen wie Radfahren, Laufen oder Ähnliches im optimalen Belastungspulsbereich – also jeder Sport, bei dem man die Herzfrequenz für zwanzig oder mehr Minuten konstant auf mindestens 60 bis 70 Prozent der Maximalleistungsfähigkeit steigert.

Auch die Reflexe lassen sich schulen. Sportarten wie Squash, Badminton oder Tischtennis eignen sich hervorragend für das Training der Auge-Hand-Koordination und der Reaktionsschnelligkeit. Selbst Computer- und Videospiele sind gute Methoden, um die mentalen Prozesse und Reflexe zu verbessern.

Erst in den vergangenen Jahren habe ich die Vorteile einer hohen Belastbarkeit und Ausdauer und einer optimalen Dehnbarkeit von Muskeln und Gewebe erkannt. Nun gehören Stretchingübungen zu meinem regelmäßigen Trainingsprogramm. Seitdem ich damit begann, leide ich weniger unter Muskelschmerzen oder Krämpfen und fühle mich nach den Rennen bedeutend besser.

Selbst bei Unfällen hilft eine solche antrainierte körperliche Flexibilität. Je beweglicher der Körper, desto geringer das Risiko, verletzt zu werden. Ein flexibler Körper ist wesentlich besser darauf eingestellt, die Kräfte bei einem Aufprall aufzunehmen.

Wie ist euer Gewicht? Bei Übergewicht heißt es nicht nur im eigenen Interesse, abzuspecken, man ist dies auch dem Wagen und dem Team schuldig. Warum vom Team fordern, den Wagen so leicht wie möglich zu machen, wenn ihr nicht selbst bereit seid, Pfunde abzubauen? Noch schwerwiegender aber ist die Tatsache, dass Fett als Isolierstoff wirkt. Und den braucht man in dem aufgeheizten Cockpit am allerwenigsten. Abzunehmen, oder noch besser, gleich schlank zu bleiben, das sind deshalb wichtige Ziele des täglichen Trainingsprogramms.

Tatsächlich ist die Hitze einer der größten Feinde des Piloten. Die Kombination aus Feuer-resistenter Kleidung, der ständigen physischen Anstrengung und der vom Wagen ausstrahlenden Abwärme schaffen ein nicht eben optimales Umfeld. Der Fahrer kann während des Rennens daher eine Körpertemperatur von fast 40 Grad erreichen.

Die Hitze führt häufig zur Dehydrierung, einem übermäßigen Wasserverlust. Einige Piloten verlieren bis zu fünf Prozent ihres Gewichtes, allein durch Schwitzen. Die Folge können geschwächte oder verkrampfte Muskeln und eine nachlassende Konzentrationsfähigkeit sein. Studien haben ergeben, dass ein Verlust von zwei Prozent des Körpergewichtes durch Schwitzen die Arbeitsfähigkeit um fünfzehn Prozent verringern kann. Es gibt nur ein Mittel gegen Dehydrierung: Trinken. Vor allem bei heißen Rennwochenenden sollte man daher bis zu vier Liter Flüssigkeit am Tag zu sich nehmen.

Während des von der International Motor Sports Assoziation (IMSA) veranstalteten Zwölfstundenrennens 1994 in Sebring litt ich unter Dehydrierung. Es war ein äußerst heißer Tag und mein Copilot war nicht fit. Deshalb musste ich fast vier der ersten fünf Stunden selbst fahren. Zu allem Überfluss bekam ich beim Trinken aus meiner Flasche im Wagen auch noch Magenprobleme. Nach neun Stunden war mein Flüssigkeitsverlust so hoch und ich dadurch so sehr geschwächt, dass ich unter Schwindelanfällen litt. Wir mussten am Ende einen Reservefahrer für die letzte Stunde einsetzen, und ich wurde im Medizinischen Zentrum behandelt. Am Beginn des Tages hatte ich zwar viel getrunken, doch wegen meiner Erkrankung blieb die Flüssigkeit nicht lange in meinem Körper. Es war eine sehr unangenehme Erfahrung, die uns zudem fast die gute Position im Rennen gekostet hätte.

Es ist eine bekannte Tatsache, dass die Ernährung eines Leistungssportlers eine wichtige Rolle bei seiner Leistungsentfaltung spielt. Marathonläufer bevorzugen eine an Kohlenhydraten reiche Kost und bei Rennfahrern sollte es nicht viel anders sein. Noch einmal: Wer gewinnen will, muss Wert auf eine vernünftige Ernährung legen. Am besten ist es, mit einem Mediziner oder Ernährungswissenschaftler darüber zu reden. Zumindest am Rennwochenende heißt es dann, fettreiche Kost zu meiden und auf Produkte mit vielen Kohlehydraten zu setzen.

Und nun Hand aufs Herz: Trinkt ihr viel Alkohol? Und wie ist es mit dem Rauchen? Wir alle wissen, dass Alkohol und Zigaretten der Gesundheit schaden. Selbst wenn es nur ein minimales Risiko gibt, eure Reaktionen, die Sehkraft oder den Kreislauf negativ zu beeinflussen, solltet ihr euch gut überlegen, ob es das wert ist. Wie fest ist euer Wille, zu siegen?

Die Auswirkungen von Alkohol auf den Körper können lange anhalten. Er verzögert die Reaktion, vernebelt die Wahrnehmung und beeinträchtigt die Fähigkeit, Entscheidungen zu treffen. Es ist ein ganz großer Irrtum, von Drogen eine Leistungssteigerung zu erwarten. Statt zu helfen, bringen sie euch in Gefahr.

## ERFOLGSGEHEIMNIS NR. 50:
### Bei gleichwertigen Wagen gewinnt immer der fitteste Fahrer.

Immer wieder gewinnt ein weniger talentierter Fahrer einfach aufgrund seiner besseren Fitness. Wer also Rennen fahren und gewinnen will, ist es sich selbst schuldig, so fit wie möglich an den Start zu gehen.

# Kapitel 25

## *Siegen*

In diesem Kapitel geht es um die psychischen und physischen Techniken, die ihr benötigt, um das ultimative Ziel zu erreichen – den Sieg.

Mitunter muss ein Pilot tatsächlich das Gewinnen erst lernen. Mancher braucht den ersten zufälligen oder auch verdienten Sieg, dass er und sein Team überhaupt begreifen: Wir können gewinnen! Erst dann glauben sie an ihre Chancen auf den Sieg und nicht selten entwickelt sich daraus eine ganze Erfolgsserie. Die Siege kommen dann fast von allein.

Ich weiß nicht, wie oft ich schon Fahrer gesehen habe, die eigentlich alles besaßen, um Rennen als Sieger zu beenden und es doch nie schafften. Wenn dann aber zufällig ein Sieg heraussprang, dann hieß es aufpassen. Plötzlich konnte sie niemand mehr stoppen. Sie gewannen überall.

Deshalb glaube ich, ein Pilot sollte dort starten, wo er gewinnen kann. Wer in einer sehr starken Rennserie oder Fahrzeugklasse unterwegs ist, wo er kaum mit einem Sieg rechnen darf, sollte sich nicht scheuen, ein oder zwei Stufen zurück zu gehen, um dort erst einmal das Siegen zu erlernen. Dann nämlich nimmt er die Siegereinstellung einfach mit.

Eines meiner Lieblingszitate stammt von Henry Ford: "Egal, ob du denkst, du kannst es, oder du denkst, du kannst es nicht – in beiden Fällen wirst du Recht behalten." Man muss einfach grenzenloses Selbstvertrauen in sich selbst und das Team haben, um ein Siegertyp zu werden.

# Teil 4
## *Die Ziellinie*

Der letzte Teil dieses Buches behandelt einige wichtige Aspekte, die zwar nicht in die Kategorien Wagen, Strecke oder Fahrer gehören, für eine erfolgreiche Karriere aber dennoch außerordentlich wichtig sind. Wie schon ganz am Anfang betont, ist viel mehr nötig, als schnell fahren zu können. Eure Selbstvermarktung als Fahrer, das Sponsoring, die Etappen eurer Karriere, eure Professionalität, kurz die Gesamtheit eurer Erfahrungen im Renngeschäft, spielen eine entscheidende Rolle für eure weiteren Perspektiven. Wir werden uns diese Dinge kurz ansehen.

Der zweite und wahrscheinlich noch wichtigere Aspekt ist die Sicherheit. Es versteht sich von selbst: Wer das Thema Sicherheit nicht ernst nimmt, wird nur eine kurze Karriere erleben!

# Kapitel 26

# Das Renngeschäft

Der Motorsport hat sich in den vergangenen zehn, zwanzig Jahren deutlich verändert. In den guten alten Zeiten nahm ein Team einen Fahrer allein wegen seines Talents unter Vertrag. Das ist heute längst vorbei. Heute gibt es viele talentierte Fahrer, die Rennen gewinnen können. Heute suchen die Teams nach Piloten, die vermarktungsfähig sind, die alle Voraussetzungen für einen erfolgreichen öffentlichen Auftritt erfüllen und die Sponsoren mit ins Team bringen.

Das klingt zwar hart, doch mit dieser Tatsache muss jeder während seiner gesamten Laufbahn leben. Es sei denn, er gehört zur kleinen Schicht der absoluten Superstars, die sich ihren Rennstall frei aussuchen können. Man kann also entweder mitspielen, oder sich in den Schmollwinkel stellen und beleidigt tun, weil man die scheinbar verdiente Chance einfach nicht bekommt.

Es genügt nicht, in dem Glauben ein guter Pilot zu sein, einfach zu Hause zu sitzen und abzuwarten, dass einem ein Team einen Vertrag anbietet. Heutzutage muss jeder selbst die Initiative ergreifen und dann auch noch einen finanziell potenten Partner mitbringen.

Das bedeutet nun nicht, dass während der gesamten Karriere für einen Platz im Cockpit zu bezahlen wäre. Auch heute noch werden Fahrer von Topteams allein aufgrund ihres Talents verpflichtet. Doch auch sie mussten sich erst einmal hochkämpfen, bis sie diesen Status erreicht hatten. Wahrscheinlich haben sie ihr eigenes oder das Geld von Sponsoren investiert, um die Karriereleiter bis an die Spitze des Motorsports mit Erfolg zu erklimmen.

Das sollte niemand als unter seiner Würde betrachten. Wer nicht davon überzeugt ist, das Sponsoring, Professionalität und Public Relation bei der Karriereplanung eine wichtige Rolle spielen, wird viele Rennen vor dem heimischen Fernseher verfolgen.

Danny Sullivan: „Der wichtigste Bereich, den ein moderner Rennfahrer bei seiner Karriere im Auge haben muss, ist die Beschaffung von Sponsorengeldern. Nur wenige Fahrer, die ich während meiner Laufbahn getroffen habe, waren reich genug, um sich ihren Weg nach oben selbst zu finanzieren. Sicher gibt es Menschen, die eine Saison in der Formel Ford oder Atlantic aus der eigenen Tasche bezahlen können, doch irgendwann ist jeder auf Sponsoren angewiesen. Am häufigsten höre ich die Frage: ‚Wie kann ich im Motorsport beginnen, wenn ich kein Geld habe?' Im Gegensatz zu anderen Sportarten, wo man lediglich ein Paar Schuhe, einen Schläger, einen Ball und einen Platz zum Spielen benötigt, braucht man im Motorsport kostspielige Autos, Reifen, Benzin, Mechaniker und teuere Plätze, um seine Runden zu drehen. Und das alles erfordert viel Geld."

**Karrierewege**
Also wie gesagt, es ist weitaus mehr als nur fahrerische Begabung nötig, um im Motorsport erfolgreich zu sein. Erst die Gesamtheit aller Komponenten ermöglicht den beständigen Erfolg: die richtige Ausrüstung (Auto, Ersatzteile etc.), eine gute Mannschaft (Mechaniker, Ingenieure, Team-Manager etc.) oder eben einen Top-Mann, wenn nur eine Person alle diese Aufgaben erfüllt, ein vernünftiges Budget (wobei vernünftig ein dehnbarer Begriff ist), ein ausreichendes Testprogramm und noch vieles mehr. Und dann das Zusammenspiel der einzelnen Faktoren. Vor allem müssen alle Beteiligten tatsächlich als Team an einem Strick ziehen. Sonst wird man trotz allen Talents niemals auf dem Siegertreppchen stehen.

Viele Piloten wollen gar nicht in die Profi-Liga unseres Sports. Ihnen reichen Amateurveranstaltungen, um Spaß zu haben. Ich kenne eine Menge Fahrer, die seit Jahren an Amateurrennen teilnehmen, weil sie die Spannung des Wettkampfes und die Atmosphäre dieser Veranstaltungen, samt der dort herrschenden Kameradschaft und Freundschaft, sowie die Selbstbestätigung genießen.

Auch für mich ist Motorsport die Leidenschaft überhaupt. Wenn ich Rennen fahre, spielt alles andere keine Rolle mehr. Ich kann dabei alles vergessen – entspanne mich und genieße die Momente hinter dem Steuer. So gesehen spielt die Liga, in der man startet, auch keine Rolle.

Doch bei allem Vergnügen bedeutet unser Sport immer harte Arbeit. Was mich betrifft, ist es mir jede Anstrengung wert gewesen, wenn ich erst im Cockpit sitze. Natürlich verlangt der professionelle Rennsport noch weitaus mehr von uns, als der Amateurbereich. Darüber muss sich jeder von Anfang an im Klaren sein. Wer schon bei den Amateuren Probleme hat, die für den doch erheblichen Aufwand nötige Zeit zu erübrigen, sollte nicht glauben, dass es bei den Profis einfacher wird.

Der Weg an die Spitze der Profis wird von Fahrer zu Fahrer ganz unterschiedlich verlaufen. Dennoch gibt es ein paar Gemeinsamkeiten. So stellt sich die Frage, wo ihr lebt und ob ihr bereit seid, für den Sport den Wohnort zu wechseln. Auch die finanzielle Situation sowie die Fähigkeit, Sponsorengelder und andere Geldquellen zu erschließen spielen natürlich eine wichtige Rolle. Die eigene professionelle sportliche Ausbildung ist ebenso entscheidend wie die Zielstellung, in welcher der Rennserien ihr am Ende fahren und gewinnen wollt. Deshalb solltet ihr mit Fahrern reden, die es geschafft haben, oder die Lebensgeschichten der großen Fahrer lesen. Lernt aus dem, was bei anderen funktioniert hat.

Bruce McCaw, Rennstallbesitzer des PacWest-Teams: „Das erste, was potenzielle Piloten lernen müssen, ist, dass es sich um ein Geschäft handelt und dass Teamwork über den Erfolg entscheidet. Langfristig sind nur wenige Piloten erfolgreich, wenn sie weder den Respekt noch die Unterstützung der Mechaniker, Boxenmannschaften, Ingenieure, PR-Manager, der anderen Angestellten, der Teambesitzer, Funktionäre und ihrer Teamkollegen besitzen. In der CART und der Indy Light Serie gibt es, von wenigen Ausnahmen abgesehen, eine richtig gute Gruppe von talentierten Profis, die sich der Sache verschrieben haben und die genau wissen, was sie tun. Die anderen bleiben eine gewisse Zeit dabei, bis sie sich am Rand wieder finden oder ganz verschwinden.

Wenn wir potenzielle junge Fahrer für unser Team suchen, legen wir vor allem Wert darauf, dass sie teamfähig sind. Besonderes Talent ist dabei selbstverständlich. Ein Fahrer muss über eine Kombination von technischem Wissen, sozialer Kompetenz, Ehrgeiz und Urteilskraft verfügen.

In diesem Geschäft ist nichts statisch. Deshalb musst du davon besessen sein, ständig zu lernen und dich weiterzuentwickeln. Glaube niemals, du weißt alles und du bist besser als alle anderen. Und sei immer bereit, einen Fehler einzugestehen."

Wer Glück hat, kann ohne Blick auf die Kosten zwischen dem Kauf eines eigenen Rennwagens und eines gemieteten Wagens von einem professionellen Vermietungsunternehmen oder einer Rennschule wählen. Ich nenne das deshalb Glück, weil für viele Fahrer der dauerhafte finanzielle Aufwand für einen Mietrennwagen nicht tragbar ist. Sie sind stattdessen gezwungen, einen Wagen zu kaufen und den dann auf eigene Kosten zu unterhalten. Beide Optionen haben allerdings auch ihre Vor- und Nachteile.

Zunächst glaube ich, dass es besser ist, wenigstens für einen Abschnitt der Karriere mit einem eigenen Wagen zu fahren und dadurch die technischen Aspekte besser kennenzulernen. Das sensibilisiert für die Mechanik. Wahrscheinlich lernt man so auch, den Wagen etwas vorsichtiger zu behandeln. Der Nachteil ist, dass wegen der zu hohen Konzentration auf das Fahrzeug das fahrerische Können vernachlässigt wird.

Wer einen Wagen von einem professionellen Unternehmen mietet, kann sich stärker auf das Fahren fokussieren und die Technik in andere Hände legen. Wahrscheinlich ist die dann dafür zuständige Person besser geeignet, sich um die technischen Details zu kümmern. Doch Vorsicht: Es gibt gute, leider aber auch schlechte Mietrennwagen. Daher heißt es, vor der Unterschrift eines Vertrages seine eigenen Hausaufgaben machen. Es empfiehlt sich also, zuvor mit anderen Fahrern zu reden und sich nach deren Erfahrungen zu erkundigen.

Ist ein gutes Unternehmen gefunden, und man kann sich aufs Fahren konzentrieren, darf dennoch die technische Seite nicht völlig vergessen werden. Letztes Entscheidungskriterium für einen Profivertrag kann nämlich die Sensibilität des Fahrers für die Technik sowie seine Fähigkeit sein, technische Probleme zu erkennen und sie den Mechanikern oder Ingenieuren verständlich zu machen.

Eine Teilnahme an den Rennserien der Rennschulen ist wahrscheinlich die beste Ausgangsbasis. Meist gibt es dort erfahrene Instruktoren, die ihre Kenntnisse gut vermitteln. Und dann handelt es sich häufig um Rennen, bei denen alle Piloten die gleichen Wagen benutzen. Das schafft gute Vergleichsmöglichkeiten.

Doch wieder ist Vorsicht geboten: Es gibt gute Schulserien aber auch schlechte. Einige Schulen sind nur am Geld ihrer Schüler interessiert. Wieder kommt es deshalb darauf an, vor der Unterschrift eines Vertrages genaue Informationen einzuholen.

Bereits am Anfang der Karriere steht die Entscheidung, welche Art von Rennwagen man fahren will: Formel-Boliden oder Tourenwagen. Wer sich sicher ist, dass es Tourenwagen sein sollen, der bleibt am besten von Beginn an dabei. Wer sich noch unsicher ist, sollte unbedingt auch Formel-Fahrzeuge fahren. Später wird es schwieriger, von Tourenwagen in Formel-Autos umzusteigen. Erfahrungen mit Formel-Autos erleichtern immer den Umgang mit jedem anderen Wagen.

Wer von einer Karriere als professioneller Rennfahrer träumt, dem rate ich, jeden Wagen zu fahren, den er in die Hände bekommen kann. Jeder Wagen – von den langsamsten seriennahen Tourenwagen bis zum Formel-Boliden – hält eine Lehre für uns parat. Je mehr wir lernen, desto besser werden wir für alles gewappnet und am Ende erfolgreicher sein.

Eine gute Ausbildung spielt für die Karriere eines Rennfahrers eine überaus wichtige Rolle. Ein Ingenieurstudium hilft hinsichtlich der technischen Seite des Motorsports, doch ist heute eine wirtschaftswissenschaftliche Ausbildung fast noch wichtiger. Mit ein wenig gutem Willen lässt sich die Technik begreifen. Der Erfolg eines Fahrers hängt heute aber eher von seinen geschäftlichen Fähigkeiten ab.

Bruce McCaw: „Als Fahrer müsst ihr das große Gesamtbild begreifen. Ihr müsst planen – lang- und kurzfristig –, aber vor allem für das nächste Wochenende. Wenn Plan A nicht funktioniert, wechselt zu Plan B, bevor es zu spät ist. Der Zeitpunkt der Entscheidung ist wichtig. Seid außerordentlich vorsichtig beim Unterzeichnen von Vereinbarungen mit Menschen, die ihr nicht kennt, die euch aber vertreten wollen. Wenn sie eine Traumkarriere versprechen, kann sie für euch schnell als Albtraum enden.

Nehmt euer Schicksal in die eigenen Hände. Vorsicht bei selbsternannten Ratgebern und Managern. Holt euch Rat bei Menschen, denen ihr vertraut, die einen gesunden Menschenverstand und eure Interessen im Blick haben. Versteht alle Details in euren Fahrerverträgen und seid euch darüber im Klaren, dass die Teambesitzer ihre eigenen Ziele haben."

Um die Spitze im Motorsport zu erreichen, sind Opfer unumgänglich – viele und schmerzhafte Opfer. Fragt euch daher selbst: „Bin ich bereit, alles aufzugeben, um an die Spitze zu kommen? Bin ich bereit, meinen Wagen und meine Stereoanlage zu verkaufen und mit meiner Freundin oder Frau zu brechen?" Das muss nicht so kommen, aber ich habe es oft genug erlebt, dass genau dies wegen des Motorsports geschehen ist.

Seid ehrlich mit euch. Stellt fest, wie viel ihr opfern könnt und wie weit ihr damit kommt. Es spricht absolut nichts dagegen, als Amateur aus Spaß Rennen zu fahren. Aber redet euch nicht ein, ihr könntet ohne Opfer und ohne anspruchsvolle Ziele der nächste Weltmeister werden.

Wer wirklich die Spitze erreichen will, muss sich zu hundert Prozent in die Pflicht nehmen. Er muss Zeit investieren – vierundzwanzig Stunden am Tag, sieben Tage die Woche – und alles Geld, das er besitzt.

Ich glaube, dass jeder im Motorsport erfolgreich sein kann – nicht unbedingt als Superstar, aber schon erfolgreich – wenn er wirklich bereit ist, alles dafür zu tun. Bobby Rahal hat einmal gesagt, für den Erfolg im Motorsport sind zehn Prozent Talent und neunzig Prozent Ausdauer nötig. Er sagte nicht, Talent sei überflüssig – aber die Ausdauer ist wichtiger.

Ich selbst bin dafür das perfekte Beispiel. Sicher gibt es erfolgreichere Piloten in der Geschichte des Sports und wahrscheinlich auch mehr Fahrer mit größerem Talent. Doch ich habe gezeigt, wie man es mit harter Arbeit, Ausdauer, Zielstrebigkeit, Entschlusskraft, Opferbereitschaft und Wissen an die Spitze schaffen kann – und vielleicht habe ich auch ein wenig Talent gehabt.

Den Motorsport sollte man immer genießen, unabhängig von der Liga, in der man ihn betreibt. Nicht jeder muss unbedingt die Weltmeisterschaft zu seinem Ziel erklären. Gebt euer Bestes, und mit etwas Glück werdet ihr es schaffen. Wenn nicht, geht zurück in die Amateurklasse und habt einfach Spaß. Haltet euch alle Optionen offen.

Danny Sullivan: „Motorsport ist ein begeisternder Sport und nichts für Schwächlinge. Man muss zielstrebig, zielorientiert und besessen sein. Doch selbst dann braucht man Geld."

## Sponsoring

Sponsoring ist die treibende Kraft im Motorsport. Über dieses Thema sind viele Bücher geschrieben worden, deshalb beschränke ich mich auf einige Schlüsselsätze.

Bruce McCaw: „Heute ist die kommerzielle Seite genauso wichtig, wie der sportliche Aspekt. Es ist unumgänglich, sowohl die Bedürfnisse des eigenen Teams, als auch die Interessen des Sponsors zu begreifen. Zu oft werden die Wünsche der Sponsoren nicht vollständig zur Kenntnis genommen oder umgesetzt. Es ist schwer, Sponsoren an Bord zu holen, aber leicht sie zu verlieren, und eine schlechte Erfahrung mit einem Piloten hat schon so manchen Sponsor im Motorsport verärgert. Sponsoren können außerordentlich gut von der Dynamik des Motorsports profitieren, doch beide Seiten müssen etwas dafür tun, dass dieser Erfolg zustande kommt. Wir sind eine verschworene Gemeinschaft."

Die erste Regel für die Suche nach einem Sponsor: Es kommt nicht darauf an, was ihr wisst, sondern wen ihr kennt. Zu neunzig Prozent hängt es davon ab, den entscheidenden Menschen zu erreichen. Konzentriert euch also darauf, die richtigen Leute zu treffen. Bei jedem Unternehmen gibt es mindestens einen Verantwortlichen, der die Vorteile eines Sponsorings erkennt und hilft, die Entscheidung dafür durchzusetzen. Diesen Menschen müsst ihr finden. Fragt andere nach ihm, erkundigt euch.

Die zweite Regel: Es kommt nicht darauf an, was ihr wollt. Es zählt nur, was der Sponsor erreichen will. Zu viele Menschen gehen zu Unternehmen und erklären, was sie erreichen wollen, wenn man ihnen ausreichend Geld gibt. Und wundern sich dann, wenn das Unternehmen ablehnt. Versetzt euch einmal in die Lage der potenziellen Sponsoren. Findet heraus, was der Sponsor will und wie ihr ihm genau das bieten könnt.

Am besten, ihr redet wenig und hört stattdessen viel zu. Begreift, was sie wollen, wie sie den Motorsport einsetzen können, um selbst davon zu profitieren. Vielleicht könnt ihr sogar direkt fragen, wie das Unternehmen sich ein Motorsportkonzept vorstellt und welchen Nutzen es davon erwartet. Wer die Wünsche des potenziellen Sponsors realisiert, kann so gut wie sicher sein, dass der einschlägt. Schließlich geht es ja dann um dessen eigene Ideen.

Der Name des Sponsors auf dem Rennwagen als rollender Reklametafel ist erst der Anfang der vielfältigen Möglichkeiten. Richtig gut funktioniert das Sponsoring erst, wenn der Sponsor seinen Mitarbeitern (zur besonderen Motivation), seinen Kunden, den Medien etc. einen Zusatznutzen beispielsweise in Form von Entertainment bieten kann. Das Sponsoring muss Teil eines Marketingkonzeptes sein, wobei der Namenszug auf dem Rennwagen helfen soll, ein bestimmtes Produkt oder eine Dienstleistung zu verkaufen und gleichzeitig das Image des Unternehmens in der Öffentlichkeit zu verbessern.

Früher haben Unternehmen Fahrer unterstützt, einfach um im öffentlichen Rampenlicht zu stehen. Diese Zeiten sind vorbei. Heute geht es um direkten Profit, um Verkaufen. Wenn das nicht funktioniert, steigt der Sponsor ganz schnell wieder aus.

Man kann natürlich tausende Euro in aufwendig gestaltete Broschüren investieren, um sich selbst als überragenden Fahrer zu präsentieren und zu zeigen, wie gut man scheinbar in die Marketingaktivitäten eines potenziellen Sponsors passt. Doch in neun von zehn Fällen wird anhand der Persönlichkeit des Fahrers und des nachgewiesenen Nutzens des Konzeptes entschieden. Unternehmen kaufen gute Leute mit guten Ideen und keine noch so gute Selbstdarstellung.

Natürlich sollte trotzdem Geld in eine professionell wirkende Eigenpräsentation gesteckt werden. Doch wer nicht mehr zu bieten hat, wird die notwendigen Finanzen nicht auftreiben. Daher heißt es vor allem, Zeit in die Entwicklung eines guten Konzepts zu investieren, um einen potenziellen Sponsor damit zu überzeugen.

Bei der Suche nach einem Sponsor empfiehlt sich die Konzentration auf Unternehmen, die von eurem Konzept profitieren können. Das ist allemal besser, als hunderte von Bittbriefen abzuschicken. Nehmt euch Zeit, das Unternehmen zu finden, nehmt Kontakt auf und trefft euch dann mit den Verantwortlichen.

Wie bei anderen Dingen im Motorsport hat auch bei der Sponsorensuche Ausdauer einen besonders hohen Stellenwert. Gebt nicht auf, wie viele Absagen ihr auch als Antwort bekommt. Doch vermeidet, kopflos von einem Nein zum nächsten zu jagen. Lernt aus jedem Versuch und bemüht euch zu verstehen, warum das Unternehmen abgelehnt hat. Findet heraus, wie Ablehnungen in der Zukunft vermieden werden können. Tatsächlich ist die Suche nach Sponsoren ein großes Lernprogramm. Was ihr hier lernt, wird euch bei den nächsten Karriereschritten helfen.

Möglich ist auch, jemanden zu beauftragen, der professionell nach Sponsoren sucht. Doch Vorsicht. Es gibt hunderte so genannter Sponsorenvermittler, die euch am Ende nur Zeit und Geld kosten und außerdem euren Ruf ruinieren. Besteht auf Referenzen, redet mit anderen Piloten, die sich auf deren Dienste bereits verlassen haben.

Am Anfang eurer Karriere habt ihr keine große Auswahl hinsichtlich eurer „Geldbeschaffer". Umso wichtiger ist es, deren Aktivitäten aufmerksam zu verfolgen. Ihr dürft nie vergessen, dass sie euch und euren guten Ruf vertreten sollen. Deshalb solltet ihr ihnen einerseits vertrauen können, andererseits aber auch selbst in der Lage sein, die von ihnen in eurem Namen eingegangenen Verpflichtungen einzuhalten.

Wer einen Sponsorenvertrag unterschrieben hat, darf sich danach nicht einfach ins Cockpit fallen lassen und nur noch Rennen fahren. Einen Sponsor an Bord zu holen, ist lediglich der Anfang. Zum Erfolg bedarf es mehr, als nur eines Namenszugs auf dem Wagen. In Zusammenarbeit mit dem Sponsor gilt es nun alle Möglichkeiten einer solchen Partnerschaft auszuschöpfen, sonst wird die Verbindung schnell scheitern. Wenn sich sein Engagement für den Sponsoring-Partner nicht auszahlt, bleibt er nicht lange an Bord. Einen Sponsor zufrieden zu stellen erfordert harte Arbeit.

Danny Sullivan: „Zwischen 1985 und 1991 fuhr ich für Roger Penske, und er hatte seine Sponsoren. Meine Aufgabe bestand nicht nur darin, für Resultate auf der Strecke zu sorgen, sondern auch die Verbindung mit den Sponsoren, deren Kunden und dem Management so zu gestalten, dass sie sich bei uns am richtigen Platz fühlten."

Ist der Sponsor gefunden, ist stete Kommunikation nötig. Eine derartige Geschäftsbeziehung lebt von den engen persönlichen Beziehungen, die sich zwischen den Beteiligten entwickeln. Die gilt es zu pflegen, ohne sich dabei zu verbiegen oder zu dick aufzutragen. Erfolgreiche Geschäftsleute beherrschen das.

Versucht, gemeinsam mit dem Sponsor zu wachsen. Es ist schwierig, auf Anhieb gleich einen Millionen-Euro-Vertrag zu bekommen, doch im Laufe der Zeit lässt sich auch aus kleinen Anfängen etwas Großes aufbauen. Tatsächlich ist es wichtig, seine Sponsoren immer wieder aufs Neue zu begeistern. Ihr müsst ihnen zeigen, was der Motorsport leisten kann... Leisten, für sie!

Danny Sullivan: „Einer der ersten Menschen, die ich im Motorsport traf, war Jackie Stewart. Ich arbeitete bei Tyrrell ein Jahr lang als Laufbursche für ihn. Er war nicht nur einer der besten Rennfahrer aller Zeiten mit 27 Siegen bei 99 Starts, er konnte – und kann – auch am besten mit Sponsoren umgehen. Manche Sponsoren sind ihm bis heute treu geblieben, seit er 1974 seine aktive Karriere beendete. Unglaublich! Heute muss ein Pilot die Kunst der Abstimmung des Wagens ebenso erlernen, wie die Zusammenarbeit mit den Ingenieuren; er muss unter allen Bedingungen Rennen fahren und er muss Sponsoren finden. Und noch wichtiger, er muss diese Beziehungen pflegen und bewahren."

Seid vorsichtig bei den Verpflichtungen, die euer Agent oder ihr selbst gegenüber einem Sponsor eingeht. Das gilt vor allem für die Rennergebnisse. Wer verspricht, alle Rennen zu gewinnen und das Versprechen nicht hält, wird unglaubwürdig und verliert die finanzielle Unterstützung. Wer andererseits mit Befürchtungen hausieren geht, immer den letzten Platz zu belegen, wird wohl kaum gut ankommen. Gebt statt leerer Versprechungen realistische Prognosen ab. Das gilt ganz klar auch für die Marketingergebnisse, die aus so einem Sponsoringkonzept resultieren.

Nicht zuletzt muss ein solches Konzept auch „neben der Strecke", also außerhalb der Rennen funktionieren. Der Sponsor sollte insgesamt einen ordentlichen Gegenwert für sein finanzielles Engagement erhalten, schon bevor man sich überhaupt zum ersten Mal hinter das Steuer gesetzt hat. Alles dann auf der Strecke Erreichte sollte ein Bonus sein, vor allem, wenn man an der Spitze fährt und der Sponsor so die zusätzliche Außenwirkung erzielt.

Natürlich gibt es auch eine gewisse Ethik bei der Sponsorensuche, auf die ich kurz eingehen möchte: Versucht nicht, einem anderen Fahrer den Sponsor abzujagen. Ein solches Vorgehen passt nicht zum Sportsgeist. Wer sich an ein Unternehmen wendet, das bereits im Motorsport engagiert ist, offenbart diesem höchstens, wie unprofessionell Menschen sein können. Im schlimmsten Fall zieht sich das Unternehmen ganz aus dem Motorsport zurück, und alle sind auf der Verliererseite.

Wenn der Sponsor eines anderen Teams allerdings auf euch zukommt, weil er mit den Leistungen seines bisherigen Partners nicht mehr zufrieden ist, und um Vorschläge bittet, dann ist das eine faire Angelegenheit. Lasst die Firma ansonsten in Ruhe. Es gibt genügend andere potenzielle Sponsoren. Das ist nicht anders, als beim Fahren: Konzentriert euch auf eure eigene Leistung und nicht auf die eurer Konkurrenten, und ihr werdet am Ende gewinnen.

Danny Sullivan: „Man darf nicht vergessen, dass man ganze Berge von Dollars benötigt, um diese Rennwagen schneller laufen zu lassen. Man muss testen, muss auch noch die letzten Kniffe probieren und seine eigenen Fähigkeiten entwickeln. Sponsoring ist dafür der Schlüssel."

## Professionalität und persönliches Image

Wie man einen Fahrer außerhalb der Rennstrecke (in der Geschäftswelt, den Medien etc.) und innerhalb der Szene wahrnimmt, kann immense Auswirkungen auf die Karriere haben. Wenn man ein professioneller Rennfahrer sein will, muss man professionell aussehen und entsprechend agieren. Dazu gehören die der Situation angepasste Bekleidung genauso, wie die persönliche Ausstrahlung, die Sprache sowie das Benehmen in der Gesellschaft.

Jeder Brief an einen potenziellen Sponsor muss erstklassig formuliert sein. Schließlich ist das der erste Eindruck, den man hinterlässt. Und wir alle wissen, wie wichtig der erste Eindruck ist.

Das Benehmen außerhalb des Cockpits ist also nicht weniger entscheidend wie die Leistungen im Wagen. Schließlich ist ein Rennfahrer auch ein Teammanager. Man kann alles Talent der Welt haben, doch wenn nicht jeder um euch herum gern für euch arbeitet und euch hilft, werdet ihr in diesem Sport keinen Erfolg haben. Es gibt genügend Beispiele von talentierten Piloten, deren Karriere an ihrem Auftreten außerhalb des Cockpits gescheitert ist.

Eure Präsentation außerhalb des Wagens hat einen gewaltigen Einfluss auch auf die Verträge, die ihr in Zukunft bekommen werdet. Wie man agiert, reagiert, eben mit den Menschen in seinem Umfeld umgeht, spielt eine entscheidende Rolle dabei, wie oft man als Sieger die Ziellinie passieren wird. Wenn ihr die Mechaniker, Ingenieure, Rennstallbesitzer, Sponsoren und Medienvertreter nicht für euch einnehmt, sie nicht begeistert, werdet ihr auch die Verträge nicht bekommen, die nötig sind für eine Position ganz oben auf dem Treppchen.

Seid euch darüber im Klaren: Wer nicht alles unternimmt, um zu gewinnen, wird auch bei noch soviel Talent von der Konkurrenz geschlagen. Unsportliches Verhalten außerhalb des Wagens schreckt Sponsoren ab – und es verprellt Teambesitzer, Mechaniker, die Medien und alle anderen Menschen, die man eigentlich besser auf seiner Seite wissen sollte.

## Öffentlichkeitsarbeit

Öffentlichkeitsarbeit gehört unverzichtbar zum heutigen Motorsport. Man kann der talentierteste Fahrer der Welt sein. Wenn niemand davon erfährt, ist die Karriere ganz schnell wieder zu Ende. Mit Sicherheit findet sich ein anderer Pilot, der vielleicht nicht einmal über euer Talent verfügt, doch dessen hervorragender PR-Mann die Welt von dessen großartigen Leistungen wissen lässt. Wenn man den Wettkampf auf der Strecke sucht, muss man auch bereit sein, ihn neben der Strecke zu gewinnen.

Die Unterstützung von Sponsoren bekommt nur, wer auch weiß, wie die Medien und die Öffentlichkeitsarbeit funktionieren. Selbstdarstellung darf man nicht unter seiner Würde empfinden. Auch die Medien kommen nicht von allein, nur weil man so gut ist. Heute muss ein Pilot erst auf der Strecke beste Leistungen bringen und dann auch noch über das Talent zur Selbstdarstellung verfügen. Professionelle PR-Agenturen können dabei sehr hilfreich sein, vorausgesetzt man kann sich diesen finanziellen Aufwand leisten. Doch wie bei den Sponsorenvermittlern gilt auch hier: Vorsicht! Achtet auf die Professionalität.

Ich rate jedem Piloten zur Belegung eines Rhetorikkurses. Mit dem Erfolg im Motorsport kommen die Verpflichtungen, hin und wieder auch Reden zu halten. Das gehört zu einer erfolgreichen Karriere einfach dazu. Und da gilt wie auf der Strecke, das Beste aus jeder Gelegenheit herauszuholen.

Irgendwann wollen auch Fernseh- und Rundfunksender oder Zeitungsjournalisten Interviews haben. Eine gute Gelegenheit, sich zu präsentieren. Es gibt Kurse, die vermitteln, wie man seine Botschaft möglichst wirkungsvoll rüberbringt und genau das sagt, was man selbst sagen will und eben nicht das, was der Interviewer gern hören möchte.

Bei Interviews und Reden kommt es stets darauf an, sich nicht zu verbiegen und man selbst zu bleiben. Viele Piloten sind heute viel zu glatt poliert und klingen wie abgespeicherte Presseveröffentlichungen. Zeigt eure Persönlichkeit und eure Begeisterung für den Sport, und Medien wie Sponsoren werden interessiert zuhören.

# Kapitel 27

# Kommunikation, Daten, Aufzeichnungen

Unterwegs auf der Strecke sind ganz bestimmte Informationen notwendig, sei es im Training, beim Test, beim Qualifying oder im Rennen. Dazu gehören die Rundenzeit, die Position des Wagens, die Entfernung zu den Konkurrenten, noch verbleibende Zeit im Qualifying oder die Zahl der noch zu fahrenden Runden. Im Allgemeinen kommen diese Informationen über die Anzeigetafel an der Boxengasse oder über Funk.

Es ist wichtig, dass die Mitglieder der Boxenmannschaft und die Fahrer sich über die Bedeutung der Zeichen genauestens einig sind. Der Mann mit der Boxentafel muss zudem genau wissen, welche Informationen zu welchem Zeitpunkt nötig sind. Das muss vor dem Start besprochen werden.

Während des Rennens kümmere ich mich nicht um meine Rundenzeiten. Was ich wissen will, ist meine Position, der Abstand meiner Konkurrenten nach vorne und hinten, wann ich in der Box erwartet werde und in welcher Runde ich mich befinde. Im Qualifying will ich natürlich meine Zeit wissen und wie lange das Rennen noch dauert. Und dann möchte ich die Tafel jede Runde sehen oder die Information über Funk bekommen. Unabhängig davon, ob ich nun Zeit habe, sie zu bestätigen oder nicht. Ich fühle mich einfach sicherer mit dem Wissen über den aktuellen Rennverlauf. Ich verbringe vor dem Rennen viel Zeit damit, mich mit dem Mann mit der Boxentafel abzustimmen und ihm klarzumachen, was ich will.

Gerade im Qualifying interessieren mich die Zeiten manchmal aber auch überhaupt nicht. Dann fürchte ich, mich zu sehr auf diesen einen Aspekt zu fokussieren. Dann setze ich mich unter Druck, um unbedingt schneller zu fahren oder baue mir in meinen Gedanken völlig überflüssige zeitliche Barrieren auf. Vielleicht wollt auch ihr ein Qualifying ohne Zeitangabe absolvieren. Probiert, wie es bei euch am besten funktioniert.

Ein Zweiwegefunk ist scheinbar die beste Möglichkeit, um Informationen mit dem Team auszutauschen. Doch immer wieder gibt es Störungen und man kann sich nicht vollständig darauf verlassen. Daher verwenden viele Teams für die wichtigsten Informationen nach wie vor die bewährte Boxentafel. Der Funk eignet sich für Details, Funktionsstörungen am Wagen oder der Zeitpunkt des nächsten Boxenstopps. Daneben können auch verabredete Handzeichen ihren Zweck erfüllen.

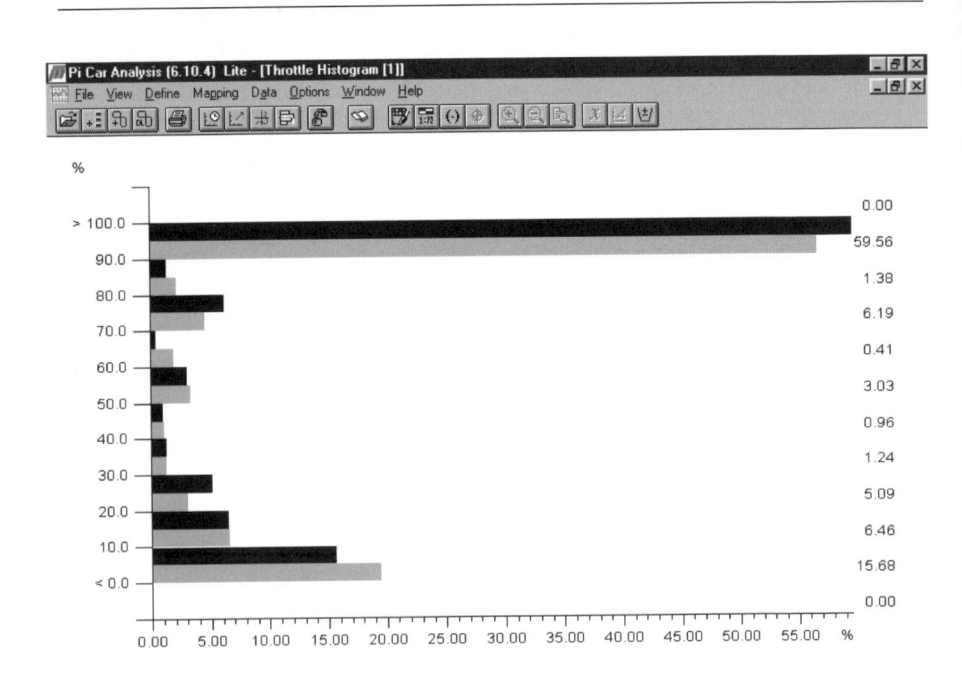

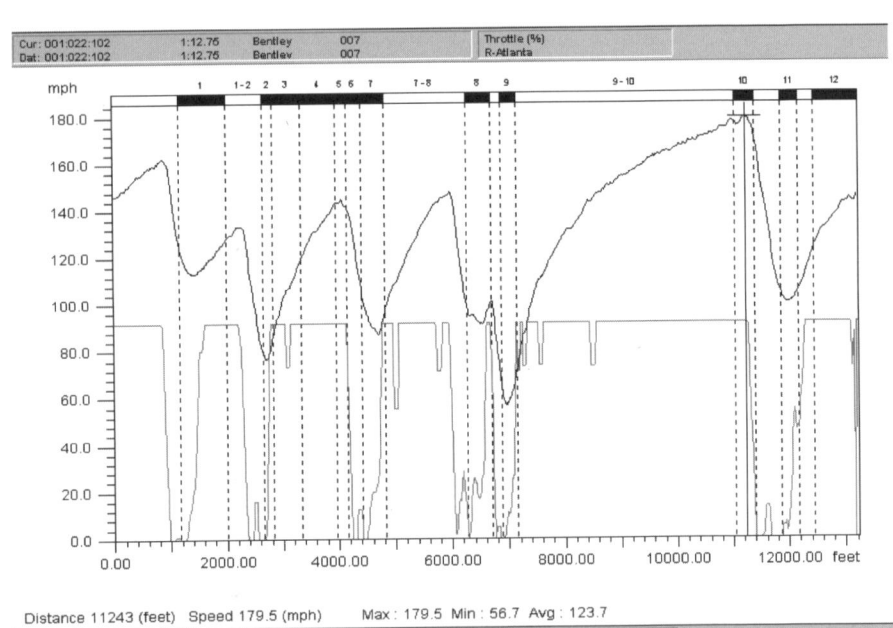

*Die elektronische Datenaufzeichnung ist unverzichtbar. Die Grafik oben zeigt die Stellung des Gaspedals während zwei Runden. Die untere Grafik zeigt Geschwindigkeit und Gaspedalstellung während einer Runde.*

## Daten

Die elektronische Datenverarbeitung ist längst Bestandteil auch des modernen Motorsports geworden und liefert eine Vielzahl von wichtigen Informationen über den Zustand des Wagens und den Verlauf des Rennens. Der Pilot erfährt so Details über das Fahrzeug, die in der „vorelektronischen" Zeit nicht im Traum vorstellbar waren. Die Elektronik kann auch als eine Art Trainer dienen und dem Piloten helfen, an bestimmten Stellen schneller zu fahren. Die Systeme zeichnen alles auf, wo man bremst, wo der Fuß vom Gas geht, wann er wieder drauf steigt und in welchem Drehzahlbereich man unterwegs ist. Diese Datensammlung hilft, die auf der Strecke vorhanden Reserven zu lokalisieren. Und die Elektronik ist erbarmungslos ehrlich. Sie lügt absolut nie. Ich staune manches Mal. Obwohl ich der festen Überzeugung war, mit Vollgas gefahren zu sein, offenbart mir die Elektronik mein Zaudern. Nach jedem Training, Qualifying oder Rennen studiere ich alle Daten, weil ich genau weiß, sie helfen mir, schneller zu werden. Und wenn ich das nicht tue, werden mich meine Konkurrenten hinter sich lassen.

James Weaver: „Eine meiner Lieblingsinformationen ist das Gaspedal-Diagramm. Es zeigt, wie lange ich mit Vollgas durch die Kurve gefahren bin. Wenn dieser Prozentsatz nach einer Veränderung am Wagen zunimmt, kann ich nur schneller werden."

## Aufzeichnungen

Jeder Fahrer sollte eine Art Logbuch führen, in das er jedes Detail der einzelnen Rennen, der Trainingsrunden und der Qualifyings einträgt. Aus diesen Aufzeichnungen kann man lernen, wann man in alte Fehler verfällt oder in welchen Bereichen der Fahrtechnik es Probleme gibt.

Vor jeder Tour halte ich meine Ziele fest und mit welchen Techniken und Vorgehensweisen ich sie erreichen will. Nach jeder Tour schreibe ich meine Kommentare dazu, über die Strecke, die Fahrweise oder Veränderungen, die ich vorgenommen habe, und ich halte die Ergebnisse der Fahrt fest.

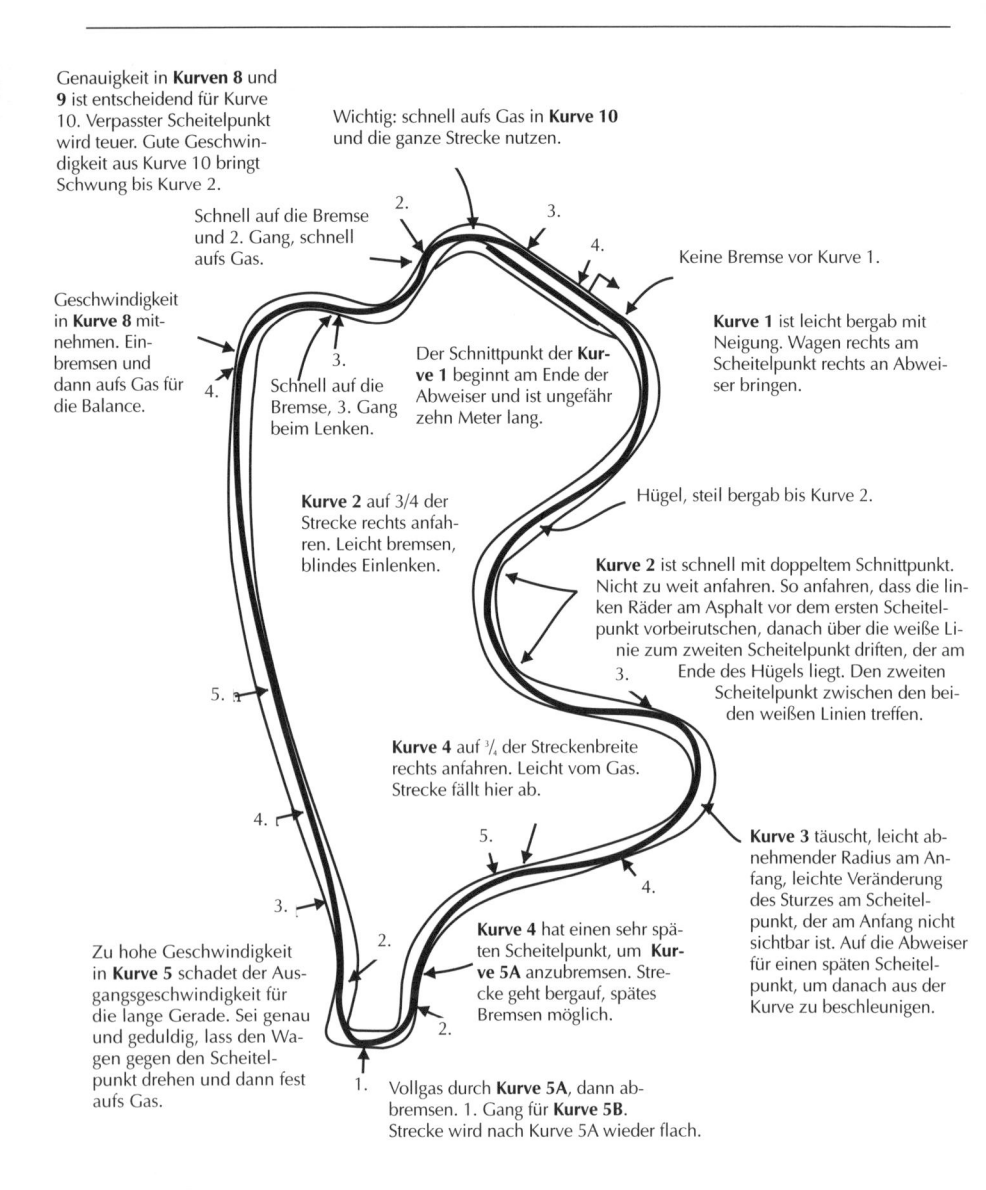

Genauigkeit in **Kurven 8** und **9** ist entscheidend für Kurve 10. Verpasster Scheitelpunkt wird teuer. Gute Geschwindigkeit aus Kurve 10 bringt Schwung bis Kurve 2.

Wichtig: schnell aufs Gas in **Kurve 10** und die ganze Strecke nutzen.

Schnell auf die Bremse und 2. Gang, schnell aufs Gas.

Keine Bremse vor Kurve 1.

Geschwindigkeit in **Kurve 8** mitnehmen. Einbremsen und dann aufs Gas für die Balance.

Schnell auf die Bremse, 3. Gang beim Lenken.

**Kurve 1** ist leicht bergab mit Neigung. Wagen rechts am Scheitelpunkt rechts an Abweiser bringen.

Der Schnittpunkt der **Kurve 1** beginnt am Ende der Abweiser und ist ungefähr zehn Meter lang.

**Kurve 2** auf 3/4 der Strecke rechts anfahren. Leicht bremsen, blindes Einlenken.

Hügel, steil bergab bis Kurve 2.

**Kurve 2** ist schnell mit doppeltem Schnittpunkt. Nicht zu weit anfahren. So anfahren, dass die linken Räder am Asphalt vor dem ersten Scheitelpunkt vorbeirutschen, danach über die weiße Linie zum zweiten Scheitelpunkt driften, der am Ende des Hügels liegt. Den zweiten Scheitelpunkt zwischen den beiden weißen Linien treffen.

**Kurve 4** auf ¼ der Streckenbreite rechts anfahren. Leicht vom Gas. Strecke fällt hier ab.

**Kurve 3** täuscht, leicht abnehmender Radius am Anfang, leichte Veränderung des Sturzes am Scheitelpunkt, der am Anfang nicht sichtbar ist. Auf die Abweiser für einen späten Scheitelpunkt, um danach aus der Kurve zu beschleunigen.

**Kurve 4** hat einen sehr späten Scheitelpunkt, um **Kurve 5A** anzubremsen. Strecke geht bergauf, spätes Bremsen möglich.

Zu hohe Geschwindigkeit in **Kurve 5** schadet der Ausgangsgeschwindigkeit für die lange Gerade. Sei genau und geduldig, lass den Wagen gegen den Scheitelpunkt drehen und dann fest aufs Gas.

Vollgas durch **Kurve 5A**, dann abbremsen. 1. Gang für **Kurve 5B**. Strecke wird nach Kurve 5A wieder flach.

*Es ist eine gute Übung, sich nach jedem Rennen Notizen über die Strecke zu machen. Sie sind wertvolle Hilfen für spätere Veranstaltungen auf dieser Strecke.*

## Kapitel 28

# Sicherheit

Motorsport ist gefährlich. Daran gibt es nichts zu beschönigen. Doch die Gefahr lässt sich kontrollieren. Viele Fahrer, auch ich gehöre dazu, sind der festen Überzeugung, dass „Verletzungen vielleicht anderen passieren, aber mir nicht." Man benötigt, so glaube ich, diese Einstellung bis zu einem gewissen Grad. Hat man sie nicht, wäre die Angst wahrscheinlich zu groß, um wirklich schnell zu fahren. Das ist aber keine Entschuldigung dafür, Sicherheitsfragen nicht ernst zu nehmen. Während einer Motorsportkarriere werden sich Unfälle niemals ganz vermeiden lassen. Dabei möglichst unbeschadet davonzukommen, hängt nicht zuletzt vom Zustand der Sicherheitsausrüstung ab.

Sicherheitsbewusstsein heißt beileibe nicht, dass man feige ist. Es bedeutet lediglich, dass man ein intelligenter, professioneller Pilot ist. Je größeren Wert jemand auf seine Sicherheit legt, desto länger und erfolgreicher wird seine Motorsportkarriere sein.

Betrachtet einmal, wie ernst die Formel-1-Piloten ihre Sicherheit nehmen. Allein dadurch, dass man selbst vielleicht in einem kleineren, langsameren Wagen unterwegs ist, wird die Sicherheit nicht größer. Formel-1-Rennwagen verfügen über eine hervorragende Sicherheit. Das ist in kleineren Wagenklassen am Beginn einer Karriere nicht immer der Fall. Um so ernster muss man das Thema nehmen.

Dr. Brock Walker: „Bei einem Aufprall oder einer Kollision können drei Dinge geschehen. Der Fahrer ist verletzt. Der Wagen ist beschädigt. Oder beides tritt ein. Teurer wird es immer. Wenn man also aus geschäftlicher Sicht darüber nachdenkt, ist es am kostengünstigsten, Wagen und Fahrer so sicher wie möglich zu machen. Gleichzeitig verbessern sich die Aussichten auf eine erfolgreiche Saison. Vor diesem Hintergrund möchte ich einen typischen Fehler mit einem Beispiel illustrieren.

Vor einigen Jahren habe ich ein maßgeschneidertes Cockpit für einen Weltmeister entwickelt. Vor dem endgültigen Abschluss der Arbeit meinte das Team, man habe bereits genügend Zeit in den Fahrersitz investiert. Sie konnten die bereits geleistete Arbeit gar nicht würdigen, weil sie dem medizinisch-gesundheitlichen Hintergrund des Fahrers ungenügende Aufmerksamkeit gewidmet hatten. Tatsächlich wollten sie nur Geld sparen und endlich testen. Bei den Testfahrten brach sich der Fahrer eine Rippe, weil der Sitz nicht fertig war. Ein neuer Fahrer wurde verpflichtet. Der neue Pilot baute einen Unfall, und der Wagen und die Meisterschaft gingen verloren. Der neue Fahrer war, so die allgemeine Meinung, durchaus fähig, doch in diesem Moment fehlte ihm die notwendige Kontrolle über das Fahrzeug. Wie teuer war nun dieser Sitz?

Sicherheit ist der alles überragende Faktor. Jeder Fahrer, der bereits einmal Opfer eines Unfalls wurde, wird dies bestätigen. Auch seine Angehörigen wünschen sich ganz bestimmt höchste Aufmerksamkeit für alle Sicherheitsfragen."

## Sicherheitsausrüstung

Jeder wird irgendwann in seiner Karriere in einen Unfall verwickelt und mehr oder weniger ernst verletzt. Genau deshalb muss man sich um die Sicherheitsausrüstungen – die eignen und die des Wagens – kümmern. Daher die erste Regel: Kauft die beste Ausrüstung, die ihr bekommen könnt.

### *ERFOLGSGEHEIMNIS NR. 51:*
*Wer sich die beste Sicherheitsausrüstung nicht leisten kann, kann sich den Motorsport nicht leisten.*

Ein preiswert gekaufter Rennanzug sieht gar nicht mehr gut aus, wenn man mit schweren Verbrennungen im Krankenhaus liegt. Das Gleiche gilt auch für die Helme. Einen billigen Helm zu kaufen ist wirklich Sparen am falschen Ende. Ich mag das Sprichwort: „Wenn du einen billigen Kopf hast, dann kaufe einen billigen Helm."

Die beste Ausrüstung zu kaufen ist das Eine, natürlich muss sie auch entsprechend gepflegt werden. Lasst den Helm nicht auf den Boden fallen und stellt ihn dort auch nicht ab. Säubert den Rennanzug. Er hält kein Feuer ab, wenn er über und über mit Fett verschmiert ist.

Die beste Ausrüstung hilft nicht nur, euer Leben zu retten, sie gibt auch Auskunft über eure Einstellung. Wenn man professionell aussieht und auftritt, hat man auch bessere Chancen, an Sponsoren zu kommen oder von Profiteams zur Kenntnis genommen zu werden. Außerdem schuldet man es auch seinen Angehörigen und Freunden, die Möglichkeiten einer Verletzung zu minimieren.

Vor dem Start legt man alle Schmuckstücke ab. Nicht auszudenken, wenn bei einem Feuer noch eine Halskette, ein Armband oder Ringe getragen würden.

Überprüft die Ausrüstung auch darauf, ob sie noch den geltenden Bestimmungen entspricht. Ich werde die Vorschriften hier nicht aufzählen, weil sie sich ständig ändern, das heißt verbessert werden.

Stellt sicher, dass ihr immer noch eine Reserveausrüstung zur Verfügung habt. Dazu ist der Spaß zu teuer, um am Ende wegen eines einzigen Ausrüstungsstücks vom Rennen ausgeschlossen zu werden. Es wäre doch ziemlich dumm, Tausende Euro in ein komplettes Rennprogramm zu investieren und dann wegen eines fehlenden Handschuhs oder eines defekten Visiers am Streckenrand zu stehen.

## Helm

Helme sind dafür geschaffen, ein einziges Mal den Kopf zu schützen. Fällt ein Helm herunter oder schlägt etwas dagegen, wird er wertlos. Helme sind so gebaut, dass sie die Aufprallenergie abbauen, indem sie sich verformen und so die strukturelle Stärke verlieren. Selbst wenn ein Schaden äußerlich nicht sichtbar ist, sollte der Helm nach einem Crash vom Hersteller untersucht und bei Bedarf ausgetauscht werden.

Für viele Fahrer ist der Helm ein Talisman, ja ein Fetisch, den sie ihn unter keinen Umständen missen wollen. Keine gute Idee. Der Helm sollte jedes Jahr gegen ein neues Exemplar ausgetauscht werden. Auch wenn er glücklicherweise keinen Crash abfangen musste. Vor allem die Innenseite altert.

Helme werden aus Kunststoff, Kevlar, Kohlenfaserstoff oder aus einer Kombination dieser Stoffe hergestellt. Die Kevlar/Kohlefaserhelme sind wesentlich leichter und ein wenig kostspieliger. Doch ich glaube, dass der höhere Preis durchaus gerechtfertigt ist. Er ist in einem langen Rennen nicht nur leichter, er beansprucht die Halswirbelsäule bei einem Unfall deutlich weniger.

Viele Piloten haben mir immer wieder erzählt, dass sie keinen Kevlar/Kohlefaserhelm benötigen, weil sie relativ langsame Wagen fahren. Doch unabhängig von der Geschwindigkeit, sind die bei einem Unfall auf den Körper einwirkenden Fliehkräfte sehr hoch. Und je schwerer der Helm, desto mehr Kräfte wirken auf die Halswirbelsäule ein. Setzt also eure Gesundheit nicht aufs Spiel.

Beim Anpassen des Helms muss man sich Zeit nehmen. Er sollte fest, aber nicht zu eng anliegen. Bei geöffnetem Riemen sollte er sich auf dem Kopf nicht bewegen lassen und außerdem darf es auch keine unbequemen Druckstellen geben.

Bevor der Helm lackiert wird, ist auf jeden Fall der Produzent zu Rate zu ziehen. Der Schutzlack darf auf keinen Fall beschädigt werden. Im Inneren dürfen keine Lösungsmittel aufgetragen werden. Das würde die Schutzwirkung zunichtemachen. Und nach der Lackierung muss der Helm an der Luft trocknen und nicht in einer Trockenkammer.

Selbst in einem geschlossenen Wagen sollte ein Fahrer immer einen Integralhelm tragen, weil diese wesentlich mehr Schutz als die offenen Helme bieten. Wenn man einen offenen Helm wählt, darf man aber auf keinen Fall auf einen Augenschutz verzichten.

Die Helme werden regelmäßig von anerkannten Prüflabors getestet, deren Standards stets aktualisiert werden. Nur die von diesen Einrichtungen freigegebenen Helme dürfen in Rennen getragen werden. Helme, die diese Vorschriften nicht mehr erfüllen, eignen sich höchstens als Blumentöpfe.

## Rennanzug

Ein Rennanzug ist immer in hohem Maße Feuer abweisend und so gefertigt, dass genügend Zeit bleiben sollte, um unverletzt einem brennenden Rennwagen zu entsteigen. Aus Erfahrung weiß ich, dass gute Anzüge diese Aufgabe meistern. Ich bin mir nicht so sicher, ob preiswerte Anzüge dies auch schaffen.

Beim Kauf muss man vor allem darauf achten, dass der Anzug passt. Am besten setzt man auf ein Maß geschneidertes Exemplar. Dafür ist aber eine genaue Abnahme der Körpermaße notwendig. Passt er nicht, schickt man ihn an den Hersteller wieder zurück, um ihn ändern zu lassen. Ein schlecht sitzender Rennanzug ist unbequem und dadurch gefährlich.

Auch Rennanzüge müssen bestimmte Normen der F.I.A. erfüllen. Vor dem Kauf also Informationen über die aktuell gültigen Vorschriften einholen, um nicht möglicherweise auf einen preiswerten, aber unsicheren Anzug hereinzufallen.

Während des Trainings für die 500 Meilen von Indianapolis brach eine Kraftstoffleitung, während ich mit gut 320 km/h durch Kurve Vier fuhr, und der Treibstoff entzündete sich. Von einem Moment zum anderen saß ich mitten in brennendem Methanol. Glücklicherweise konnte ich den Wagen auf der Geraden zum Stillstand bringen, herausspringen, während einige Teammitglieder das Feuer löschten. Ich saß vielleicht vierzig Sekunden lang in diesem Feuer, doch mein Rennanzug bot den perfekten Schutz. Nur mein Gesicht war durch die Hitze, die durch das Visier eindrang, verletzt, zumal ich den Schutz kurz geöffnet hatte, um Luft zu holen. Auch mein Nacken hatte in dem Zwischenraum zwischen Kopfschutz und Anzug leichte Verletzungen davon getragen. Und aus zwei Gründen waren meine Hände ziemlich schlimm verbrannt. Erstens waren meine Hände total verschwitzt und wurden vom heißen Dampf in Mitleidenschaft gezogen, und außerdem hatten meine Handschuhe keine Schutzschicht auf den Innenseiten. Sie bestanden ausschließlich aus Leder.

Hätte ich nicht diese hervorragende Ausrüstung getragen, wäre ich heute wahrscheinlich nicht in der Lage, diese Zeilen zu schreiben. Der größte Teil meines Anzugs war bis zur inneren Schicht verkohlt. Selbst Teile meiner feuerfesten Unterwäsche waren verkohlt. Aber das Feuer kam nicht an meine Haut.

Ich lernte einiges aus dieser Erfahrung. Ich trage jetzt nur noch Handschuhe mit einer feuerresistenten Schutzschicht und einen Gesichtsschutz, der auch Hals und Nacken vollständig schützt.

**Andere Ausrüstungen**

Neben dem Rennanzug und dem Helm benötigt man weitere Ausstattungsgegenstände: Rennschuhe, feuerfeste Handschuhe, Kopfschutz, Unterwäsche und Socken. Auch hier gilt die bewährte Regel: Kauft das Beste und investiert in eure Sicherheit!

Meiner Meinung nach ist es außerordentlich wichtig, feuerfeste Unterwäsche zu tragen, um den Schutz gegen Brandverletzungen so weit wie möglich zu optimieren. Es mag an heißen Tagen verführerisch sein, auf die Unterwäsche zu verzichten, doch wenn man einmal im Wagen ist, macht es eigentlich keinen Unterschied mehr. Außerdem ist es einfach angenehmer, weil so der Schweiß besser absorbiert wird.

Die Handschuhe sollten unter allen Umständen eine feuerfeste Schicht an den Innenseiten aufweisen. Viele Handschuhe haben diesen Schutz nicht. Einige Rennserien schreiben diesen Schutz vor, während andere darauf verzichten. Wieder lohnt ein Blick ins Reglement. Am besten ist es natürlich, man kauft von vornherein Exemplare mit eingebautem Schutz.

Die meisten Reglements schreiben einen zweischichtigen Gesichtsschutz vor, wobei ich die Exemplare mit zwei Öffnungen für die Augen bevorzuge. Es dauert einige Zeit, bis man sich daran gewöhnt hat, doch der zusätzliche Schutz ist es allemal wert.

Auch bei den Rennschuhen zählt nur die Qualität und nicht der Preis. Es geht hier um richtige Schuhe, die zumeist eine feuerfeste Beschichtung aufweisen. Sie bieten wesentlich mehr Schutz und sind dabei noch bequemer als Bowlingschuhe, die von einigen Fahrern tatsächlich benutzt werden. In Formelrennwagen lassen sich die Pedale ohnehin nur mit speziellen Schuhen bedienen.

James Weaver: „Nehmt die dicksten Handschuhe, die ihr bekommen könnt. Schließlich steckt man mit den Händen im Feuer, wenn man die Gurte öffnet und aus dem Wagen springt. Meine sind auf Maß gefertigt. Ich habe auch einen Gesichtsschutz mit den kleinstmöglichen Sichtöffnungen sowie Öffnungen für den Funk und die Trinkanlage anfertigen lassen. Kopf und Rückenverletzungen sind die Schlimmsten. Daher sollte man auf eine gepolsterte Nackenstütze achten, damit der Kopf nicht zu weit nach hinten schnellen kann."

Auf keinen Fall darf man, meine ich wenigstens, auf Ohrstöpsel verzichten. Sie retten nicht nur das Gehör, sie gestatten es auch, die Geräusche des Wagens besser zu hören, sich zu konzentrieren, und zudem ermüdet man weniger schnell. Wenn das Gehör einmal geschädigt ist, wird man kaum herauszufinden, was mit dem Wagen los ist. Am besten sind die dem Gehörgang angepassten Stöpsel, obwohl auch die einfacheren Exemplare ganz gut funktionieren.

## Sicherheitsgurt

Wahrscheinlich sind die Sicherheitsgurte die wichtigsten Sicherheitselemente überhaupt. Auch hier gilt die Regel: Nur das Beste ist gut genug. Schließlich können sie euer Leben retten. Außerdem stützen sie während des Rennens den Körper, damit man so effektiv wie möglich fahren kann.

Die Gurte sollten mindestens alle zwei Jahre vollständig ausgetauscht werden. Weil sie der UV-Strahlung ausgesetzt sind, verlieren sie im Laufe der Zeit bis zu 80 Prozent ihrer Wirksamkeit. Außerdem müssen sie nach jedem Unfall überprüft oder ausgetauscht werden. Zudem muss der Schließmechanismus regelmäßig gewartet werden.

Die Gurte müssen vor dem Start straff sitzen. Stellt aber sicher, dass wenigstens die Schultergurte während der Fahrt nachgezogen werden können. Häufig lockern sie sich während des Rennens, und bei einem Unfall ist man erstaunt, wie weit sie sich ausdehnen können.

Gurte, die den Abtaucheffekt verhindern, nützen auch während des Rennens bei starken Bremsmanövern am besten. Allerdings nur, wenn sie optimal angelegt sind – eng, aber bequem.

Trainiert das schnelle Lösen der Gurte und das Herausspringen aus dem Wagen. Das kann sich später als wertvolle Übung erweisen. Bei vielen Wagen ist es so gut wie unmöglich, schnell herauszukommen.

Dr. Brock Walker: „Konzentriert euch auf die Gurtbefestigungen. Es gibt keinen nachvollziehbaren Grund, dass die Befestigungen für alle Fahrer gleich sein sollten."

Stellt sicher, dass die Gurte korrekt montiert sind – sicher und an der richtigen Position. Mitunter sind die Schultergurte zu weit auseinander angebracht, sodass sie bei einem schweren Aufprall an den Schultern vorbei rutschen können. Sie sollten so montiert sein, dass sie Euch auch bei einem Unfall in einer fixierten Position halten.

# Kapitel 29

# Fallstudien

Mit diesem Buch will ich euch eine Anleitung zu eurer kontinuierlichen Verbesserung als Rennfahrer geben. Am besten wäre es natürlich, wenn ich oder ein anderer Trainer euch auf die Rennstrecke begleiten könnten. Ihr würdet über eure Fortschritte staunen. Doch das ist leider nicht machbar. Ihr müsst euch also selbst trainieren. In diesem Kapitel geht es um Beispiele von Piloten, die sich auf diese Weise verbessert haben.

Wenn ich einen Piloten trainiere, definiere ich vor einem Rennen die zu erreichenden Ziele. Nach dem Rennen oder dem Test folgt eine Analyse des Erreichten, eine Bilanz der Tour also und eine Definition der nächsten Etappen. Ich habe mir diese Berichte immer wieder angesehen und dabei gedacht, dass dies ein hervorragendes Studienmaterial für andere Fahrer sein könnte. Ich habe diese Reports bisher niemandem gezeigt, weil ich die Privatsphäre der Piloten nicht verletzen wollte. Auf der anderen Seite sind die darin enthaltenen Analysen zu wertvoll, um einfach in der Versenkung zu verschwinden.

Deshalb will ich jetzt die Berichte über einige Fahrer, die ich in den vergangenen Jahren trainiert habe, vorlegen. Hier geht es ausschließlich darum, dass ihr von diesen Erkenntnissen lernt. Handelt es sich um reale Fahrer und ihre Erfahrungen? Ja und nein. Die Geschichten basieren auf realen Trainingssituationen, doch die exakten Details sind verändert, um die Anonymität der Betroffenen zu wahren.

Es handelt sich aber um Auszüge aus den tatsächlichen Berichten, die meine Piloten vor, während und nach den Tests oder Rennen erhalten haben. Das Ziel ist, dass ihr euch ganz oder teilweise wiedererkennt und von den geschilderten Erfahrungen lernt.

### „Tempo": Die Technik neu programmieren

„Tempo" ist ein ausgezeichneter Rennfahrer. Er ist intelligent, beständig und schnell und fährt seit mehr als 15 Jahren Rennen. Doch scheinbar hat er auf einer ganz bestimmten Strecke seine Leistungsgrenze erreicht – und vor allem in einer Kurve. Er hatte das Gefühl (was die Daten auch bewiesen), dass er im Vergleich zu seinen Konkurrenten in dieser bestimmten Kurve immer etwas langsamer war und zudem keine Fortschritte machte. Er fuhr diese Kurve trotz der Leistungsfähigkeit seines Wagens immer mit zu geringer Geschwindigkeit.

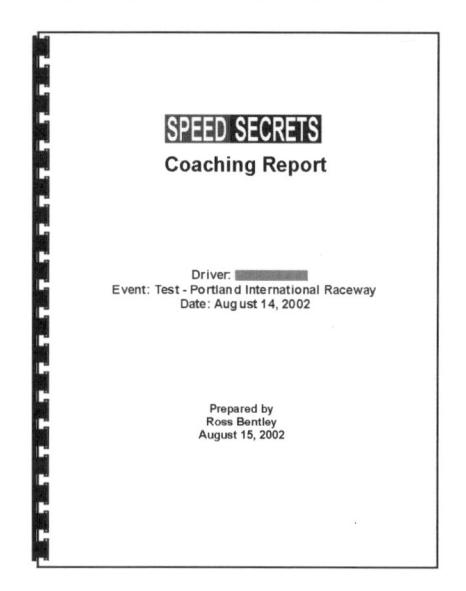

> **SPEED SECRETS**
> Coaching Report
>
> Driver: ▇▇▇▇▇▇
> Event: Test - Portland International Raceway
> Date: August 14, 2002
>
> Prepared by
> Ross Bentley
> August 15, 2002

*Dieses Kapitel besteht aus Auszügen aus einigen meiner Traingsberichte, die ich im Laufe der Jahre für eine Vielzahl von Piloten zusammengestellt habe.*

„Tempo" und ich redeten eine Zeit lang über seine Technik in diesem Teil der Strecke. Und dann habe ich einen Plan entwickelt, der ihm helfen sollte, sich dort zu verbessern. Ich war mir sicher, dass er große Fortschritte machen würde. Vorausgesetzt er würde seine Hausaufgaben erledigen.

In unseren Unterhaltungen wiederholte er die immer gleichen Gedanken: „Ich kann da scheinbar nicht schneller fahren." und „Ich hänge da fest mit meiner zu geringen Geschwindigkeit." Mir war klar, er selbst, sein fehlender Glaube an sich und seine Fähigkeiten, waren der bremsende Faktor. Da würde es auch nicht ausreichen, ihn zur Änderung dieses Muster aufzufordern. Schließlich gab es unwiderrufliche Fakten, und wir mussten seine Erfahrungswerte (die physischen und mentalen) verändern, um an dieser speziellen Stelle der Strecke schneller zu werden. Er musste einmal die Erfahrung machen, dass er hier tatsächlich schneller fahren konnte. Selbst ein minimaler Fortschritt würde seinen Glauben in Richtung Veränderung neu strukturieren. Davon ausgehend könnte er sich selbst bestärken und sein neues mentales Programm aufbauen.

Es war ebenfalls offensichtlich, dass er zu verbissen versuchte, schneller zu werden. Doch dabei fährt man mit vollem Bewusstsein und man kann einen Rennwagen nur mit Intuition wirklich schnell fahren.

Mein Ziel war es also, sein Selbstvertrauen zu stärken und seine physischen Techniken neu zu programmieren. In unseren Gesprächen einigten wir uns darauf, dass er zuerst die Möglichkeiten fühlen und erfahren musste, bevor sie als Technik gelernt und programmiert werden konnten. Davon ausgehend entwarfen wir den folgenden Plan:

## „Tempo"
### Schritt Nr 1: Fragen an sich selbst
- Gibt es irgendeinen Grund, warum ich nicht schneller durch diese Schikane fahren kann?
- Gibt es einen körperlichen Defekt, der eine höhere Geschwindigkeit verhindert?
- Gibt es einen mentalen Defekt, der eine höhere Geschwindigkeit verhindert?
- Will ich wirklich schneller fahren?
- Bin ich bereit, alles zu unternehmen, um schneller zu fahren?
- Kann ich einen Wagen mit vollem Bewusstsein fahren, oder vertraue ich lieber auf mein Unterbewusstsein? Weiß ich, dass mein Gehirn bei vollem Bewusstsein 2000 bits pro Sekunde verarbeitet, mein Unterbewusstsein aber vier Milliarden pro Sekunde?

So, „Tempo" nimm dir jetzt etwas Zeit, um alle Fragen zu beantworten. Dieser Schritt ist sehr wichtig.

### Schritt Nr. 2: Physisches Programmieren
Du hast mir erklärt, dass du deinen linken Fuß einsetzt, um kurz vor der Rechtskurve im zweiten Teil der Schikane etwas abzubremsen, damit du den Wagen einlenken kannst. Und dabei, so deine Erklärung, verzögerst du den Wagen zu stark. Das ist nicht überraschend. Wofür benutzt du üblicherweise den linken Fuß? Richtig, zum Kuppeln. Und wie viele Jahre hast du deinen linken Fuß programmiert, um die Kupplung nach unten zu knallen? Dein linker Fuß ist gar nicht mehr dafür ausgelegt, ein Pedal sanft nach unten zu drücken. Das muss sich ändern, und gleichzeitig muss der Fuß so programmiert werden, dass er gefühlvoller und anpassungsfähiger wird.

Während des nächsten Monats wirst du daher einen Automatikwagen fahren (falls nicht vorhanden, miete einen) und mit dem linken Fuß bremsen. So entwickelt sich das Gefühl und die damit verbundene Sensibilität, die dein rechter Fuß beim Bremsen bereits besitzt

Jedes Mal, wenn du dich einer Kurve, vor allem – und das ist wichtig – einer Rechtskurven näherst, wie bei Autobahnauffahrten, benutzt du den linken Fuß, um leicht auf die Bremse zu tippen. Selbst dann, wenn man gar nicht verzögern muss. Dieses Manöver muss vor dem Einlenken geschehen. Und dann geh schnell wieder auf das Gaspedal. Simuliere den zweiten Teil der Schikane so oft wie irgend möglich. Und während du das tust, stell dir vor, du würdest durch die Schikane fahren.

Was du dabei machst, ist die Entwicklung eines neuen Programms für dein Bremsen mit dem linken Fuß.

## Schritt Nr. 3: Mentales Programmieren

Suche dir einen Raum in deinem Haus, wo dich niemand stören kann. Auch keine Telefonanrufe, und wenn du zufällig ein Lenkrad zur Hand hast, nimm es mit.

Mach es dir in einem Sessel bequem und bitte deine Frau, sich mit langgestreckten Beinen vor dich hinzusetzen. Ihre Füße simulieren jetzt Gas- und Bremspedal. Sie sollte sich zum Zeitvertreib ein gutes Buch oder Magazin mitnehmen.

(Anmerkung: Das Lenkrad und die Füße eines anderen Menschen als Gas- und Bremspedal sind in diesem Fall wichtig, weil diese Lernmethode auf den Grundlagen der Empfindungen basiert.)

Nimm dir ein paar Minuten Zeiten, entspanne dich und begib dich in einen Ruhestatus. Den erreichst du, indem du die Augen schließt, tief durchatmest und die Atemzüge zählst. Registriere, wie sich deine Herzfrequenz verringert. Wenn du das Gefühl hast, den Ruhestatus erreicht zu haben, beginnst du mit dem mentalen Programmieren

Und nun siehst, fühlst und hörst du, wie du die Gegengerade herunter kommst, wobei dein rechter Fuß voll auf dem Gaspedal liegt (dem linken Fuß deiner Frau). Beim Annähern an den Bremspunkt geht dein rechter Fuß vom Gaspedal und tritt auf die Bremse (den rechten Fuß deiner Frau). Dein linker Fuß tritt jetzt auf das imaginäre Kupplungspedal. Du schaltest herunter, lenkst ein (hier spielt das Lenkrad in deiner Hand eine wichtige Rolle). Dein rechter Fuß verlässt das Bremspedal, geht wieder auf das Gas, um die Balance des Wagens herzustellen, und gibt danach wieder Vollgas, wenn du den ersten Teil der Schikane verlässt.

Bei der Annäherung an die Rechtskurve im zweiten Teil der Schikane wechselt der linke Fuß auf das Bremspedal und agiert so, wie du es immer getan hast. Beim Lenken verlässt der linke Fuß das Bremspedal, du gehst mit rechts wieder aufs Gas und beschleunigst aus der Schikane heraus auf die Gerade.

Auf der Mitte der Geraden beendest du die Fahrt mental und begibst dich zurück auf die Ausgangsposition.

Dieses Mal machst du alles genauso, nur bremst du beim Erreichen des zweiten Teils der Schikane etwas früher mit deinem linken Fuß und gehst beim Einlenken wieder leicht aufs Gas. Frage nun deine Frau, um wie viel sich der Druck verringert hat – zehn, zwanzig Prozent oder noch mehr. Wiederhole diese Übung so lange, bis sie dir sagt, dass du im Vergleich zum ersten Mal konstant um vierzig bis fünfzig Prozent leichter bremst.

Fahre jetzt noch weitere fünf Runden und registriere, was du dabei empfindest. Es ist ein wundervolles, beeindruckendes Gefühl. Es ist leicht und fließend. Du merkst den zusätzlichen Schwung, die zusätzliche Geschwindigkeit, mit der du durch den zweiten Teil der Schikane fährst. Und was ist das? Der Drehzahlbegrenzer meldet sich auf der Geraden? Was für ein Gefühl! Und es ist so leicht. Der Wagen scheint über den Asphalt zu gleiten. Das frühere und leichtere Abbremsen lässt den Wagen mühelos über die Fahrbahn gleiten, und er hat auch noch wesentlich mehr Balance.

Registriere bei jeder Kurve, was du fühlst: Wie sich der Wagen beim Bremsen nach vorne schiebt, wie er in der Kurve rollt, die Beschleunigung und die Vibrationen im Lenkrad und in den Bremsen. Fühlt sich das Lenkrad beim allmählichen Einlenken leichter oder schwerer an? Fühlt sich der Wagen straff an, wenn du lenkst? Merkst du, wie die Reifen in der Kurve auf dem Asphalt mahlen und beim Geradeauslenken wieder frei laufen? Registriere die Fliehkräfte, die auf deinen Körper einwirken, die Hitze ...

Nach fünf Runden lässt du den Wagen an der Box ausrollen. Während das Team den Wagen untersucht, kommt jemand mit einem Laptop und sichert die gesammelten Daten. Er schiebt den Laptop durch das Seitenfenster, und du überprüfst die Daten der letzten fünf Runden mit deinen bisherigen besten Werten. Super! Im zweiten Teil der Schikane hast du um acht km/h zugelegt. Und die Kurve der Aufzeichnungen ist so rund. Was für ein großartiges Gefühl! Es macht so viel Spaß!

Das Team gibt wieder das Zeichen für die nächsten Runden. Du gibst den Laptop zurück und fährst wieder auf die Strecke. Noch mal fünf Runden. Und nur ein leichter, freundlicher Druck mit dem linken Fuß vor dem Einlenken ...

Jetzt bemerkst du, dass dein im Unterbewusstsein definiertes Programm für das Fahren verantwortlich ist. Das macht alles so einfach. Wenn du dich dem zweiten Teil der Schikane näherst, denkst du nur „Schwung" und fliegst durch. Nach fünf Runden stehst du wieder an der Box und studierst den Laptop. Noch mal schneller! Der Schwung ist zutiefst beeindruckend. Und dann sagst du deinem Team, dass man die Übersetzung des höchsten Gangs verändern muss, um auf der Geraden noch ausreichend Drehzahl zur Verfügung zu haben, wenn die Geschwindigkeit weiter so zunimmt.

Du fährst fünf Mal dieses Fünf-Runden-Pensum, kommst jedes Mal an die Box und studierst den Laptop.

Schließlich steigst du aus dem Wagen. Verdammt! Musst du wirklich raus? Das macht so viel Spaß! Und während du durchs Fahrerlager gehst, fragt dich jemand nach deinen Rundenzeiten. Du erzählst ihm, dass du sie nicht weißt, dass du dich aber großartig da draußen gefühlt hast. Irgendjemand berichtet, dass du eine 1:06.9 erreicht hast, und du denkst: „Das ist eine schöne Belohnung für die ganzen Vorbereitungen. Doch meine Vorstellung, der Fortschritt, das Lernen – das ist die richtige Belohnung."

Ein anderer Fahrer erzählt dir, dass er in der Schikane hinter dir hergefahren ist, und dass du „durch die Kurve geflogen bist". Ein weiterer Fahrer meint, dass du einen Monstermotor in dem Ding haben musst, weil du ihn am Ausgang der Schikane einfach weggeblasen hast. Du lächelst und denkst dir: „Wenn ihr nur wüsstet."

Und jetzt kommst du in deinem Zimmer langsam wieder zu dir, öffnest die Augen und bedankst dich bei deiner Frau für die großartigen „Pedale".

Mache diese Übung mindestens zwei Mal am Tag. Mache sie im Flugzeug auf dem Weg zur Strecke. Allerdings muss man sich dabei die Pedale irgendwie vorstellen. Mache sie überall, im Hotelzimmer oder im Teambus ...

**Schritt Nr. 4: Sensorische Aufnahme**
Gestalte deine nächste Serie auf der Strecke zu einer Übung in sensorischer Aufnahme. Fokussiere dich dabei allein auf das, was du fühlst. Vergiss dabei die Rundenzeiten. Das ist wahrscheinlich die beste Art und Weise, sich aufzuwärmen und sich wieder mit der Strecke vertraut zu machen. Außerdem bekommt man so auch ein besseres Feedback für den Wagen – wie er sich anfühlt, und was er zu „sagen" hat.
- Setz dich am Ende einer jeden Tour hin und schreib nieder, was du gefühlt hast
- Im zweiten Teil steht das akustische Erleben im Mittelpunkt. Halte wieder alles fest, was du hören kannst. Und der letzte Teil ist dann dem visuellen Part gewidmet.
- Ziel ist es, dass du dir dieser Erlebnisse bewusster denn je wirst. Je mehr sensorische Daten dein Gehirn erreichen (und je höher deren Intensität ist), desto besser ist auch die Leistung des Gehirns. Oder anders ausgedrückt: Je besser die Qualität der psychomotorischen Fähigkeiten, desto besser deine Leistung.

**Schritt Nr. 5: Fahren mit dem Unterbewusstsein**
Entspanne dich während der nächsten Trainingsrunden und vertraue deinem mentalen Fahrprogramm. Probiere nichts Neues. Wenn du bei deinen virtuellen Runden die Probleme überwinden konntest, warum nicht auch im Wagen? Fahr und habe Spaß und du wirst immer schneller.

Noch ein letzter Gedanke. Ich habe es immer wieder erlebt. Ein Fahrer erreicht ein bestimmtes Niveau und plötzlich ist Schluss. Nichts geht mehr, er wird einfach nicht mehr schneller. Dann gibt es zwei Möglichkeiten: Entweder er unternimmt nichts, beklagt sich nur und bleibt auf diesem Niveau. Oder der Pilot probiert, übt und testet. Erst tut sich nichts, bis dann der plötzliche Durchbruch kommt und er einen großen Schritt nach vorne macht.

Ich glaube, du hast diesen Punkt erreicht, wo scheinbar jeder Fortschritt ausbleibt. Doch es wird nicht lange dauern und du machst diesen nächsten großen Schritt. Wenn du diesen Plan befolgst, wird es nicht mehr allzu lange dauern.

Das Ergebnis? Nach dem ersten Tag eines dreitägigen Tests kam er zu mir und sagte, dass er erstens so viel Spaß mit seinem Wagen hatte, wie seit Jahren nicht mehr, und dass er zweitens schneller gewesen war als jemals zuvor. Am Ende des Tests behauptete er, dass er seit seinen ersten Rennen nicht mehr so viel Spaß gehabt hätte. Es war ihm gelungen, sein Unterbewusstsein fahren zu lassen, während sein Bewusstsein die Fahrt beobachtete und dabei Spaß hatte.

„Tempo" hatte sein Glaubenssystem geöffnet und vertraute wieder auf seine Kraft und weitere Fortschritte – schneller und schneller zu werden. Am interessantesten dabei ist die Tatsache, dass wir die gesamte Zeit über nur miteinander telefoniert haben. Erst als das Problem schon gelöst war und er schneller als jemals zuvor seine Runden drehte, trafen wir uns und redeten direkt miteinander. Das war eine meiner ersten, aber nicht die letzte erfolgreiche Telefon-Trainingsübung. Ich nutze diese Möglichkeit immer häufiger, weil ich einfach nicht überall da sein kann, wo ein Fahrer mich braucht.

## „Blitz": Kurveneingangsgeschwindigkeit

Von vielen Fahrern höre ich immer wieder das gleiche Problem: Sie verzögern am Kurveneingang zu stark. Das Fehlverhalten zu erkennen ist zum Glück auch schon der erste Schritt zur Lösung. Doch wie kann man diesen Kurvenfehler überwinden? Das war die Frage, vor der „Blitz" stand. Hier ist der Plan, den ich ihm vorschlug:

### *„Blitz"*

Zunächst ist es nicht ungewöhnlich, den Wagen vor einer Kurve zu stark zu verzögern – viele Piloten tun das. Du bist den ersten Schritt zur Lösung bereits gegangen – du bist dir über dein Problem im Klaren. Das ist die gute Nachricht. Also lass uns das Problem lösen.

Warum glaubst du, dass du den Wagen zu stark verzögerst, obwohl du eigentlich weißt, dass du die Kurve mit höherer Geschwindigkeit nehmen kannst? Der Grund liegt in deiner Programmierung. Und warum bis du so programmiert? Weil du es wahrscheinlich immer wieder, einige hundert Male genau so getan hast. Jedes Mal, wenn du an diese Kurve gekommen bist. Du hast diese Kurve mit dieser Geschwindigkeit genommen und bist dabei gut gefahren.

Du weißt inzwischen selbst, der Versuch schneller zu fahren, bringt nichts. Dass hast du wahrscheinlich einige Dutzend Male erfolglos versucht.

Du musst dein mentales Programm ändern. Wie erreichst du das? Natürlich geht das genau so, wie das falsche Programm entstanden ist, durch regelmäßige Übung und praktische Erfahrung. Doch das ist sehr zeitaufwendig und kostet zudem auch noch viel Geld. Das lässt sich durch mentales Programmieren entscheidend beschleunigen.

Wenn man ein klares mentales Bild von dem hat, was man erreichen will und von dem, was man tatsächlich tut, dann wird das Gehirn einen Weg finden, die beiden Bilder in Einklang zu bringen. In anderen Worten: Du wirst das Problem ganz natürlich lösen. Du weißt genau, was du aktuell machst – du hast eine mentale Vorstellung deiner verzögerten Geschwindigkeit am Kurveneingang. Als nächsten Schritt musst du ein klares mentales Bild von dem Tempo schaffen, mit dem du in die Kurve einfahren willst.

Setz dich in einem Raum, in dem du nicht abgelenkt werden kannst. Schließe die Augen, entspanne dich, atme tief und langsam durch. Fahre fort, dich für einige Minuten zu entspannen. Dann versetz dich in die Einfahrt zur Kurve zwei. Registriere deine Geschwindigkeit, wie schnell die Dinge an dir vorbeiziehen, die Belastung des Motors, das Geräusch des Fahrtwinds, die Vibrationen im Lenkrad, in Sitz und Pedalen. Sehe, höre und fühle, wie du bremst, herunterschaltest und in die Kurve einlenkst. Beim Einlenken, wenn der Wagen seine Stabilität gewonnen hat, merkst du, dass der Wagen viel Grip aufbaut. Tatsächlich fühlst du, dass du noch fünf oder sieben km/h schneller fahren könntest.

Jetzt gehst du mental wieder an den Kurveneingang zurück, nur dass du jetzt mit mehr Geschwindigkeit in die Kurve einfährst. Sehe, höre und fühle den Wagen mit sieben km/h mehr und registriere, um wie viel schneller alles über die Bühne geht. Beim Einlenken gerät der Wagen etwas ins Schleudern und du greifst zu leichten Korrekturen am Lenkrad. Der Wagen fühlt sich großartig an, hat immer noch guten Grip, und du hörst und fühlst, wie die Reifen arbeiten. Und du bemerkst, dass du, wenn du jetzt schnell in die Kurve einlenkst, am Ende so hart wie immer beschleunigst. Tatsächlich fühlt sich der Wagen ausgeglichener und stabiler an als jemals zuvor.

Mache diese Übung immer wieder, so oft wie irgend möglich. Je häufiger und realistischer du sie machst und je mehr du deine Sinne darauf einstellst, desto schneller wirst du dein Kurveneingangs-Programm geändert haben. Um so schneller wirst du auch mit mehr Geschwindigkeit in die Kurve gehen.

Und bedenke: Wenn du es in deiner Vorstellung nicht schaffst, wird es dir in der Wirklichkeit auch nicht gelingen. Schaffst du es mental, wirst du es auch physisch schaffen. Und wenn es einmal in der Wirklichkeit gelungen ist, wird das mentale Programm umso stärker.

Bei nächsten Mal war „Blitz" auf der Rennstrecke in Kurve zwei konstant um drei Zehntelsekunden schneller. Er hatte zwei Wochen lang jeden Tag zwei Mal eine Viertelstunde damit zugebracht, seine mentale Programmierung zu verändern. Er war verblüfft. Und er glaubte nun auch, dass weitere Fortschritte allein durch die Konzentration auf sein mentales Programm möglich waren. Er hatte erlebt, wie einfach und effektiv diese Übungen sein konnten. Sein Selbstvertrauen führte zu weiteren „mentalen Hausaufgaben", das wiederum zu weiteren Fortschritten führte. Er baute sich so weit auf, bis er am Ende in seiner Klasse dominierte. Die Erfolge und Pokale waren großartig, doch was wirklich zählte, war sein neu gewonnenes Selbstvertrauen und die persönliche Zufriedenheit.

### „Stan Tutnix": Persönliche Leistung

„Stan Tutnix" war ein erfolgreicher Geschäftsmann in den Endzwanzigern, der sich Gedanken über eine Karriere im Motorsport machte. Als ich ihn das erste Mal trainierte, ging es hauptsächlich um Übungen zur Verbesserung seiner sensorischen Aufnahmefähigkeit und um einige Bewusstseinsübungen. Ohne weitere Veränderungen an seinem Wagen verbesserte er seine Bestzeit um etwas mehr als eine Sekunde.

Im gleichen Jahr trainierte ich ihn noch einmal und er erwartete eine weitere entsprechende Steigerung. Tatsächlich wollte er dem Rundenrekord nahe kommen, nur war sein Wagen dazu leider nicht in der Lage. Absolut niemand hätte damit eine Chance gehabt, auch nur in die Nähe eines Rekords zu kommen. Das hinderte Stan aber nicht daran, es wenigstens zu probieren. Und das war sein Problem – er probierte.

Die Situation führte zu einer Diskussion über Leistung. Danach setzte ich mich hin und schrieb Stan die folgende Zusammenfassung meiner Trainingsarbeit mit ihm:

### *„Stan"*

Ich glaube Stan, du bist sehr gut gefahren. Hast du das Zeug für noch bessere Zeiten? Ja, aber die Reserven sind gering. Ich denke, du warst nur einige Zehntelsekunden von der möglichen Bestzeit deines Wagens entfernt. Dafür wäre allerdings eine perfekt Runde nötig gewesen.

Bedenke, dass du nur einhundert Prozent aus deinem Wagen heraus holen kannst, kein bisschen mehr. Wenn du diese einhundert Prozent aus deinem Wagen heraus holst, solltest du mit deiner Leistung auch zufrieden sein. Du kamst dem so nahe wie möglich. Deine Leistung war großartig! Es gab aber auch Momente, wo du nicht rund wirktest – wo du ausprobiert hast. Deshalb habe ich dir vorgeschlagen, dich mehr auf deinen Wagen zu konzentrieren, das Gespür für ihn zu schärfen und weniger auf die Rundenzeiten zu achten. Dabei wirktest du auch ausgeglichener. Außerdem verbesserten sich dabei deine Rundenzeiten um einige Zehntelsekunden.

Und nun eine Geschichte aus meinem persönlichen Erfahrungsschatz. Die Saison mit den BMWs war für mich dieses Jahr eine echte Lehre. In den vergangenen Jahren war ich meistens schneller als meine Copiloten. Es verletzte mein Ego, als mein Copilot in Sebring und in Las Vegas schneller war als ich. Was habe ich gemacht? Ich versuchte, schneller zu fahren. Was geschah? Ich wurde nicht schneller. Im Gegenteil, ich begann, Fehler zu machen (und ich habe einen Ruf als fehlerfreier Fahrer) und hatte außerdem keinen Spaß mehr. Ich war unzufrieden.

Einige Wochen vor meinem nächsten Rennen sah ich noch einmal meine Trainingsnotizen durch und plötzlich wurde mir klar, dass ich meine eigenen Ratschläge einmal umsetzen sollte. Zwei Wochen lang machte ich alles möglich, um mich vorzubereiten: Entspannungsübungen (einige Male am Tag), ich entwickelte mentale Vorstellungen, Selbstprogrammierung. Ich kam gut vorbereitet an die Rennstrecke, mit Selbstvertrauen und bereit, Spaß zu haben.

Das ganze Wochenende über tat ich so, als ob ich derjenige im Team war, den man jagen musste. Doch noch wichtiger war, dass ich beim Fahren die Rundenzeiten vollständig ignorierte. Ich war allein darauf fokussiert, am Limit zu fahren und auf jedes Detail auf der Strecke. Ich fühlte, dass der Wagen Dinge tun konnte, von denen ich gar nichts wusste – so geschärft waren meine Sinne. Ich sagte zu mir: „Vergiss die Rundenzeiten, kümmere dich um die Leistung – und die Art zu fahren, nicht um das Ergebnis.

Ich wette, du weißt, was passierte. In jeder Runde war ich der Schnellste, auch wenn ich mich gar nicht darum kümmerte. Ich war einfach begeistert, einhundert Prozent aus mir und dem Wagen zu holen. Das hat Spaß gemacht! Dann übergab mir mein Copilot den Wagen an zweiter Position liegend, fünfundzwanzig Sekunden hinter dem Führenden. Und ich holte noch in der letzten Runde den Sieg. Am Ende hatte ich geschafft, was ich wollte, der Schnellste zu sein und zu gewinnen. Komischerweise war mir das aber egal, ich konnte die ganze Zeit nur an meine großartige persönliche Leistung denken – fokussiert auf die Tat und weniger auf das Ergebnis.

Natürlich ist es erstaunlich, was ein kleiner Erfolg für das Selbstbewusstsein tun kann. Im folgenden Rennen siegte ich wieder. Doch ich muss zugeben, dass es im Training auch Momente gab, wo ich wieder über meine Rundenzeiten nachdachte. Ich musste mich wieder auf das Fahren an sich fokussieren. Versteh mich nicht falsch. Natürlich ist mir das Ergebnis wichtig. Sogar sehr wichtig. Aber ich weiß, dass sich meine Chancen verschlechtern, sobald ich mich zu sehr auf den Erfolg fokussiere.

Die Moral von der Geschichte: Du musst dich jetzt auf das nächste Rennen in Ohio vorbereiten. Du hast ein großartiges Video in deinem Kopf, Stan. Aktualisiere es. Sieh, wie der Wagen arbeitet, geh mit mehr Geschwindigkeit als heute in die Kurven, steig früher aufs Gas und bleib dort bis zum letzten Sekundenbruchteil. Du weißt, dass du schnell bist. Schließlich hast du das dir und anderen in den vergangenen beiden Rennen bewiesen und dabei einige Konkurrenten erschreckt. Wenn du nächste Woche in Ohio bist, sei so schnell, wie du bist. Lass die Leute wissen, dass du im Geschäft zurück bist.

Und wenn du im Wagen sitzt, fokussiere dich auf dein Fahren, nicht auf die Rundenzeiten. Genieß das Gefühl, an der Grenze zu fahren. Hab Spaß. Das Ergebnis kommt von allein.

Stan erreichte bei diesem Rennen das beste Ergebnis der Saison – einen fünften Platz. Und noch wichtiger: Seine Leistung war einfach beeindruckend.

*Hinter dem Lenkrad sollte man sich allein auf seine momentane Leistung und die Fahrtechnik konzentrieren und nicht auf das Ergebnis.*

## „Pilot X": Wie man auf einem Ovalkurs fährt

Ich war gebeten worden, „Pilot X", einen ziemlich unerfahrenen Fahrer, für seinen ersten Auftritt auf einem Ovalkurs zu trainieren. In vielen Dingen unterscheidet sich ein Oval nicht sonderlich von einer großen Rennstrecke und ist auf der anderen Seite doch ganz anders. Der größte Unterschied ist die mentale Annäherung der Piloten an die Aufgabe.

Vor seinem ersten Test auf dem Oval unterhielt ich mich mit „Pilot X" über die Ziele des Tests. Dann entwickelten wir gemeinsam einen Plan, wie sie zu erreichen waren.

### *„Pilot X"*
Auf folgende spezielle Dinge muss man sich in einem Oval fokussieren:

- Wenn der Wagen nicht problemlos läuft, komm an die Box. Handlings- oder Mechanikprobleme können auf einem Oval dramatische Folgen haben.
- Schwung ist alles. Blicke weit voraus und denke, „da will ich hinkommen".
- Ein nahtloser Übergang vom Gas auf die Bremse und wieder aufs Gas ist überaus wichtig.
- Es ist wichtig, während der gesamten Runden auf dem Gas zu bleiben, auch wenn vor den Kurven abgebremst werden muss, um den Wagen in der Balance zu halten.
- Ruhige Hände am Lenkrad. Man lenkt kontinuierlich in einem Bogen durch die Kurve.

- Das Lenkrad nach der Kurve lockerlassen. Am Lenkrad zu kurbeln ist in einem solchen Rennwagen ebenso schlecht wie bremsen. Lass den Wagen am Ende der Kurven frei laufen.
- Die Abstimmung des Wagens ist alles auf einem Ovalkurs. Einen schlecht liegenden Wagen zu fordern bleibt nicht ohne Folgen.
- Nähere dich langsam dem Limit und nicht mit einem Schlag.
- Komm im Qualifying sofort auf Geschwindigkeit und drehe eine großartige Runde.

Hier ging es nicht um die Details, sondern um unseren allgemeinen Plan für die Trainingsrunden. Ohne diese Zielsetzungen und ohne die Diskussionen darüber hätten wir die Ziele nicht erreicht.

### „Star": Informationsaustausch nach dem Rennen

„Star" war ein junger Fahrer in einer Formelserie, den ich den größten Teil der Saison unter meinen Fittichen hatte. Er zeigte beeindruckende Fähigkeiten im Cockpit, benötigte aber wegen seines jugendlichen Alters noch einen gewissen Feinschliff an seinem Benehmen in und auch außerhalb des Wagens

Die folgenden Aufzeichnungen zeigen, woran wir gearbeitet haben und was nach dem Rennwochenende noch zu war.

### *„Star"*

- Du musst während der Rennwochenenden vernünftig essen. Du würdest ja auch kein Rennen mit zu wenig Benzin in deinem Wagen beginnen. Der Körper muss genau so aufgetankt werden. Auch wenn du keine Lust hast zu essen, wirst du dich daran gewöhnen müssen.
- Der Wagen wird immer deinen Augen folgen und die Richtung einschlagen, in die du gerade blickst. Wenn du also den Scheitelpunkt einer Kurve ins Visier nimmst, wirst du dorthin lenken und keinen Bogen beschreiben. Am Einlenkpunkt musst du in Richtung Scheitelpunkt blicken. Du brauchst gleichzeitig eine Vorstellung davon, wie du in einem sauberen Bogen dorthin kommst.
- Wenn du es schaffst, eine saubere Linie durch alle Kurven zu fahren, gibt es drei Möglichkeiten, die Geschwindigkeit zu erhöhen: Früher und bestimmter aufs Gaspedal treten. Die Geschwindigkeit am Kurveneingang erhöhen. Später bremsen.
- Mit dem Gasfuß erreichst du mehr als mit deinem Bremsfuß.
- Du hast natürlich Recht, wenn du meinst, dass das Ziel bei jedem Training und Rennen darin besteht, der Schnellste zu sein. Doch wie wirst du zum Schnellsten und zum Sieger? Vor allem durch die Steigerung deiner Leistungsbereitschaft. Auch das gehört dazu: Vernünftiges Essen, eine gute Sicht

während des Trainings und des Rennens, eine korrekte Sitzposition, ein Plan mit den drei wichtigsten nächsten Zielen, ein Team, Freunde und eine Familie, die dir helfen. Denke nicht zu viel über die Konkurrenten nach.
- Setze dir besser keine Grenzen. Denk vor einer Tour nicht unnötig über die Rundenzeit nach. Setze dir keine anspruchslosen Ziele. Sei nie mit einer Rundenzeit zufrieden. Du kannst immer einen Weg finden, schneller zu sein.
- Überhole. Du musst dich nur neben deinem Konkurrenten aufbauen und die Kurve gehört dir. Gib ihm keine Gelegenheit, dich wieder zu überholen.
- Sei mit deinem Wagen geduldig, vor allem am Einlenkpunkt. Lass den Wagen seinen Weg suchen, bevor du aufs Gas gehst. Das Resultat dieser Geduld ist meistens eine höhere Ausgangsgeschwindigkeit. Was ist besser? In der Mitte der Kurve schnell zu sein oder am Ende? Geschwindigkeit am Kurvenausgang zahlt sich allemal auf der Geraden aus.
- Vorbereitung ist alles. Vorbereitung macht den Unterschied zwischen Siegern und Verlierern. Vorbereitung ist entscheidend, wenn du gewinnen willst. Das ist auch der Grund, warum Senna so gut war. Wenn du meinst, er verdankte alles seinem Naturtalent, dann liegst du falsch. Lies einige Bücher über ihn, und du wirst erfahren, wie viel Zeit er damit zubrachte, Strecken und Wagen zu analysieren, wie viel zusätzliche Zeit er in Trainings und Tests investierte, wie konsequent er bei seiner Ernährung war und wie viel Schlaf er sich gönnte.
- Je näher du in deinen Runden der Begrenzungsmauer kommst, desto geringer die Wahrscheinlichkeit, dass du mit ihr kollidieren wirst. Je dichter du ihr bist, desto geringer die Verletzungen, falls du hineinfährst. Lass den Wagen frei laufen, gib die Lenkung nach den Kurven frei und benutze die gesamte Strecke. Verschenke keine Geschwindigkeit am Kurvenausgang.
- Beschuldige niemanden irgendwelcher Vergehen, wenn du nicht absolut sicher bist. Denk nach, bevor du etwas sagst. Was hättest du in der Situation getan? Geschehenes lässt sich meist sowieso nicht mehr ändern. Warum es also überhaupt erwähnen? Ignoriere es und fahr dein Rennen weiter.
- Dein Auftreten außerhalb des Cockpits ist mindestens genauso wichtig, wie deine Leistungen im Wagen. Bedenke, dass ein großer Teil deiner Arbeit als Rennfahrer darin besteht, dein Team zu motivieren.
- Schiebe nichts auf den Wagen. Wenn sich ein Problem beheben lässt, dann behebe es. Lässt es sich nicht abstellen, dann werde damit fertig. Lerne, dich dem Wagen anzupassen.
- Es wird immer wieder gute und schlechte Trainingstouren beziehungsweise Rennen geben. Der Trick ist, die Zahl der Schlechten so gering wie irgend möglich zu halten. Gleichgültig, wer du bist, du wirst nicht immer der Schnellste sein. Lerne daraus. Entwickele einen Plan beim nächsten Mal schneller zu sein.

- Fokussiere dich nicht auf die Probleme, sondern auf ihre Lösung.
- Vergiss nicht, dass du bei jeder Runde auf der Strecke etwas lernst. Verpass die wertvollen Erfahrungen nicht. Sei aufmerksam.
- Motorsport ist ein wesentlich härterer Job, als es den Anschein hat, oder? Und dabei ist das Fahren noch der einfachste Teil. Vergiss darüber aber den Spaß nicht. Glaube mir, er ist besser als alle anderen Jobs, mit denen man den Lebensunterhalt verdienen kann. Und ich wette mit dir, dass du besser wirst, wenn du Spaß auf der Strecke hast.
- Wenn sich vor dir jemand dreht, wende den Blick ab und sieh in die Richtung, in die du fahren willst.
- Wenn du jemanden ausbremst, musst du nahe an ihm dranbleiben, sonst kann er dich nicht sehen. Außerdem hast du einen besseren Winkel für die Kurve. Zwinge ihm deine Linie auf. Und solltest du mit ihm kollidieren, verringert sich die Aufprallenergie, je näher dran du bist.
- Verweigere dich nicht der Kritik, sei es von mir oder anderen. Man kann von allen Menschen etwas lernen, auch wenn es etwas länger dauern sollte, bis man zum Kern der Sache kommt. Dein Auftreten wird deinen Erfolg entscheidend beeinflussen. Auch wenn du nicht mit den Meinungen anderer übereinstimmst, bring ihnen Aufmerksamkeit und Wertschätzung entgegen. Dann geh einfach weiter und überleg dir, warum sie ihre Vorschläge machen. Es gibt immer einen Grund für einen Ratschlag. Auch wenn du zunächst anderer Meinung bist, könnte sich ein Ratschlag später als wertvoll erweisen
- Halte dich nicht zurück, die Verantwortung für Irrtümer oder Unfälle zu übernehmen, auch wenn sie nicht dein Fehler waren. Damit wirst du dir viel Respekt bei den anderen Beteiligten erwerben. Man wird deine Einstellung schätzen, obwohl alle wissen, dass es der Fehler des anderen Fahrers war. Versuchst du, die ganze Verantwortung dem anderen aufzubürden, wird man dich beschuldigen und dir Vorwürfe machen.
- Du bist der schnellste Fahrer. Du bist der Beste in der Rennserie. So sei auch außerhalb des Wagens der Beste. Sei freundlich, fröhlich, begeistert und bescheiden. Sei selbstbewusst, aber nicht großspurig
- Wenn es eine Gelegenheit gibt, dich als Bester zu zeigen, dann zeige es – auch außerhalb des Wagens. Sitze bei den Fahrertreffen in der ersten Reihe. Lass alle anderen wissen, wo du hingehörst.
- Unabhängig von der aktuellen Rundenzeit, gibt es immer Reserven für eine Verbesserung. Versuche aber nicht mit Gewalt, schneller zu fahren. Fahre locker und lass den Wagen laufen, dann wirst du wie von selbst schneller. Aber sei nicht mit jeder Rundenzeit zufrieden. Du musst schneller werden.

Diese Aufzeichnungen sollen zum Nachdenken anregen. Am besten lest ihr sie mehr als einmal durch. Dabei wird sich zeigen, dass ihr Gemeinsamkeiten mit diesen Fahrern habt. Es zeichnet Champions aus, dass sie von den Fehlern der anderen lernen.

Ich hoffe, dass ihr noch etwas anderes aus diesen Beispielen lernt: Die Idee nämlich, vor jeder Trainingsrunde einen genauen Plan aufzustellen. Das ist ein großer Teil des Selbsttrainings, um ein höheres Leistungsniveau zu erreichen.

# Kapitel 30

## Wichtige Adressen und Ansprechpartner

**Vereine und Organisationen rund um den Motorsport**

ADAC
Allgemeiner Deutscher Automobil Club e.V.
Am Westpark 8
81373 München
Tel.: 089/74309-200
Fax: 089/74309-500
www.adac-motorsport.de

ADAC Stiftung Sport
Nachwuchsförderung
Am Westpark 8
81371 München
Tel.: 089/74309-302
www.adac-stiftungsport.de

AVD
Automobilclub von Deutschland e.V.
Lyoner Straße 16
60528 Frankfurt
Tel.: 069/66 06-0
Fax: 069 / 66 06-789
www.avd.de

DMSB
Deutscher Motor Sport Bund e.V.
Lyoner Stern - Hahnstraße 70
60528 Frankfurt/Main
Tel.: 069/633007-0
Fax: 069/633007-30
www.dmsb.de
Lizenzabteilung: 069/633007-42
E-Mail: lizenzen@dmsb.de

DMV
Deutscher Motorsport Verband e.V.
Otto-Fleck-Schneise 12 ·
60528 Frankfurt
Tel.: 069/695002-0
Fax: 069/695002-20
www.dmv-motorsport.de

ADMV
Allgemeiner Deutscher Motorsport Verband e.V.
Köpenicker Str. 325
12555 Berlin
Tel.: 030/65762930
Fax: 030/65762931
www.admv.de

Deutscher Sportfahrer Kreis e.V.
Carl-Benz-Str. 2
76297 Stutensee-Spöck
Tel.: 07249/91309-0
Fax: 07249/91309-19
www.dskev.de

F.I.A. Federation Internationale
de l'Automobile
8, Place de la Concorde
75008 Paris
France
Tel.: (0033) 1431244-55
Fax: (0033) 1431244-66
www.fia.com

**Rennfahrerschulen**

Die nachfolgend aufgelisteten Rennfahrerschulen bieten Interessenten verschiedene Lizenzlehrgänge und Fahrsicherheitskurse sowie Perfektionstrainingskurse an. Außerdem kümmern sich verschiedene Anbieter um Aufbau, Einsatz und Vermietung von Renntourenwagen und Formelfahrzeugen. In allen Fragen rund um das Thema Fahrerlizenzen steht euch die Abteilung des DMSB unter oben genannter Adresse gerne für eine Beratung zur Verfügung.

auto motor und sport
Fahrsicherheitszentrum am Nürburgring GmbH & Co.KG
An der B 258
53520 Nürburg
Tel.: 02691/3015-0
Fax: 02691/3015-10
www. fsznuerburgring.de

Bonk motorsport
Feldstiege 78
48161 Münster
Tel.: 0251/296266
Fax: 0251/272411
www.bonk-motorsport.de

Deutscher Sportfahrer Kreis e.V.
Carl-Benz-Str. 2
76297 Stutensee-Spöck

Tel.: 07249/91309-0
Fax: 07249/91309-19
www.dskev.de

Hockenheim-Ring
Sisyphus Event GmbH
Am Motodrom
68766 Hockenheim
Tel.: 06205/950-188
Fax: 06205/950-299
www.hockenheimring.de

KÖNIG MOTORSPORT GMBH
Postfach 61 01 27
70308 Stuttgart
Tel.: 0711/91837-13
Fax: 0711/91837-14
www.formel-koenig.de

*217*

MINI DRIVER TRAINING
Daimlerstr. 19
85748 Garching
Tel.: 01805/646437 (gebührenpflichtig)
Fax: 01805/324777 (gebührenpflichtig)
www.mini.de

Pistenclub e.V.
Hubertusstr. 45a
41334 Nettetal
Tel.: 02153/739211
Fax: 02153/739288
www.pistenclub.de

punktEins Organisations GmbH /
Scuola Sportiva
Die Sportfahrschule von Alfa Romeo
Gottlieb-Daimler-Str. 5
35423 Lich
Tel.: 06404/657373
Fax: 06404/657374
www.punkt-eins.de

Racing Trend Service
Schalltorstrasse 11
56579 Rengsdorf
Tel.: 02634/980043
Fax: 02634/980045
http://www.speed-club.de

Rennfahrschule Münster im DMV
Rudolf Gülker
Buldernweg 49
48163 Münster
Tel.: 0251/786153
Fax: 0251/785853
www.rennfahrschule-muenster.de

RTR MOTORSPORT PROMOTION
Rissweg 2
86399 Bobingen
Tel.: 08234/904368
Fax: 08234/904369
www.rtr-motorsport.de

SCHIRRA motoring
Zum Wiesengrund 2
D-64560 Riedstadt
Tel.: 06158/895987
Fax: 06158/895988
www.schirra-motoring.de

TKS Traudl Klink Service
Schmielenfeldstrasse 38
45770 Marl
Tel.: 02365/82913
Fax: 02365/508976
www.tks-motorsport.de

Zakspeed Nürburgring
Rennfahrerschule GmbH
Historisches Fahrerlager
53520 Nürburg
Tel.: 02691/93390
Fax: 02691/933933
www.zakspeed.de

# *Anhang*

**Fragen zum Selbsttraining**

1. Wie weit blicke ich auf der Autobahn nach vorne? Wie weit auf Stadtstraßen? Auf der Rennstrecke? Kann ich weiter blicken?
2. Wie konstant ist meine Geschwindigkeit am Kurveneingang? Unterscheidet sich meine Geschwindigkeit am Einlenkpunkt von Runde zu Runde um mehr als zwei km/h? Vier km/h? Acht oder mehr km/h?
3. Wann habe ich zum letzten Mal an meiner Traktionssensorik gearbeitet? Wann war ich zum letzten Mal auf einer Gleitfläche?
4. Wie fest packe ich das Lenkrad auf einer Straße an? Wie fest auf einer Rennstrecke? Kann ich meinen Griff ein wenig entspannen?
5. Wie weit bin ich beim Kurvenfahren? Habe ich die Linie perfektioniert? Wie sieht es bei der Ausgangsphase aus? Wie ist mein Kurveneingang, wie meine Geschwindigkeit in der Kurvenmitte?
6. Was kann ich tun, um meine Linie zu verbessern? Meinen Kurvenausgang? Meine Kurvenmitte? Später einlenken oder früher? Sanfter oder härter? Früher beschleunigen oder an der gleichen Stelle stärker aufs Gas gehen? Mehr Geschwindigkeit in die Kurve mitnehmen oder um zwei km/h verzögern, um besser einlenken zu können?
7. Was passiert, wenn ich einen knappen Meter später einlenke? Früher? Muss ich meine Eingangsgeschwindigkeit verändern, um das zu erreichen? Wo wäre dann mein Referenzpunkt?
8. Kommt mein Scheitelpunkt zu früh? Zu spät? Ist der Wagen im korrekten Winkel, wenn ich den Scheitelpunkt passiere?
9. Lasse ich den Wagen nach dem Scheitelpunkt seinen freien Lauf?
10. Welche Kurve ist für die Rundenzeit die Wichtigste auf der Strecke? Welche die Zweitwichtigste und so weiter?
11. In welcher Kurve haben die meisten Fahrer die größten Schwierigkeiten. In welcher Kurve kann ich die größten Vorteile gegenüber meinen Konkurrenten ausspielen?
12. Welche Kurve spielt beim Setup die wichtigste Rolle?
13. Setze ich die gesamte Traktion der Reifen ein, wenn ich aus der Kurve beschleunige?
14. Was würde passieren, wenn ich früher beschleunigen würde? Kommt es zum Über- oder Untersteuern? Kann ich sanfter auf das Gaspedal treten?
15. Halte ich den Wagen zu lange in der Kurve? Kann ich den Wagen früher laufen lassen?

16. Blicke ich bevor ich den Scheitelpunkt erreiche bereits ans Ende der Kurve und auf die Gerade?
17. Kann ich mit zwei zusätzlichen km/h in die Kurve fahren? Vier km/h? Sechs km/h? Was passiert, wenn ich mit höherer Geschwindigkeit in die Kurve fahre? Bin ich dann noch in der Lage, den Wagen einzulenken und dem Scheitelpunkt entgegen laufen zu lassen?
18. Kann ich in meinem Wagen mit dem linken Fuß bremsen? Habe ich dafür ausreichend Gefühl in meinem linken Fuß? Hat mein linker Fuß die notwendige Programmierung?
19. Kommt mein Fuß zu schnell vom Bremspedal? Kann ich das Pedal gefühlvoller frei geben? Wie würde sich das anfühlen?
20. Bremse ich mich zu lange in die Kurve ein? Ist das Grund dafür, dass der Wagen zu schnell eindreht und übersteuert?
21. Drehe ich zu schnell oder zu langsam am Lenkrad? Reagiert der Wagen auf meine erste Lenkradbewegung? Was passiert, wenn ich das Lenkrad schneller oder langsamer drehe? Kann ich das Lenkrad runder bedienen? Wie würde sich das anfühlen? Habe ich schnelle oder langsame Hände?

# Weitere Publikationen des HEEL Verlags

Peter Burgess/ David Gollan
**Praxishandbuch Zylinderköpfe**
3-89880-349-x
112 Seiten, ca. 300 Abb.,
215 x 302 mm, gebunden
€ (D)24,95

Des Hammill
**Praxishandbuch Holley Vergaser**
3-89880-210-8
144 Seiten, ca. 150 Abb.,
215 x 300 mm, gebunden
€ (D)14,95

Des Hammill
**Praxishandbuch Radaufhängung und Bremsen**
3-89880-559-x
134 Seiten, 140 s/w-Abb.,
215 x 302 mm, gebunden
€ (D)24,95

Des Hammill
**Praxishandbuch Weber & Dellorto Querstromvergaser**
3-89880-922-6
136 Seiten, ca. 140 Abb.,
215 x 302 mm, gebunden
€ (D)24,95

Des Hammill
**Praxishandbuch Holley Vergaser**
3-89880-210-8
144 Seiten, ca. 150 Abb.,
215 x 300 mm, gebunden
€ (D)14,95

Des Hammill
**Praxishandbuch Zündanlagen**
3-89880-496-8
72 Seiten, ca. 70 Abbildungen,
215 x 302 mm, gebunden
€ (D)16,95

Backfisch, Klaus Peter
**Das neue große Reifenbuch**
3-89880-656-1
ca. 300 Seiten,
ca. 600 zumeist farb. Abb. u.
Illustrationen, 210 x 270 mm,
gebunden,
€ (D) 29,90

Collins, S.S. /
Ireland, Gavin D.
**Vergessene Rennstrecken**
3-89880-644-8
ca. 176 Seiten, ca. 150 Abb.,
255 x 255 mm, gebunden mit
farb. Schutzumschlag
€ (D) 39,90

Behrndt, Michael / Födisch, Jörg-Thomas
**75 Jahre Nürburgring**
3-89880-083-0
240 Seiten, ca. 200 farb. u. 150 s/w-
Abb., 245 x 290 mm, gebunden mit
Schutzumschlag
€ (D) 19,95

Thomson, Ulrich
**Das neue Nürburgring
Fahrer-Handbuch**
3-89880-149-7
152 Seiten, ca. 180 Abbildungen und
Zeichnungen, 165 x 250 mm, Paperback
€ (D) 14,95